신기하게
영어 뇌가
만들어지는
영문법

초판 1쇄 인쇄   2020년 6월 10일
초판 1쇄 발행   2020년 6월 10일

지 은 이 | 주지후
펴 낸 이 | 고루다
펴 낸 곳 | Wit&Wisdom 도서출판 위트앤위즈덤
임프린트 | PAGODA Books
책임편집 | 고제훈
디자인 총괄 | 손원일, 정현아
마 케 팅 | 도정환, 진부영, 유철민, 김용란, 김대환
출판등록 | 2005년 5월 27일 제 300–2005–90호
주   소 | 06614 서울특별시 서초구 강남대로 419, 19층(서초동, 파고다타워)
전   화 | (02) 6940–4070
팩   스 | (02) 536–0660
홈페이지 | www.pagodabook.com

저작권자 | ⓒ 2020 주지후

ISBN 978-89-6281-844-4 (13740)

도서출판 위트앤위즈덤   www.pagodabook.com
파고다 어학원   www.pagoda21.com
파고다 인강   www.pagodastar.com
테스트 클리닉   www.testclinic.com

신기하게 영어 뇌가 만들어지는 영문법

원어민의
머릿속을 다
보여드립니다

PAGODA Books

Prologue

"Study grammar! Learn more words. I don't have good feelings to your writing."
"문법을 공부하고 단어도 더 외우게. 자네가 작문을 잘한다는 생각은 들지 않네."

교수님께서 눈썹을 치켜올리시며 말씀하셨습니다.

그때까지 영어를 잘한다는 말만 들어왔던 저에게 교수님의 이 한마디는 헛된 자존심을 부수는 망치가 되었고 그 순간이 제 인생의 변곡점이 되었습니다.

저는 한국에서 고등학교까지 졸업하고 미국으로 건너갔습니다. 처음 어학연수를 갔을 때 저의 활발한 성격 덕분에 많은 외국 친구들과 어울리면서 자연스럽게 영어를 배우게 되었습니다. 한국에 있을 때부터 문법, 독해보다는 듣기, 말하기를 더 좋아했었고 현지에서 매일같이 빨아들인 영어 덕분에 어학연수 시절 내내 말하기 부문은 항상 1등을 했었고 그때부터 스스로의 영어에 자부심을 느끼기 시작했습니다.

문제는 대학진학 후였습니다. 처음 교양을 들을 때만 해도 제 영어가 크게 문제가 되지는 않았습니다. 아직 교양 수업이니 대충 알아듣고 시험 범위만 외워서 객관식 시험을 치면 되었기 때문에 1학년까지는 학점도 좋았습니다.

2학년이 되어 전공을 정할 때가 왔습니다. 제가 영어를 잘한다고 착각했던 탓일까요? 한국에 돌아가서 영어 강사를 해야겠다고 마음을 먹고 겁 없이 TESOL (영어교육)을 선택했습니다. (지금은 이것이 제 인생 최고의 결정이었다고 생각하고 있습니다.)

그런데… 전공수업 첫날 '아… 큰일 났다!'라는 생각이 들더군요.

전공수업은 어학연수나 교양수업과는 비교가 되지 않았습니다. 같은 학과 경쟁자들은 원어민 중에서도 영어를 매우 잘하고 또 좋아하는 친구들이었고 저와 같은 비원어민 학생들은 그들과 같은 수업을 들으면서 똑같은 주제로 에세이를 써서 교수님께 제출해야 했습니다.

첫 중간시험 에세이를 쓸 때였습니다. 너무 힘들긴 했지만 일단 제가 영어를 잘하는 줄 알고 있었던 덕분에(?) 생각하는 대로 용감하게 글을 써 내려갔습니다. 밤을 새워 열 번을 고쳐 쓴 끝에 간신히 기한 내에 제출할 수 있었죠.

이틀 정도 지났을까요? 담당 교수님께서 저를 호출하시더군요. 점심시간에 기다리시겠다고 하셔서 아침에 챙겨 나온 샌드위치로 대충 점심을 해결하고 바로 교수님을 찾아 뵈었습니다.

아… 그런데 딱 뵙자마자 뭔가 안 좋은 느낌이 들었습니다. 표정이 어두우시더군요. 평소 수업 시간에 제가 발표도 잘하고 발음도 좋고 말도 많으니 교수님께서는 제가 영어를 꽤나 하는 줄 아셨던 모양입니다. 제가 쓴 에세이를 한참 보시더니 저에게 건네시면서 한마디 하시더군요.

"You want to do better than this."
"이것보다는 더 잘했으면 좋겠는데."

순간 멍했습니다. 당황한 제가 말을 더듬으며 "Is… Is it that bad? 그렇게 못 썼나요?"라고 여쭈어보자 교수님께서 어깨를 으쓱하시며 이렇게 말씀하시더군요.

"Study grammar! Learn more words. I don't have good feelings to your writing."
"문법을 공부하고 단어도 더 외우게. 자네가 작문을 잘한다는 생각은 들지 않네."

그날 밤 얼마나 울었는지 모릅니다.

그날 이후 저는 어설픈 영어와 제대로 된 영어의 차이에 대해서 진지하게 생각하기 시작했습니다. 그리고 제가 선택한 전공에 대해서도 고민하기 시작했죠.

'나는 지금 다른 사람에게 영어를 가르치겠다고 이 전공을 선택했는데 내 영어가 어설프다면 도대체 무슨 염치로 다른 사람을 가르치지?'

생각할수록 얼굴이 붉어지고 입술이 바싹 마르더군요.

그때부터 졸업 때까지 거의 매일 도서관에 틀어박혀서 영문법과 작문을 공부했습니다. 완전히 처음부터 '동사, 명사, 형용사가 무엇인지'부터 공부했습니다.

저는 한국에서 중고등학교 시절 제대로 영어를 공부해 본 기억이 없습니다. 일단 문법용어들이 너무 어려워서 영어 시간이 싫었고 "왜 이런 걸 무작정 외워야 하나! 이것이 제대로 된 영어교육인가?!" 이런 의구심에 사춘기 반항심까지 발동하여 '나는 진짜 영어를 배우겠다'며 혼자 영어 테이프를 늘어질 때까지 들으면서 '언젠간 외국에 나가겠다!'는 생각을 했습니다.

그렇게 꿈꾸던 외국에 나와서 전공 교수님께 제대로 한대 얻어맞고 영문법 공부를 시작하기 전까지 저는 '듣고 말하는 것만이 진짜 영어이고, 문법과 독해는 죽은 영어다!'라고 생각했던 '전형적인 어설프게 외국물 먹은 건방진 유학생'이었습니다. 사실은 둘 다 잘해야 하는데 자기 합리화에 급급했던 것이죠.

지금 이 책을 읽고 계신 분들은 대부분 영어를 잘하고 싶고 이왕이면 제대로 하고 싶으신 분들일 겁니다. 그리고 저와 비슷하게 학창 시절 갖가지 용어에 치여서 영어를 멀리하게 되고 소위 말해 '영포자'가 되신 분들도 많으리라 생각합니다.
그래서 저는 미국에서 수년간 영어를 공부하면서 깨닫게 된 '원어민들이 어떻게 영어의 원리를 이해하고 사용하는지' 즉, 그들의 시각으로 본 영어의 '결'을 그대로 이 책에 담았습니다. 제가 힘들어했던 학창 시절을 떠올리면서 최대한 문법 용어를 쓰지 않고 '암기가 아닌 이해'를 도모하기 위해 노력했습니다.

여러분께서는 이 책을 처음부터 끝까지 죽 읽어 나가시기만 하시면 자연스럽게 그 결이 보이실 겁니다. 그동안 외우기만 하셨던 것들이 이해되기 시작하실 것입니다. 중간중간 '아하!'하고 무릎을 치시는 순간도 있을 것입니다.

책은 결국 독자를 통해 완성된다고 합니다. 제 머릿속에 있는 영어의 원리, 그 결을 최대한 쉽게 풀어 놓았으니 이제 여러분께서 그대로 가져가 주시기 바랍니다.

여러분께서 제가 보고 있는 것을 보시고 제가 느끼는 것을 그대로 느끼시게 되면 이 책은 그 역할을 다 한다고 생각합니다. 이제 여러분께서 이 책의 주인이 되어 주시기 바랍니다.

2020년 4월
주지후

지후 영어 tv 구독자들의 뜨거운 반응!

지후영어tv
바로가기

12만 구독자의 영어 한을 풀어준 사이다 강의

• 와... 이분은 그냥 영어만 잘하는 게 아님. 언어능력과 사고력 자체가 넘사벽 인정.

-3개외국어도전중 님

• 와! 망치로 머리 한 대 맞은 기분입니다.

-Vangogh Vincent 님

• 정말... 감동입니다... 다른 어떤 유튜브를 봐도 계속 헷갈리다가 이 영상 보니깐 뭔가 띵??? 하는 느낌을 받았어요. 물론 다 이해한 건 아니지만 답답했던 게 좀 해소됐어요. 처음으로요... 감사합니다.

-해보자 님

• 와... 원래 질문 외에는 답을 안 하던 저였는데, 와! 소리 하면서 봤습니다. 조동사에 대한 명쾌한 답변 감사합니다.

*-박*환 님*

- 대학 전공에서 통사론과 화용론 공부했던 강사입니다. 소름 돋게 너무 잘 들었습니다. 구독 박고 자주 놀러 오고 질문드리겠습니다.

  -조*호 님

- ... 진짜 미쳤다. 시간 가는 줄 모르고 봤네... 특히 그 영린이 시절 경험부터 발전 과정 설명은 분사구문 이해과정을 뭔가 압축시켜서 보여주신 것 같아서 엄청 좋은 것 같아요. with 분사구문 저렇게 덕지덕지 붙은 것들 해석하기 너무 어려웠는데 이제 좀 와 닿네요. ㅎㅎㅎ 정말 감사합니다.

  -Uk K 님

- 하... 이건 중학교 1학년 이상 학생들이 모두 봤으면 좋겠네요. 심지어 회화 공부 하시는 분들도요. 외국 티비쇼 보면 연예인들 I have been asked. 이러면서 이런 질문 많이 받았다며 얘기 종종 하는데 진짜 중요한!

  -Dublin Banana 님

- 저 진짜 머리 엄청 나쁘거든요? 이해하려면 엄청난 집중력이 필요하고 남들보다 많이 떨어지는데 이 영상은 제가 보고 한번에 이해했어요ㅠㅠㅠㅠ

  -김*연 님

Contents

Lesson 1

동사

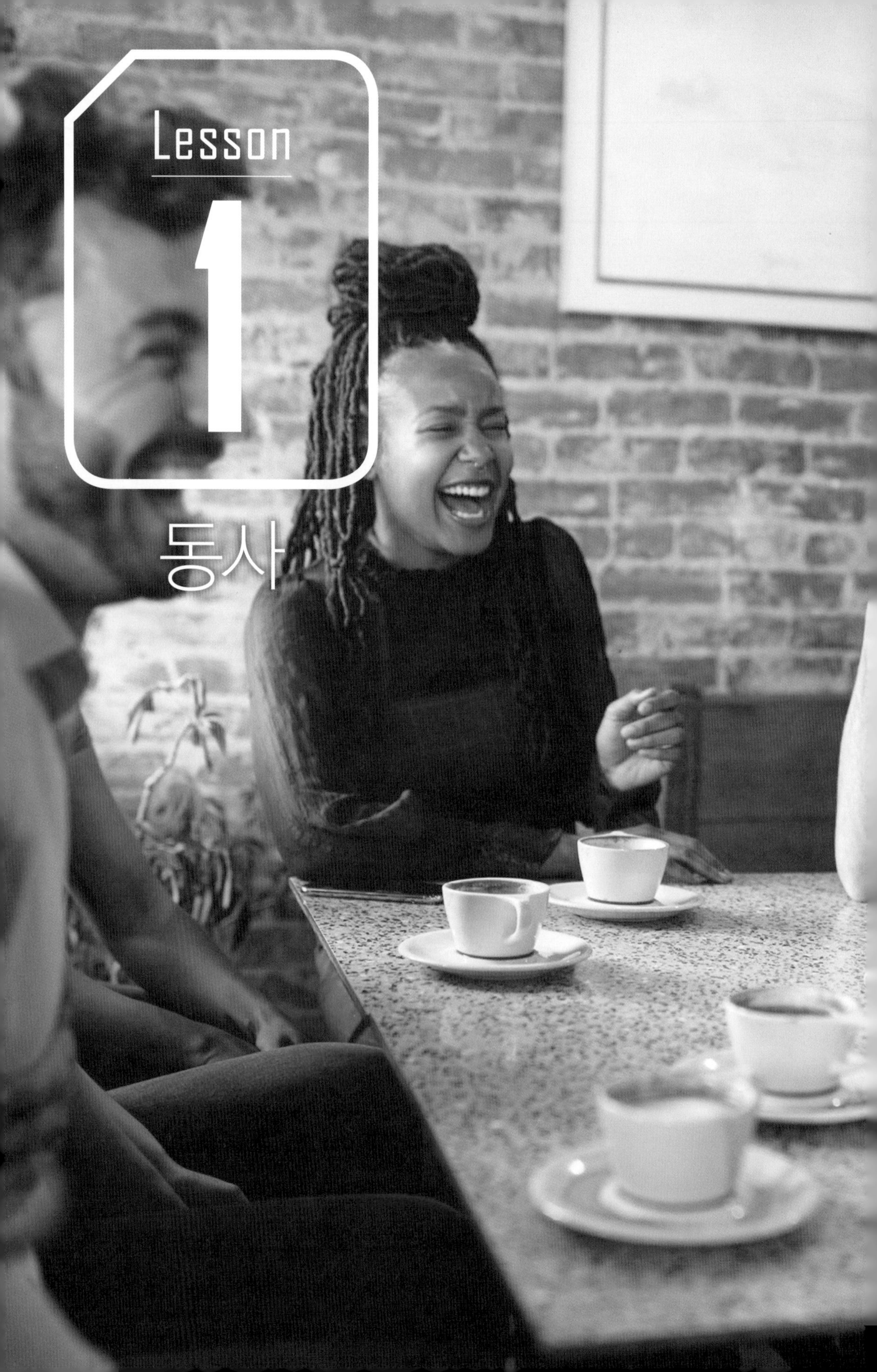

영어는 '동사'가 나머지 모든 것을 결정하는 언어에 가깝습니다. 사람으로 치면 '동사'가 몸의 중심 곧 '코어'인데요. 인간의 신체도 이 '코어'에서 모든 힘이 시작되듯 영어는 '동사'의 의미, 종류, 성질에 따라 문장을 어떻게 구성할 것인가가 결정됩니다. 그래서 이 단원에서는 '동사'에서 출발하여 그 '동사'가 어떻게 나머지 요소들을 다스리고 또 스스로의 모습을 바꾸어 가며 다양한 역할을 하는지를 중심으로 모든 것을 설명해 드리고자 합니다.

먼저, '동사'부터 출발해 보도록 하겠습니다.

대부분의 성인 영어 학습자분들은 학창 시절에 이런 말을 많이 들어보셨을 겁니다.

> **"영어에는 일반동사, 사역동사, 조동사…**
> **기타 등등이 있으며…"**

뭔가 듣기만 해도 숨이 턱 막히고 안 좋았던 경험들이 스멀스멀 떠오르지 않나요? 우리가 학창 시절 영어에 손을 놓게 되었다면 그 이유 중의 하나가 바로 정체 모를 '용어'들이었을 가능성이 높습니다. 영어보다 용어가 더 어렵다는 우스갯소리가 괜히 나온 것이 아니죠.

그래서 저는 앞으로 그 용어들의 정체도 밝히고 영어라는 언어를 하나의 거대한 시스템으로 보고 그 작동 원리를 밝히는 식으로 이야기를 풀어나가려 합니다. 그동안 많이들 보셨던 기존 문법책들처럼 모든 것을 다 나누어 설명하지 않겠습니다. 그냥 정독만 하시면 원어민들이 머릿속에 가지고 있는 그림이 그대로 생생하게 보이는 그런 경험을 하시게 될 겁니다. 그러니 절대 겁먹거나 불안감을 느끼실 필요 없습니다. 그냥 제가 여행 가이드라고 생각하시고 저만 잘 따라와 주세요. 그리고 즐기세요. 이 여행은 좋은 추억이 될 것입니다.

001

지후쌤 강의보기

영어를 배울 때 가장 먼저 접하는 것 중의 하나가 '자동사/타동사'
라는 개념입니다. 학창 시절 우리를 괴롭혔던 공공의 적이기도
하죠. 그래서 자동사/타동사를 제가 대학 시절 전공 공부를 하면서 익혔
던 그대로 그 결을 보여드리려고 합니다. 단순한 목록 제시와 암기를 권
유하는 것보다는 그것이 더 낫다고 생각합니다.

영어의 동사는 크게 보아 '동작을 나타내는 동사, 상태를 나타내는 동사'
로 나눌 수 있습니다. 우리말도 '뛰다, 휘두르다'처럼 적극적인 행위를 나
타내는 말이 있고 '아름답다, 기쁘다'처럼 상태를 나타내는 말이 있죠. 영
어는 이런 표현을 한쪽은 동작 동사(dynamic verb), 다른 한쪽은 상태
동사(stative verb)라고 구분해 놓았습니다. 동작동사(dynamic verb)라
고 함은 'eat(먹다)', 'drink(마시다)', 'run(달리다)'처럼 동적인 그림을 갖
는 동사들이고요, 상태동사(stative verb)라고 함은 '존재하다, 어떤 상태
이다'를 나타내는 'be동사'나 'seem(~로 보이다)', 'feel(느끼다)'처럼 정적
인 그림을 갖는 동사들입니다.

자동사, 타동사가 대체 뭐지?

먼저 '동작을 나타내는 동사'에서 제가 보여드린 세 가지

"
eat 먹다

drink 마시다

run 달리다
"

이 녀석들을 보시면 처음 두 개 즉, 'eat(먹다)'과 'drink(마시다)'는 뒤에 '목적어'가 와야 합니다. 그런데 왜 와야 할까요? 이건 어디까지나 '의미' 때문입니다. 'eat(먹다)'이라고 문장이 끝나면 당연히 '무엇을?' 먹느냐 즉, 그 대상이 필요하죠. 'drink(마시다)'도 마찬가지고요. 그래서 '~를 먹다' 또는 '~를 마시다'라는 말을 하려면 당연히 그 '~를'에 해당하는 단어가 있어야 합니다. 그걸 목적어라고 부르죠. 예문을 볼까요?

I eat raw fish.
나는 회를 먹는다.
I drink beer.
나는 맥주를 마신다.

그런데 문제는 'run(달리다)' 같은 경우 '~를 달리다'라는 표현이 없습니다. '나는 매일 아침에 달린다'나 '나는 주말에 달린다'라는 말은 있어도 '나는 매일 아침을 달린다'나 '나는 주말을 달린다'라는 표현은 없죠. 시나 노래 가사가 아니라면 이런 말은 쓰지 않습니다. 그 때문에 run은 그 뒤

에 목적어가 오지 않아도 문장이 완성됩니다.

그래서,

I run.
나는 달린다.

라고만 말해도 문법적으로는 틀린 문장이 아니죠.

아까 보신 eat이나 drink처럼 뒤에 '다른' 말이 와야 비로소 의미가 완성되는 동사들을 한자 '다를 타(他)'를 써서 '타동사'라고 합니다. 영어로는 transitive verb라고 하는데 transitive의 어원을 보면 라틴어 transitivus에서 출발했는데 transit이라는 부분이 'gone across' 즉, 반대쪽으로 건너간'이라는 의미가 있습니다.

그리고 run처럼 그냥 스스로 의미를 완성하는 동사들은 한자 '스스로 자(自)'를 써서 '자동사'라고 합니다. 영어로는 transitive의 반대 intransitive를 써서 intransitive verb라고 하죠.

이 용어들은 정확히 무엇을 의미하는지 조금 후에 설명해 드리겠습니다.

사실 가만히 생각해 보면 어떤 동사가 오느냐에 따라 문장의 뒷 구조가 결정되는 것은 너무나 당연합니다. run 뒤에 갑자기 the morning을 툭 갖다 붙이면 '아침을 달린다'라는 괴상한 말이 되어 버리니 바로 붙이지 못하고 'in(~에)' 같은 단어를 붙여줘야 'I run in the morning. (나는 아침에 달리기를 한다.)'라는 정상적인 말이 나오니까요.

자, 여기까지만 딱 쓰고 제가 '이제 자동사와 타동사 구별이 되시죠?'라고 하면 사실 전 거짓말쟁이입니다. 영어라는 언어의 치명적인 약점이자 치명적인 매력인 점이 있다면 그것은 '일관성'이 참 없다는 것입니다. (매력 맞나요?) 그래서 영어를 가르치는 원어민들조차 이런 말을 농담으로 하곤 합니다.

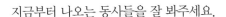

Nothing is 100% sure in English.

영어에 100% 확실한 것은 없다.

지금부터 나오는 동사들을 잘 봐주세요.

change

grow

drop

shake

자, 어떻게 해석하실 건가요?

change는 '변하다'인가요? 아니면 '변하게 하다'인가요?

grow는 '자라다'인가요? 아니면 '기르다'인가요?

drop은 '떨어지다'인가요? 아니면 '떨어뜨리다'인가요?

shake는 '흔들리다'인가요? 아니면 '흔들다'인가요?

알 수 없습니다. 그것은 이 동사들이 문장에 어떻게 쓰였느냐에 따라 결정이 됩니다. 한번 예를 들어볼까요? 내가 만약에 어떤 사람을 만나서 내 인생이 180도 변했다고 칩시다. 그리고 미래에 이를 회상하면서 '그 사람이 내 인생을 변화시켰어'라고 말을 한다면 'She changed my life.'라고 하겠죠. 그런데 '내 인생이 변했어.'만 얘기를 한다면 어떻게 될까요? 그때는 'My life changed.'입니다.

먼저 첫 번째 문장 'She changed my life.'를 보시면 change라는 동사는 실제 어디에 영향을 미치고 있나요? she가 아니라 my life에 영향을 미치고 있습니다. 즉, she에 의해서 my life로 change라는 것이 주는 영향이 건너가고 있습니다. 아까 제가 transitive verb라는 용어 말씀드렸죠? 'gone across(건너간)'이라는 어원이 있다고 말씀도 드렸고요. 바로 이렇게 한쪽에서 다른 쪽으로 그 영향력이 전달되는 경우 이것을 transitive verb라고 부르고 이것을 처음 번역할 때 문법학자들이 '타동사'라고 이름을 지었습니다. 이것이 '타동사'라는 말의 탄생입니다.

그런데 두 번째 문장 'My life changed.'를 보시면 이 change가 영향을 미치고 있는 것은 바로 my life입니다. 전혀 다른 쪽으로 건너가고 있지 않습니다. 그래서 이런 경우 intransitive verb라고 부르고 우리말 번역은 '자동사'가 되었습니다. 이것이 '자동사'라는 말의 탄생입니다.

나머지 동사들도 마찬가지입니다.

The baby is growing so fast.
그 아기는 정말 빨리 자라고 있다.

여기서 grow는 the baby에 영향을 미치고 있죠. 그 반대쪽으로 건너가지 않습니다. 이런 경우는 '자동사(intransitive verb)'입니다.

My father grows some plants.
우리 아버지께서는 식물을 기르신다.

여기서 grow는 my father가 아니라 반대쪽에 있는 some plants에 영향을 미치고 있습니다. 이런 경우는 '타동사(transitive verb)'입니다.

The leaf suddenly dropped.
그 잎이 갑자기 떨어졌다.

이 경우 drop은 the leaf에 영향을 주고 있죠? 당연히 반대쪽으로 건너가고 있지 않기 때문에 '자동사(intransitive verb)'입니다.

I dropped the vase by accident.
나는 실수로 그 꽃병을 떨어뜨렸다.

이 경우는 drop이 I가 아니라 그 the vase라는 대상에 영향을 주고 있습니다. 반대쪽으로 건너갔죠? 그러니 당연히 '타동사(transitive verb)'입니다.

The tree is shaking.
그 나무가 흔들리고 있다.

shake하는 것은 the tree이지 the tree가 다른 무언가를 shake 하는 것이 아니죠? 반대쪽으로 건너가지 않습니다. 이 경우 '자동사(intransitive verb)'이고요.

He is shaking the tree.
그는 나무를 흔들고 있다.

여기서는 shake가 he가 아니라 the tree를 대상으로 하죠? 그쪽으로 건너가 영향력을 미치고 있기 때문에 '타동사(transitive verb)'입니다.

이렇게 영어에 있는 많은 동사들은 사실 '자동사'도 되고 '타동사'도 됩니다. 그 '의미'가 두 가지를 다 표현할 수만 있다면 당연히 자동사/타동사로 자연스럽게 쓸 수 있습니다.

물론 태어날 때부터 자동사/타동사가 결정된 녀석들도 있습니다. 예를 들면 'die(죽다)' 같은 경우 그 의미를 어떻게 바꿔 보아도 다른 대상에 영향을 줄 수가 없죠. 그냥 '누가/무엇이 죽다' 이것이 표현의 한계니까요. 이런 경우 태생이 자동사입니다. 그러나 이런 경우가 아니라면 상당히 많은 동사들이 자동사/타동사가 가능합니다.

조금 전까지 보신 동사들 말고 사실 우리가 흔히 분명히 딱 '타동사' 또는 딱 '자동사'라고 철석같이 믿었던 동사들도 '맥락'이 주어지면 그 믿음을 배신하기도 합니다.

예를 들어보겠습니다.

drink
마시다

당연히 '~를 마시다'라는 표현이 인간 세상에서 일반적이니 이것은 뒤에 '~를'에 해당하는 목적어가 나와야 하겠죠? 그러니 당연히 'beer(맥주)', 'water(물)', 'milk(우유)'처럼 마실 수 있는 것들은 다 가져다 쓸 수 있습니다. 또 그래야 표현이 완성되고요. 즉, drink라는 단어가 가지고 있는 그림 때문에, 정확히는 drink 하면 떠올리는 인간들의 일반적인 행위의 그림 때문에 drink는 뒤에 목적어가 나와야 하는 '타동사'가 된 것입니다.

그런데 이런 말은 어떤가요?

I don't drink.
나는 마시지 않는다(?).

지금 보신 문장은 원어민들이 실제로 쓰는 표현입니다. '어라? 분명히 drink는 타동사라고 배웠는데 뒤에 아무것도 안 나오다니! 이건 틀린 문장이군!'이라고 생각하시면 오산입니다.

보통 drink 뒤에는 무엇을 마시는지 그 대상이 나온다고 했죠? 그런데 이것이 맥락에서 충분히 유추가 가능할 때는 꼭 그것을 명시하지 않아도 됩니다. 만약에 여러분들이 회식에 참여했다고 생각해 보세요. 그리고 다들 술잔을 돌리는 분위기입니다. 그런데 내가 만약 건강상의 이유나 종교적 신념 때문에 술을 마시지 않는 상황입니다. 그렇다면 나는 뭐라고 해야 할까요?

I don't drink beer, soju, wine…

any kinds of alcoholic beverages
저는 맥주, 소주, 와인 등… 모든 종류의 술을 마시지 않습니다

좀 길고 번거롭기는 하지만 이렇게 하나하나 다 붙여가며 말을 할 수도 있습니다. 그러나

I don't drink.

까지만 말씀하셔도 '술을 마시지 않는다'라는 뜻으로 이 상황에서는 다 알아듣습니다. 그래서 지금 이 'I don't drink'를 번역하자면 '저 술 안마셔요.'가 됩니다. 말이란 것은 항상 맥락과 함께 존재합니다. 술집에서 술잔을 돌리고 있는데 그것을 사양하면서 'I don't drink.'라고 했을 때 설마 물을 안 마신다는 뜻으로 들을 사람은 아무도 없습니다. 그렇기 때문에 이런 경우 굳이 뒤에 '술'이라는 목적어를 넣지 않아도 됩니다.

그런 상황이 많으면 그 표현은 일반적인 표현이 됩니다. 그래서 지금은 그냥 'I don't drink.'라고 하면 나는 술을 먹지 않는 사람이라는 뜻으로 모두 이해하죠.

제가 이렇게 설명해 드리면 가끔 지금 술집에서 술을 마시는 상황이 아닌데

I don't drink.
나는 마시지 않는다.

이 문장만 보고 '물을 마시지 않는다'는 말인지 '술을 마시지 않는다'는 말인지 어떻게 아나요?라고 반문하시는 분들이 있습니다.

한 가지 우리가 기억해야 할 것은 인간의 언어는 '상식'을 바탕으로 합니

다. (아주 중요합니다.) 우리가 살다가 다 같이 우유를 먹는데 나만 마시지 않아서 'I don't drink milk.'라고 말할 상황이 몇 번이나 될까요? 사실 거의 없다고 봐야죠. 하지만 술자리에서 'I don't drink any kinds of alcoholic beverages.'라는 말을 해야 하는 상황은 매우 많습니다. 또 세상에는 마실 것이 여러 가지가 있습니다. 그런데 그중에 특별히 사람에 따라서 '마신다/안 마신다'가 갈린다면 갈릴 수 있는 것은 보통 '술'입니다. '우유, 주스' 이런 것은 사람에 따라서 '마신다/안 마신다'가 갈리는 경우는 거의 없습니다. 이런 이유로 drink라는 동사는 '술을 마시다'까지 표현할 수 있는 동사가 되었고 그러다 보니 이후에 사전에 drink는 '자동사'로도 쓸 수 있다고 기록이 되었습니다. (물론 사전마다 다릅니다.)

결론적으로 'I don't drink.'를 '나는 물을 마시지 않는다.'로 해석할 여지는 전혀 없습니다. 물을 아예 안 마시는 사람은 없죠. 물을 마시지 않으면 죽기 때문이죠. 그래서 그런 맥락으로 이 문장을 쓸 일은 역사적으로 한 번도 존재하지 않았을 것이고, 자연스럽게 그냥 예전부터 'I drink.'는 '술'을 마신다. 그리고 'I don't drink.'는 '술'을 마시지 않는다는 뜻으로 사람들이 쓰기 시작했습니다. 그리고 후세에 문법학자들이 이것을 규칙으로 정리하려다 보니 같은 단어인데 어떤 경우는 뒤에 목적어가 오고 어떤 경우는 오지 않아도 뜻이 통하니 고민 끝에 이렇게 정리했습니다.

'음… 뭐… 이것은 '타동사'로도 쓰고 '자동사'로도 씁니다.'

네, 그래서 우리가 사전을 찾으면 자동사/타동사가 다 되는 동사들이 그렇게 많은 것입니다.

영어를 수백 년간 써 오던 사람들은 맥락에서 유추할 수 있고 다 알아들을 수 있는 말을 생략했을 뿐인데 이것이 후세에 일종의 규칙으로 정리된 것입니다.

drink와 비슷한 케이스로는 kill이 있습니다. kill은 '죽이다'이니 당연히 '~를 죽이다'라는 표현을 해야 단어가 제구실을 하겠죠? 'I will kill that mosquito!(내가 저 모기를 죽여버릴 거야!)' 이런 식으로요. 그래서 일반적으로는 당연히 타동사입니다.

그런데 만약 어떤 스님께서 빗자루로 마당을 막 쓰시는 모습을 보고 지나가던 사람이 무엇을 하느냐고 여쭤어 봤다고 생각해 봅시다. 그랬더니 스님께서 여기 개미가 다녀서 혹시 내가 밟을까 봐 쓸어서 비키게 하고 있다고 말씀하시는 겁니다. 왜냐하면…

I don't kill.

이라는 말씀과 함께요. 여러분 모두 아시겠지만, 불교에서 '살생을 하지 말라'는 규율이 있죠? 살생하지 않는다는 것은 생명인 것은 일단 다 죽이면 안 된다는 것입니다. 그러면 kill 뒤에 뭘 붙여야 '살생하다'라는 말이 될까요? 일단 이 세상에 있는 모든 생명체는 다 죽이지 않아야 하는데 상식적으로 이 세상에 있는 모든 생명체, 그 중에서도 식물이 아닌 모든 것을 다 kill 뒤에 목적어로 붙여서 이야기할 수는 없습니다. 그러면 문장이 끝이 안 나겠죠. 아마 한 문장을 발화하는 데 일생이 걸릴 수도 있습니다. 그래서 kill까지만 이야기해야 오히려 나는 '죽이는 행위'를 하지 않는다는 표현을 할 수가 있습니다. kill 뒤에는? 맥락으로 알 수 있어서 생략된 불교에서 말하는 죽이지 말아야 할 것들이 암시되어 있는 것이죠. 이렇게 kill은 정말 드물게 '자동사'로 쓰이기도 합니다.

그리고 run이라는 동사를 다시 한번 볼까요? 예전 영어를 쓰던 사람들이 이 단어를 쓸 때 자기가 직접 발로 달리는 경우와 말을 타고 달리는 경우에 모두 썼습니다. 그런데 굳이 스스로 달리는 경우에 '나 자신을 달리게 한다.'라고까지 말할 필요는 없었겠죠. 그걸 말로 다 해야 알아듣는 사람은 없죠. 그래서 정말 특별히 강조하는 경우를 빼고는 'I run myself.'라고 목적어를 붙여서 말하지는 않습니다. 그래서 run은 '달리다'라는 '자동사'로 후세에 정리가 되었죠.

자, 그런데 이런 경우는 어떤가요?

I run a horse.
나는 말을 달리게 한다.

이 경우 'a horse(말)'를 생략해 버리면 그냥 자기 발로 스스로 달리는지 말을 모는지 알 방법이 없습니다. 그래서 당연히 'I run a horse.'까지 써야 하고요. 이렇게 되면 run 뒤에 horse라는 목적어가 있으므로 '타동사'로 쓰였죠. 그래서 run을 사전에서 찾아보면 '자동사'인 경우와 '타동사'인 경우로 나누어져 있고 각각의 뜻과 예문이 잔뜩 쓰여 있습니다.

영어라는 언어를 쓰는 언중들이 살아오면서 세월은 흐르고 흘러 어느 순간부터 인간은 말 대신 자동차를 타고 다니기 시작했습니다. 'I run a horse.'를 하던 사람들이 이제는 a horse 대신에 a car를 넣어서 말을 하기 시작했죠. 그래서 'I run a car. (나는 차를 몬다.)' 이런 표현을 일반적으로 쓰기 시작했습니다.

문법학자들이란 모름지기 이런 식으로 말이 생겨나면 그것을 규정해야 하고 사전에 어떻게 등재시켜야 할지 고민해야 합니다. 그래서 사전에는 run에 결국 '말, 자동차 따위를 몰다'라는 뜻이 추가되었습니다. 자동차가 나오기 전에는 '말 따위를 몰다'까지만 있었겠죠?

조금 더 나아가자면 단어라는 것은 늘 그 단어가 가지고 있는 그림이 추상적으로 확장이 가능하면 계속 가지를 뻗는 경향이 있습니다. run이라는 단어가 가진 '그 앞에 있는 것이 run 뒤에 나오는 무언가를 움직이게 하는' 그림을 이용하여 'run a business(사업체를 운영하다)' 같은 표현들도 쓸 수 있습니다. 말이 움직이게 하나 사업체가 돌아가게 하나 그것은 run의 그림과 부합하는 것이죠.

drink는 '타동사' 그리고 run은 '자동사'이다. 이렇게 단순 암기를 해서는 자동사/타동사가 영원히 해결이 안 되는 이유가 여기 있습니다. '자동사와 타동사' 같은 개념, 규칙을 결정하는 것은 그 단어 자체가 가지고 있는 그림과 그 단어를 쓰고 써왔던 맥락입니다. 인간의 언어는 수많은 상황을 거치고 거쳐 어떤 단어를 어떤 뜻으로 그리고 어떻게 쓰는지가 결정되며 이런 실제 용례를 학자들이 연구하고 정리하여 사전에 등재를 하죠. 여러분께서 자동사/타동사를 생각하실 때는 늘 유연한 사고를 가지고 꼭 답이 하나만 있는 것이 아님을 명심하셔야 합니다. 그래야 분명히 '타동사'라고 했는데 왜 여기서는…, 분명히 '자동사'라고 했는데 왜 여기서는…, 이런 고민에서 탈출하실 수 있습니다. 그 단어의 그림이 어떤 표현까지 가능하냐에 따라서 영어의 상당수 동사들이 '자동사와 타동사' 모두 될 수 있습니다.

다음 주어진 단어를 뜻에 맞추어 배열하시오.

1. 그 남자는 그 나무를 흔들고 있는 중이다.
is / the man / the tree / shaking

_____

2. 어젯밤에 잎 하나가 떨어졌다.
fell / last night / a leaf

_____

3. 나는 나 자신의 사업을 한다.
business / I / my own / run

_____

4. 아기들은 참 빨리 자란다.
so fast / grow / babies

_____

5. 몇몇 나무들이 흔들리고 있는 중이다.
are / some trees / shaking

_____

6. 나는 잎을 하나 떨어뜨렸다.
dropped / a leaf / I

_____

7. 그 말은 참 빨리 달린다.
runs / the horse / so fast

_____

8. 나는 몇몇 꽃들을 기른다.
grow / I / some flowers

_____

정답 ▶▶

1. The man is shaking the tree. 2. A leaf fell last night. 3. I run my own business.
4. Babies grow so fast. 5. Some trees are shaking. 6. I dropped a leaf.
7. The horse runs so fast. 8. I grow some flowers.

002

지후쌤 강의보기
(10:10부터)

이번에는 분명히 자동사도 되는데 타동사도 되는 끔찍한 혼종(?)들 중 사용 빈도가 높은 녀석들을 자세히 다루어 보도록 하겠습니다.

drive

wash

sell

open

사실 이 동사들을 타동사로 쓰는 것은 식은 죽 먹기입니다.

I drive my car.
나는 내 차를 운전한다.

I wash my shirt.
나는 내 셔츠를 세탁한다.

I sell cookies.
나는 쿠키들을 판다.

I open the door.
나는 그 문을 연다.

자, 그런데 문제는 바로 다음과 같은 표현이 나오면 우리가 당황할 수 있다는 것이죠.

This car drives well.
이 차는 잘 달린다.

My shirt washes easily.
내 셔츠는 쉽게 빨린다.

자동사도 되고 타동사도 되는 대표적인 동사들

The book sells very well.
그 책은 매우 잘 팔린다.

This door opens easily.
이 문은 쉽게 열린다.

이렇게 되면 일단 우리 입장에서는 멍~ 해지죠? 아니, 저걸 어떻게 해석해야 하는 거야? 일단 이런 녀석들을 가장 빨리 받아들이는 고전적인 방법은 이 단어들은 '자동사도 되고 타동사도 된다'라고 외우고 넘어가는 것입니다. 그러나 '납득'이 안 가면 도저히 머리에 '입력'이 안 되는 학습자들이 생각보다 많습니다. (사실 제가 좀 그렇습니다.) 그래서 저는 외우라는 말 대신에 이 단어들이 공통으로 가지고 있는 '특징'을 들여다보겠습니다.

This car drives well.
이 차는 잘 달린다.

이 문장을 보시면 물론 달리는 것은 차가 맞습니다. 하지만 자율 주행 차가 아니라면 당연히 운전은 사람이 합니다. 그리고 'This car drives well.(이 차는 잘 달린다.)'라는 표현은 어떤 특정 사람이 운전했을 때 차가 잘 나가는 것이 아니라 누가 되었든 일단 운전을 하면 이 차가 원래 가지고 있는 '성질/특성'에 의해 잘 달리게 된다는 말이죠. 바로 이렇게 무엇이 어떤 성질을 가지고 있어서 뒤에 나오는 동사를 하기가 불특정 다수에게 쉬울 때 분명 타동사로 쓸 것 같은 동사를 자동사로 쓰는 현상이 벌어집니다. 사실상 행위자는 문맥에 숨어서 보이지 않는 것이라고 보시면 됩니다.

Anyone can drive this car well.
누구나 이 차를 잘 몰 수 있다.

이렇게 행위자를 나타내면 확 드러나죠. 이 차 자체가 원래 잘 나가는 차라 누가 운전해도 상관이 없습니다. 그러나 이 표현의 한계는 이 차에 초점을 맞춰서 그 성질을 강조하기보다는 사실상 anyone 즉, '누구나'라는 말로 시작하여 이 차에 대한 묘사의 기능은 떨어진다는 것입니다. 그렇다면 소위 말해서 'this car'가 '참 좋은 차'라는 말을 하려면 어떻게 해야 할까요? 그때는 행위자를 숨겨 버립니다. 그리고 이 차의 성질, 특성을 바로 그 동사로 표현하는 것이죠. 그래서

This car drives well.
이 차는 잘 달린다.

이런 표현이 가능해집니다.

나머지 문장들도 마찬가지입니다.

My shirt washes easily.
내 셔츠는 쉽게 빨린다.

The book sells very well.
그 책은 매우 잘 팔린다.

This door opens easily.
이 문은 쉽게 열린다.

내 셔츠가 쉽게 빨린다는 것은 내가 잘 빨아서가 아닙니다. 누가 빨든 손빨래를 하든 세탁기에 넣어서 돌리든 셔츠의 성질과 특성 때문에 빨래가 잘 되는 것이죠. 이런 경우에 wash를 자동사로 써서 'My shirt washes easily.'라고 하면 이 셔츠에 대한 묘사에 초점이 맞추어집니다.

마찬가지 논리로 'The book sells very well.'과 같은 말은 그 책 자체가 잘 쓰여진 책이기 때문에 잘 팔리는 것이지 어떤 사람이 또는 어떤 서점이 팔아서 잘 팔리는 것이 아닙니다. 그래서 행위자는 문맥에 숨고 sell을 자동사로 써서 표현 기법을 바꾼 것이죠. the book의 성질/특성을 강조하려고요.

'This door opens easily.'도 문 자체가 원래 잘 열리는 문인 것입니다. 꼭 내가 열지 않고 그 누가 열어도 원래 잘 열리는 문이죠. 이런 경우 this door의 성질/특성을 표현하기 위해 open을 자동사로 사용하여 표현 기법을 바꿉니다.

문법이라는 것은 결국 인간의 표현 욕구에 의해 사용되기 시작한 언어의 '표현 패턴'을 정리한 것에 불과합니다. 사람들이 자신의 머릿속에 있는 그림을 보다 더 잘 표현할 수 있는 문장을 만들어 사용하면서 시간이 흐르고 흘러 그것이 하나의 패턴으로 굳어지고 그것이 후세에 '문법'이라는 이름으로 정리가 되는 것이죠. 그래서 우리는 늘 그 언어를 사용하는 언중의 심리를 들여다볼 필요가 있습니다. 거기까지 들여다보면 문법이라는 것은 지금까지 그리고 현재도 일어나는 현상을 '정리'한 것에 불과하다는 것을 알게 됩니다.

여기까지 이해하셨으면 지금부터 보여드릴 단어의 쓰임이 납득이 가실 것 같습니다. 제가 학창 시절 가장 이해하기 힘들었던 단어는 operate입니다. 이게 자동사도 되고 타동사도 되는 대표적인 단어인데 참 자주 등장했거든요. 당시의 저에게 다음 두 문장을 그대로 받아들이기가 참 힘들었던 기억이 납니다.

I don't know how to operate this machine.
나는 이 기계를 가동할 줄 모른다.

The machine is now operating.
그 기계는 지금 작동한다.

전자는 타동사고 후자는 자동사이다. 이렇게 일단 외우긴 했는데 대체 왜 그럴까 참 많이 궁금했습니다. 여러분께서 한번 이제 저에게 설명을 해보시겠어요? 기계를 작동시키는 것은 사람입니다. 그러나 한번 사람이 작동을 시작하면 기계라는 것은 스스로 돌아가죠? 그렇기 때문에 '기계'라고 하고요. 그리고 그 기계가 잘 돌아가는지 안 돌아가는지는 만지는 사람에게 달려있다기보다는 그 기계 자체의 성능에 달려있습니다.

'I don't know how to operate this machine.'에서는 내가 이 기계를 스스로 돌아가게 하는 그 '작동법'을 모른다는 말이죠. 일단 그걸 해내면 기계는 알아서 돌아가는데요. 그런데 만약 그걸 알아내서 결국 기계를 가동시켰다면 그때부터는 'The machine is now operating.'이라고 할 수 있습니다. 그리고 오랜 시간 동안 지켜보니 내가 아니라 누가 켜도 이 기계는 항상 잘 돌아간다고 칩시다. 그러면 드디어 그 기계의 '성질/특성'에 대해서 누군가 이렇게 말할 수 있습니다.

The machine operates very well.
그 기계는 잘 돌아간다.

다음 주어진 단어를 뜻에 맞추어 배열하시오.

1. 이 문은 쉽게 열린다.
easily / this door / opens

_____

2. 그 셔츠는 쉽게 빨린다.
washes / the shirt / easily

_____

3. 그 책은 아주 잘 팔리고 있다.
selling / is / very well / the book

_____

4. 이 차들은 잘 달린다.
drive / these cars / well

_____

5. 나는 그 셔츠를 빤다.
wash / the shirt / I

_____

6. 그 서점은 그 책을 판다.
sells / the bookstore / the book

_____

7. 나는 내 차를 운전할 수 있다.
my car / drive / can / I

_____

8. 나는 그 문을 열 것이다.
the door / will / I / open

_____

정답 ▶▶

1. This door opens easily.   2. The shirt washes easily.   3. The book is selling very well.
4. These cars drive well.   5. I wash the shirt.   6. The bookstore sells the book.
7. I can drive my car.   8. I will open the door.

Lesson 2

수동태

영어 공부를 하다 보면 한 번씩 '난관'에 봉착하게 되는데요. 그 중의 하나가 바로 '수동태'가 아닐까 합니다. 사실 우리말은 '수동태'라는 것이 크게 발달하지 않았습니다. 현재 우리들이 쓰는 대부분의 수동 표현들은 (우리말 문법에서는 '피동'이라고 하죠.) 비교적 현대에 들어와서 생겨났다고 합니다. 그러니 한국 사람에게 '수동태'가 어려운 것은 어찌 보면 당연한 일이죠?

수동태를 공부하신 경험이 있으시면 누구나

> *"수동형, 진행 수동형, 완료 수동형…"*

등을 들어 보신 적이 있을 것입니다.

이번 장에서부터 저는 다양한 접근으로 이 말들이 정확하게 무엇을 의미하는지 그리고 어떤 원리에 의해서 움직이는지 이야기를 풀어 나가려 합니다. 그냥 정독만 하시면 원어민들이 머릿속에 가지고 있는 그림이 그대로 생생하게 보이는 그런 경험을 하시게 될 겁니다. 자, 시작합니다.

003

지후쌤 강의보기

주어가 술어를 하는 주체인지 아니면 대상인 객체인지를 나타내는 것을 '능동태/수동태'라고 하죠. 이렇게 주어와 술어 동사의 관계를 나타내는 것을 '태', 영어로는 voice라고 합니다. 능동태는 active voice, 그리고 수동태는 passive voice라고 지칭합니다. 이렇게만 말씀드리면 마치 법률책 조항을 읽는 것 같죠? 지금부터 풀어서 설명 드리겠습니다.

능동태라는 것은 다들 직관적으로 아실 수 있습니다.

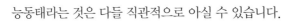

I use a laptop.
나는 노트북을 하나 사용한다.

I가 주어이고 이 I가 능동적으로 laptop을 use 하는 그림이죠. 내가 사용한다… 즉 내가 능동적으로 움직인다는 것이니 '능동'이 맞네요. 흠… 이런 것은 당연히 어렵지 않습니다. 그런데, 왜 항상 '수동태'는 모든 영어 학습자들을 괴롭게 하는 것일까요?

수동태라고 하면 가장 먼저 떠오르는 것이 혹시 이건가요?

목적어 + be동사 + p.p. + (by 주어)

이게 학창 시절 우리가 외웠던 수동태 공식이죠? 네 맞습니다. 이 공식

수동태의 원리

자체에 틀린 것은 없습니다. 문제는 이게 진짜 그냥 공식으로만 남아있다는 것이죠. 머릿속 한 편에 그냥 저 공식만 희미하게 남아있고 저게 왜 저렇게 되었는지는 생각해 본 적이 없습니다.

혹시 저기에 왜 be동사가 들어가는지 생각해 보신 적 있나요? 사실 이게 제가 실제 강의할 때 정말 많이 받는 질문이거든요. 한번 예를 들어 볼게요.

I kill mosquitoes.
나는 모기들을 죽인다.

이걸 저 공식에 따라 수동태로 바꾸면

Mosquitoes are killed by me.
모기들이 나에 의해 죽임을 당한다.

이렇게 바뀌는 건데요. 수동태에 대해서 질문하시는 분들 중 상당수가 저기에 도대체 왜 be동사가 들어가는지 모르겠다고 말씀하십니다. 하긴 생각해보면 그렇죠? 얘는 갑자기 어디서 왔을까요? 이 질문에 답을 해주는 사람이 아무도 없어서 답답하다는 의견이 많이 있었습니다.

우리가 흔히 수동태 공식이라고 알고 있는

목적어 + be동사 + p.p. + by 주어

여기에서 p.p.는 past participle의 약자입니다. 일단 이 단어를 뜯어봅시다. past는 '과거'인데 participle은 뭘까요?

participle은 우리말로는 '분사'로 번역하는데요, 영영사전을 찾아보면

the form of a verb that usually ends in "ed" or "ing"
and is used as an adjective

즉, 일반적으로 ed나 ing로 끝나는 동사의 형태인데 형용사로 쓰이는 것을 뜻합니다. 좀 더 쉽게 풀어서 말씀드릴게요.

예컨대 cook이라는 동사에 ed를 붙여서 cooked라고 만들거나 ing를 붙여서 cooking이라고 만들면 participle이라는 것이 되고 '형용사'로 쓰인다는 말이죠.

ed가 붙는 경우는 '수동과 완료'의 그림을 갖고 ing가 붙는 경우는 '능동과 진행'의 그림을 갖는다고도 합니다. 그러니까 cook이라는 동사를 cooked라고 바꾸면 '요리된'이라는 뜻 정도가 되고 cooking이라고 바꾸면 '요리하는' 정도의 뜻이 됩니다. 이 둘 중 ed가 붙은 cooked가 바로 'past participle(과거분사)'입니다.

cooked   cooking

'past participle(과거분사)'의 뜻을 또 한 번 영영사전에서 찾으면 다음과 같은 설명이 나옵니다.

the form of a verb, usually made by adding -ed,
used in some grammatical structures
such as the passive and the present perfect

우리말로 하자면 일반적으로 ed를 붙여서 만드는 동사의 형태인데 수동태나 완료형을 만드는 데 쓰인다고 합니다.

즉 p.p라는 것을 한마디로 정리하자면

'주로 동사에 ed가 붙은 형태인데
단어 자체가 '수동과 완료'의 그림을 가지며
수동태와 완료형을 만들 때 쓰이는 형용사이다'

정도가 되겠네요. 한번 예시를 통해서 이해해봅시다.

cook은 '요리하다' 그리고 cooked는 '요리된' 정도의 뜻이 되고 kill은 '죽이다' 그리고 killed는 '죽임을 당한' 이렇게 뜻이 바뀌는 것이죠.

여기까지 이해가 되셨나요? 그럼 다음 예문을 보실까요?

The dogs attack the cats.
그 개들은 그 고양이들을 공격한다.

자, 이 문장 어떻습니까? the dogs가 attack을 해서 the cats가 그 영향을 받는 것이니까 the dogs가 능동적으로 움직이는 '능동'태 맞죠? 여기까지 아무 문제가 없을 것입니다.

그런데 지금부터 잠시 이 말을 번역한 '그 개들은 그 고양이들을 공격한다.'라는 우리말을 생각해 봅시다. 이 말을 영어의 수동태처럼 바꾼다면 목적어인 '고양이들'을 주어로 하여 '그 고양이들은 그 개들에게(개들에 의해서) 공격당한다.'가 됩니다. 가만히 보시면 원래 없던 단어가 새로 추가되는 것이 아니라 기존에 있던 단어가 조금씩 바뀌면서 능동을 수동으로 바꾸죠?

잘 보세요. 그 고양이들'은'이라는 주격조사를 넣어서 '그 고양이들'이 주어임을 알려주고 그 개들'에게/의해서'라는 조사를 넣어 행위를 하는 주체를 명시해주고요, '공격하다'를 '공격당하다'로 바꾸어 뜻을 뒤집어 버립니다. 새로운 단어가 추가로 들어가는 것이 아니라 기존에 있던 단어들의 끝에 다른 말이 붙어서 관계를 다시 설정해줍니다. 그 때문에 어순도 자유롭습니다.

'그 개들에게 그 고양이들은 공격당한다.'

라고 해도 알아듣고요,

'그 고양이들은 공격당한다 그 개들에게'

라고 해도 알아듣습니다. 이게 한국어의 특징입니다. (한국어를 공부하는 외국인들에게는 이게 그렇게 어렵다고 합니다.)

그런데 영어로 '그 개들은 그 고양이들을 공격한다.'라는 말은 아까 보신대로

'The dogs attack the cats.'인데요

여기서 이걸 그냥 고양이들을 앞으로 빼서

'The cats attack the dogs.'라고 하면

'그 고양이들은 그 개들을 공격한다.'는 말이 되어버립니다.

영어는 철저하게 단어의 위치에 따라 그 단어의 역할이 정해집니다. 주어와 목적어를 표시하는 '조사' 같은 것이 없기 때문이죠.

그럼 attack을 '~당한다/된다'라는 말로 바꾸어 버리면 수동태가 될까요? '~당한다/된다' 같은 '수동/완료'의 그림을 갖는 것이 바로 p.p.라고 했죠? 그러면 attack의 p.p.인 attacked라는 단어를 쓰면 되겠네요.

The cats attacked the dogs.

문제는 이렇게 한다고 수동태가 되는 것이 아니라는 것입니다. 영어는 철저하게 동사 기준으로 그 앞에 오면 주어 그 뒤에 오면 목적어이기 때문에 이 문장은 원어민들 눈에 the cats라는 주어가 attack을 했다. 즉, 'attacked(공격했다)'라는 과거형으로 보일 뿐입니다.

그래서 영어는 수동태라는 것을 만들기 위해서는 저 attacked가 사실 p.p.형이라는 것을 알려주고 attack이라는 행위를 앞에 있는 The cats쪽으로 보내줄 '연결다리'가 필요합니다.

그 장치가 바로 be동사입니다.

'The dogs attack the cats.'라는 문장을 수동태로 바꾸려면 일단 공격을 당하는 대상인 the cats를 앞으로 끌어오고 뒤에 be동사를 붙여서

The cats are...

그리고 마지막으로 아까 만들었던 attacked라는 단어를 이 뒤에 붙여서 'The cats are attacked.'라는 말을 만들어 줍니다. 마치 종이 끝을 접어서 종이비행기의 방향을 바꾸듯 attack이라는 동사에 ed가 붙어서 attacked 가 되면서 그 힘이 향하는 방향이 그 뒤쪽이 아닌 앞쪽으로 바뀝니다. 그 리고 이것이 the cats까지 건너올 수 있도록 are라는 be동사가 연결다리 가 되어 줍니다. 이것이 정확한 수동태의 원리입니다.

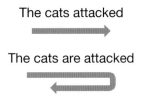

원래 모기 잡던 예문으로 돌아가서…

I kill mosquitoes.
나는 모기들을 죽인다.

여기서 kill을 당하는 대상이 mosquitoes이니 이제 이것을 kill 앞으로 보냅니다.

Mosquitoes kill…

이제 kill이라는 동사를 killed로 바꾸어 과거분사(past participle)로 만들어 '죽임을 당한'이라는 뜻으로 바꿉니다.

Mosquitoes killed…

그러나 이렇게 되면 당연히 원어민들의 눈에는 mosquitoes가 주어이고 killed는 그냥 kill의 과거형 '죽였다'로 보입니다. 우리가 아무리 '이건 p.p. 과거분사야!'라고 우겨도 소용없습니다. 여기서 바로 be동사가 등장합니다.

Mosquitoes are…

딱 여기까지 보면 원어민들은 '모기들은 ~이다… 그런데 어떤 것/상태인가?'라는 미완의 문장으로 이해합니다. 자, 이제 아까 만들었던 killed를 be동사 뒤에 붙여봅시다.

Mosquitoes are killed.

이 순간 원어민들의 머리는 드디어 정보를 처리합니다. kill이 killed가 되어 힘의 방향이 바뀌었고 are라는 be동사를 타고 mosquitoes 쪽으로 향하는 그림을 딱 보게 됩니다. 그리고 의미적으로는 이렇게 처리하죠. mosquitoes는 are 어떤 상태인데, killed 죽임을 당한 상태군.

지금 보신 것처럼 be동사는 앞에 나온 단어와 그 뒤에 나온 단어를 연결해주는 역할을 합니다. 그래서 be동사를 영어에서는 linking verb라고 부르기도 합니다. 우리말로 옮기자면 연결해주는 동사라는 뜻이죠. be 까지만 보면 문장의 뜻을 할 수 없고 그 뒤에 나온 단어가 무엇이냐에 따라서 주어가 '그런 존재이다', '상태이다'라는 뜻이 완성됩니다.

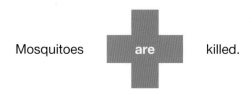

Mosquitoes **are** killed.

원어민의 눈으로 다시 한번 문장 인식 과정을 볼까요?

mosquitoes are… 이라는 말이 나오는 순간 mosquitoes는 are를 통해 그 다음 단어와 '연결'될 준비를 합니다. be동사의 가장 기본적인 뜻이 뭐죠? '(어떤 존재/상태)이다/(어디에) 있다' 정도죠? 그럼 mosquitoes are… 까지 나오면 원어민들은 이제 mosquitoes의 정체, 상태, 위치 정도가 궁금해집니다. 어떤 게 나올지는 모릅니다. 다만 가능성을 그렇게 열어 두고 보는 것이죠. 문장의 뜻은 이제 다음에 어떤 단어가 오느냐에 따라 결정됩니다.

이 뒤에 '곤충(insect)'이라는 말이 와서 'Mosquitoes are insects.'라고 하면 '모기들은 곤충이다.'라는 모기들의 정체에 대한 표현이 됩니다.

Mosquitoes are insects.

그리고 'harmful 유해한'이라는 단어를 붙이면 'Mosquitoes are harmful.'이라는 '모기들은 해롭다'라는 모기들의 특성에 대한 표현이 됩니다.

Mosquitoes are harmful.

마지막으로 kill의 p.p.인 killed를 뒤에 붙이면 비로소 mosquitoes는

are, 어떠한 상태인데 killed, 죽임을 당한 상태를 나타내는 표현이 됩니다. 이것을 수동태라 부릅니다.

Mosquitoes are killed.

다른 예문으로 한 번 더 보겠습니다.

The cats are...

여러분은 지금 여기까지 봤을 때는 아직 머릿속에 고양이들만 떠오를 뿐 are 뒤에 아무런 말이 나오지 않았기 때문에 그다음 나올 말을 궁금해하고 있습니다.

The cats are attacked...

이렇게 attacked가 나오는 순간 여러분 눈에 이제 are와 attacked가 하나로 link 되면서!

'The cats are attacked.'라는 그림이 잡히고 attack이라는 힘이 the cats 쪽으로 향하는 것을 느낍니다. 혹시 attack을 하는 주체가 무엇인지 궁금해서 이 문장이 나온 상황을 보았더니 고양이들이 개들과 싸우고 있었습니다. 그럼 머릿속으로 개가 떠오릅니다.

The cats are attacked by the dogs.

그러나 이 문장에 쓰여 있지는 않으므로

The cats <u>are attacked</u> (by the dogs).

정도로 보고 지나갑니다.

이것을 그대로 공식화한 것이 문법책에 써 있는 그 수동태 공식입니다.

지금까지 나온 문장들을 보고 '쉽네'라고 생각하실 수 있습니다. 그러나 정확하게 말씀드리면 예문에 쓰인 단어의 수준이 쉬운 것이지 그 원리가 쉬운 것은 아닙니다. 우리가 학창 시절부터 단어만 대충 보고 해석하는 습관을 들였기 때문에 여태까지 수동태가 해결이 안 되고 꼭 다음과 같은 현상이 나타납니다.

I have been...

이라는 말이 있으면 많은 한국 분들이 '어? 저거 be동사 p.p.형이네, 수동태인가?'라는 생각부터 하십니다. 이게 문제입니다. 이 문장을 원어민들에게 보여주면 그들은 아직 이게 능동인지 수동인지 전혀 모를뿐더러 저 문장에는 아무런 정보도 없다고 생각합니다. 저 다음에 무엇이 나오느냐에 따라서 저것은 현재완료 능동형일 수도 있고 수동형일 수도 있습니다.

우리가 '현재완료'라고 알고 있는 『have + p.p.』라는 것은 간단히 말해 have라는 현재형 동사 즉, '가지고 있다'라는 말과 p.p.라는 과거분사 '~된/~한'이라는 말의 결합일 뿐입니다.

'I have killed.'라고 하면 원어민들은 이것이 '나는(I) 가지고 있다(have) 죽인(killed) 행위/경험을'이라는 그림으로 보입니다. 즉 I가 능동적으로 무엇을 '한' 즉, '완료'한 경험을 현재 가지고 있다(have)고 인식하는 것이죠. 그래서 '현재 + 완료'라고 부르고요.

그러니까 'I have been…'도 마찬가지입니다. I가 have하고 있다, been '~이었던/~있었던' 경험을, 현재 '가지고 있다(have)'라고 인식하는 것이죠. 이것은 '능동/수동'과 아직 아무 관계가 없습니다. 그냥 현재 완료입니다.

이제부터 문장의 뜻을 결정하는 단어들이 나오기 시작합니다.

만약 I have been 뒤에 'here(여기에)'라는 말이 나와서 'I have been here.'가 되면 I, 나는 here, 여기에 been, 있었던 경험을 현재 have, 가지고 있다는 말이 됩니다. 우리말로 의역하면 '나는 여기에 와본 적이 있다.' 정도 되는 현재완료 능동 표현입니다. 수동태와 아무 관련이 없습니다.

그런데 만약 I have been 뒤에 cheated처럼 일반 동사의 p.p.형이 나오면 이제 원어민들은 다음과 같은 인식 순서를 따릅니다. I 나는, have 현재 가지고 있다, been cheated 속임을 당한 경험을.

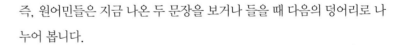

I have been cheated.
나는 속아왔다.

드디어 수동태가 되는 것이죠.

즉, 원어민들은 지금 나온 두 문장을 보거나 들을 때 다음의 덩어리로 나누어 봅니다.

I have + been here.
나는 여기에 있어 봤다/와 봤다

I have + been cheated.
나는 속아왔다.

I have been까지만 보면 아무 뜻도 없습니다. 그 뒤에 나오는 단어가 무엇이냐에 따라 가능성은 여러 가지입니다.

'I have been to Paris.'라고 하면 나는 to Paris 파리에, been 있었던 경험을, have 가지고 있습니다. 그래서 '나는 파리에 가본 적이 있다.'라는 현재완료 문장이 되죠.

I have been 뒤에 만약 a teacher가 나와서 'I have been a teacher.'가 되면 나는 teacher 선생님, been 이었던 경험을, have하고 있으면 '나는 가르치는 일을 해왔다/가르쳐 봤다.'라는 현재완료 문장이 되고요.

마지막으로 I have been 뒤에 일반동사의 p.p.형을 쓰면 드디어 수동태가 됩니다. 예를 들어 punish(처벌하다)를 변형한 punished(처벌된)라는 말을 붙여서 'I have been punished.'가 되는 순간 been punished가 '혼났던, 처벌받았던' 경험 등이 되고 이것을 I 내가, have 현재 가지고 있다는 뜻이 됩니다. 그래서 'I have been punished.'는 '나는 벌을 받았다/혼났다.'라는 말이 되고 이것을 굳이 문법 용어로 정리하자면 '현재완료 수동태'가 됩니다.

여기까지 보셨으면 우리가 '수동태'를 배울 때 흔히 듣게 되는 말 중에 하나인 '자동사는 수동태에 쓸 수 없다'라는 말이 이해되실 겁니다. '아… 맞아! 그런 게 있었어! 왜 그런지는 모르지만 어쨌든 그렇게 외우라고 했어!'라는 생각이 딱 드시죠? 영어 동사를 크게 둘로 나누면 타동사

(transitive verb), 그리고 자동사(intransitive verb)로 나눌 수 있는데, transitive라는 것은 그 어원을 살펴보면 'gone across(건너가다)'라는 그 림을 가지고 있습니다.

'I kill mosquitoes.'라는 문장에서 I가 하는 kill이라는 행위가 mosqui-toes에게 영향을 미칩니다. 즉, I에서 mosquitoes 쪽으로 이 kill이라는 행위가 건너가죠. 이것이 타동사(transitive verb)입니다.

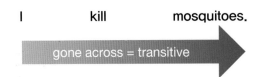

그런데 'I sleep. (나는 잔다.)'같은 문장은 어떤가요? 여기서는 sleep 뒤 에 그것의 영향을 받는 대상이 나올 수 없습니다. '~를 잔다'라는 말은 없 죠. '나는 침대를 잔다/나는 밤을 잔다'라는 말은 없고 '나는 침대에서 잔 다, 나는 밤에 잔다'라는 말은 있습니다.

I sleep bed (X)
I sleep night (X)

I sleep in bed (O)
I sleep at night (O)

그래서 sleep이라는 것은 I가 하는 행위는 맞지만, 이것이 다른 대상에 게 건너가서 그것을 그렇게 하도록 시키는 것이 아닌 I가 그렇게 하는 것입니다. 이것이 타동사(transitive verb)의 반대인 자동사(intransitive verb)입니다.

sleep의 p.p.형은 slept입니다. 뜻은 '잔' 정도가 되겠죠. 문제는 이걸 아 무리 be동사 붙여도 원래 '건너가는' 성질이 없기 때문에 be동사를 타고 주어 쪽으로 오는 성질도 없다는 것입니다.

I am slept. 나는 '잔'이다. (X)

의미로 보아도 '시적 허용'이 아닌 이상 이런 말은 존재하지 않습니다.

이런 원리 때문에

I have 뒤에 이 sleep의 p.p.형 slept를 붙이는 것은 가능합니다.

I have slept.

나는 '잔' 행위를 현재 have, 가지고 있다. 즉 '잤다'라는 표현은 할 수 있습니다.

그러나 'I am slept.'라는 말이 없듯이 당연히 'I have been slept.'라는 표현도 없습니다.

이와 같은 현상을 정리해서 문법책에는 '자동사(intransitive verb)는 수동태(passive voice)에 쓸 수 없다'라고 해 놓은 것입니다. (우리가 드디어 그 말의 의미를 이해했습니다!)

다음 주어진 단어를 뜻에 맞추어 배열하시오.

1. 그 고양이들은 그 개들을 공격한다.
   the dogs / the cats / attack

   _____

2. 그 고양이들은 그 개들에게 공격당한다.
   by the dogs / attacked / the cats / are

   _____

3. 인간들은 모기들을 죽인다.
   mosquitoes / kill / humans

   _____

4. 모기들은 해롭다.
   are / mosquitoes / harmful

   _____

5. 모기들은 인간들에 의해 죽임을 당한다.
   by humans / killed / are / mosquitoes

   _____

6. 나는 전에 여기 와본 적 있다.
   before / have / here / I / been

   _____

7. 나는 파리에 가본 적 있다.
   I / to / been / Paris / have

   _____

8. 그 창문은 깨져 있었다.
   broken / the window / was

   _____

정답 ▶▶

1. The cats attack the dogs.   2. The cats are attacked by the dogs.   3. Humans kill mosquitoes.
4. Mosquitoes are harmful.   5. Mosquitoes are killed by humans.   6. I have been here before.
7. I have been to Paris.   8. The window was broken.

004

마지막으로 be동사 대신에 get이 나오는 경우를 살펴보겠습니다. 원래 get이라는 단어는 geta라는 단어에서 기원했는데 '얻다, 도달하다, 야기하다…' 등의 그림을 가지고 있습니다. be동사가 '이다/있다'라는 정적인 그림인데 반해 get은 상당히 동적인 그림이죠? 그래서 이 get을 be동사 자리에 써서 수동태 표현을 하게 되면 보다 동적인 그림이 됩니다.

'Mosquitoes are killed.'라는 문장이 '모기들은 죽임을 당한다.' 뿐만 아니라 '그런 상태이다'라는 정적인 그림도 보여준다면 'Mosquitoes get killed.'라는 문장은 '모기들은 죽임을 당한다'라는 동적인 그림을 더 보여줍니다.

be동사 대신에
get을 쓰는 경우는 뭔가요?

내가 만약 과거에 어떤 개한테 공격을 받았다고 칩시다. 그러면

> I was attacked by a dog.
> I got attacked by a dog.

이런 식으로 be동사의 과거형이나 get의 과거형을 쓰고 뒤에 p.p.를 붙여서 I가 그것을 당했다는 표현을 할 수 있습니다. 둘 중 어떤 표현이 더 동적인 그림을 가지고 있을까요? 네, 맞습니다. 두 번째 'I got attacked by a dog.'입니다.

'I was attacked by a dog.'라는 문장은 그런 일이 벌어진 사실 자체를 묘사하는 표현에 가깝다면 'I got attacked by a dog.'는 그 공격당하는 순간의 그림을 표현한 것에 더 가깝습니다. 그래서 구어체에서 '내가 지금 막 ~당했다/~되었다'라는 말을 할 때 원어민들이 습관적으로 'I just got…'이라고 말을 시작할 때가 많죠.

I just got shocked.
나 지금 충격받았어.

이런 식으로 동적인 그림으로 내가 그런 감정을 느낀 그 순간을 묘사합니다. 특히 뜻이 동적인 단어일수록 더 이렇게 많이 쓰는 편입니다. '주먹으로 맞았다.' 같은 표현을 할 때 'I was punched.'보다는 'I got punched.'가 더 생동감 있고 자연스러운 표현이 되는 것은 이 때문이고 이것이 바로 수동태 표현에 get이 쓰일 때 얻는 효과입니다.

그림의 차이를 만드는 것이죠.

다음 주어진 단어를 뜻에 맞추어 배열하시오.

1. 모기들은 죽임을 당한다.
   get / mosquitoes / killed

   _____

2. 나는 개에게 공격당했다.
   was / I / by / attacked / a dog

   _____

3. 나는 주먹으로 맞았다.
   punched / I / got

   _____

4. 나는 충격을 받았다.
   I / shocked / got

   _____

정답 ▶▶
1. Mosquitos get killed.   2. I was attacked by a dog.   3. I got punched.
4. I got shocked

to부정사
동명사

우리가 어려워하는 문법용어 중에는 '부정사'라는 것이 있습니다. 영어로는 infinitive라고 하는데요. 특히 '부정사'라고 하면 마치 연관 검색어처럼 떠오르시는 것이 있죠? 바로 to부정사, 동명사라는 용어들입니다.

아마 학창 시절에 목적어로 'to부정사를 받는 동사'와 '동명사를 받는 동사' 이런 식으로 정리된 표를 외워 보신 경험도 있을 거에요. 자, 그런데 과연 이 녀석들을 해결하는 방법은 '단순 암기'일까요?

이 장에서는 to부정사와 동명사의 원리를 to라는 단어와 ing라는 것이 무엇을 의미할 때 쓰이는지 철저하게 설명해 드리도록 하겠습니다.

005

지금부터는 이 '동사'가 모양을 바꾸어 가면서 다른 역할을 하는 경
우를 살펴보도록 하겠습니다. 영어의 '동사'는 그 앞에 to가 붙거
나 뒤에 ing가 붙으면 '명사' 역할을 합니다. 어라? 이런 말은 학창 시절
에 들어본 기억이 나시죠? 조금 가물가물한가요?

자, 예를 통해서 자연스럽게 이해해볼게요.

write 쓰다 ⋯ 그냥 동사입니다.

to write 쓰는 것 ⋯ 뜻이 명사이네요.

writing 쓰는 것 ⋯ 역시 뜻이 명사입니다.

to라는 단어와 ing라는 단어가 가지고 있는 그림은 '동사'에 이렇게 덧붙
이면 '~하는 것'이라는 하나의 말 덩어리를 만들 수 있다는 것입니다. 그
래서 우리가 문법책을 보면 이런 설명이 자주 나옵니다.

to부정사와 동명사

> **"**
> to부정사나 동명사는
> 명사 역할을 할 수 있다.
> **"**

명사 '역할'을 할 수 있다는 게 무슨 말일까요? 이걸 쉽게 설명해 보겠습니다.

To write a book 책을 쓰는 것 **is not an easy task.** 은 쉬운 일이 아니다.

Writing a book 책을 쓰는 것 **is not an easy task.** 은 쉬운 일이 아니다.

이렇게 To write a book 또는 Writing a book이라는 덩어리를 '책을 쓰는 것'이라는 한 단어 취급을 하는데 이것이 의미상 '명사'이므로 보시는 바와 같이 '주어' 자리에 쓸 수 있습니다. 그러니 명사 '역할'을 한다는 말이 나오는 것이죠.

아, 그런데 여기서 드는 의문점! to가 붙는 경우와 ing가 붙는 경우는 완전히 똑같은 뜻일까요? 다르게 생겼는데 뜻이 완전히 같을 리는 없겠죠? 과연 어떤 차이가 있을까요?

To be or not to be

이 대사 어디서 많이 들어보셨죠? 네, 바로 윌리엄 셰익스피어의 작품 햄릿에서 살 것인가 죽을 것인가를 고민하던 햄릿의 대사입니다. 솔직히 셰익스피어보다 이 대사가 더 유명한 것 같아요. 이 대사의 우리말 번역 은 '사느냐 죽느냐'입니다.

이 대사는 햄릿이 '앞으로' 죽음을 택할 것인가 아니면 사는 것을 택할 것 인가… 즉, 자신의 '향방'을 놓고 고민하던 장면에서 나왔습니다.

To be or not to be가 "사느냐 죽느냐"로 번역되는 이유는 이렇습니다.

be라는 단어는 일단 품사는 '동사'입니다. 그런데 아까 말씀 드렸다시피 앞에 to를 붙여서 to be라고 하게 되면 'be 하는 것'이라는 하나의 말 덩 어리가 되죠. be는 '존재하다'라는 뜻을 가지고 있습니다. 그래서 to be 라고 하면 '사는 것, 존재하는 것'이라는 말이 되죠.

가만…. 그러면 be 뒤에 ing를 붙여서 'Being or not being'라고 해도 되 지 않을까요? 아쉽지만 여기서는 그 표현은 조금 어색합니다. 왜 그런 지에 대해서 알기 위해서는 to라는 단어를 자세히 들여다봐야 합니다.

to라는 단어는 우리가 영어에서 가장 많이 보게 되는 녀석 중 하나인데 요. 영어 공부를 하시다가 '전치사 to' 그리고 'to부정사' 이런 용어들에 맞닥뜨리신 적이 있을 것입니다. 문법책에는 전치사, to부정사… 이런 식으로 나누어져 있지만 원래 이 to라는 단어 자체는 하나의 뿌리를 가지고 있습니다. 그냥 상식적으로 생각해 봅시다. 머나먼 옛날 저 멀리 영국이라는 섬나라에서 영어라는 언어를 사용하던 일반 백성들이 말을 할 때마다 이건 '전치사 to(preposition to)'이고 이건 'to 부정사(to infinitive)'라고 구분해서 쓰지는 않았을 것 아닙니까?

그들은 그냥 to라는 단어 자체가 가지고 있는 어떠한 '그림'을 통해서 이런 저런 표현을 해 왔는데 이 단어가 꽤 유용하게 쓰였나 봅니다. 그래서 말할 때 쓰기 편하니까 이걸 여기에도 붙여 쓰고 저기에도 붙여 쓰고 하기 시작했습니다.

to라는 단어의 어원을 찾아보면 고대영어에서 'in the direction of (~방향으로)', 'for the purpose of (~를 목적으로)', 'furthermore (더욱이)'라는 뜻을 표현하기 위해 썼다고 합니다.

in the direction of ~방향으로

for the purpose of ~를 목적으로

furthermore 더욱이

이 표현들이 가지고 있는 공통의 그림은 무엇일까요? 바로 '어느 쪽으로 향함'입니다.

어느 쪽으로 향한다는 것은 지금 멈춰 있는 것이 아니라 '움직이는 것'입니다. 그리고 이 그림은 물리적인 것뿐만이 아니라 추상적인 것에도 적용이 됩니다.

우리말도 그렇잖아요? '~쪽으로'라고 했을 때 진짜 물리적인 '~쪽'이 있을 것이고 추상적인 '~쪽'이 있을 것입니다. '거기서 오른쪽으로 가.'라고 할 때의 '~쪽으로'는 물리적입니다. 그러나 '아무튼 좋은 쪽으로 생각해 보자고.'라고 할 때의 '~쪽으로'는 추상적인 개념이죠.

다음 문장을 보시죠

You need to move to the front.

우리말로 하자면 '너는 앞으로 움직여야 한다.'인데 여기서 to가 두 개나 보이네요?

to + move

to + the front

자, 여기서 뭔가 느낌이 오지 않으세요? You need 즉, '네가 ~가 필요하다'인데 그 뒤에 바로 뭐가 붙었죠? to가 붙고 move라는 행위가 나오죠? 이것을 풀어보면 need 필요하다, 무엇이? 바로 'move'라는 행위로 향하는 것이 필요하다는 이야기이죠. 그래서 자연스럽게 'You need to move.'는 '너는 움직여야 한다.'라는 말로 의역이 됩니다.

그러면 문장 뒤쪽에 나온 to the front에서 the front는? 네, 말 그대로 물리적 '앞'입니다. 그런데 내가 move 해서 어느 쪽으로 가야 하죠? 네, 바로 the front 쪽으로 가야 합니다. 그럼 이 때도 이렇게 to를 써서 표현할 수 있습니다. 지금 말씀 린 두 가지 케이스 중,

to move가 to부정사이고
to the front에서 to가 전치사 to입니다.

to라는 단어가 가지고 있는 그림은 똑같은 데 뒤에 나오는 게 동사인가 아니면 명사인가에 따라 다르게 구분할 뿐입니다. 그래서 실제 원어민들이 말을 하고 글을 쓸 때는 매번 이런 구분을 하지는 않습니다. 어울리는 곳에 to를 쓸 뿐이죠.

A box to move 옮길 상자
I want to move a box. 나는 상자를 옮기고 싶다.
To move a box is hard. 상자를 옮기는 것은 힘들다.

이런 식으로 그들은 to를 이용하여 갖가지 표현을 만들어 냅니다. 원어민들은 이 to를 하나의 그림으로 머릿속에 가지고 있습니다. 그냥 to 뒤에 나오는 것으로 향하는 그림! 딱 그것뿐입니다!

'A box to move'에서 a box는 move라는 움직임으로 향하는 것이기 때문에 우리말로 '옮길' 상자라고 해석하고 'I want to move a box.'에서는 I want 내가 원하는 것이 move하는 방향으로 to 즉, 향함이죠. 그래서 나는 '옮기고 싶다.'가 됩니다. 'To move a box is hard.'에서도 to 이하의 move로 향하는 것, 즉 그러한 행위이므로 우리말로 유연하게 번역하자면 '옮기는 것' 정도가 됩니다.

자, 여기까지 들으셨으면 왜 햄릿이 'To be or not to be'라고 했는지 알 수 있습니다. 내가 '앞으로' 삶을 택할 것인가 아니면 죽음을 택할 것인가 즉 자신이 이제부터 나아가야 할 방향이 어느 쪽인지 고민하는 장면이기 때문에 'To be or not to be'라고 한 것이죠.

이처럼 to는 그것이 가지고 있는 그림 때문에 꽤나 '목표 지향적, 미래 지향적'입니다. 그런데 ing가 동사 뒤에 붙는 경우는 반대로 현재 '이미 존재하고 있음'을 표현할 수 있습니다.

be라는 단어는 '존재하다'라는 뜻이죠? 여기에 ing를 붙여서 being이라고 하면 '존재하는 것' 즉 '이미 있다'는 그림을 갖게 됩니다. 우리가 잘 알고 있는 human being과 같은 단어가 이런 식으로 만들어졌습니다. 굳이 해석하자면 human being은 인간인 존재입니다. 그냥 '인간'이라고 하죠.

중간 정리! to be와 being의 차이점을 이분법적으로 설명해 드리자면 to be는 아직은 존재하지 않는 것이고 being은 이미 존재하는 것입니다. to가 '목표 지향적, 미래 지향적'인 반면에 ing는 '과정, 현재나 과거 지향적'입니다.

여기까지 이해하셨으면 이제부터 진짜 가려운 부분을 긁을 수 있습니다.

혹시 학교에서 이런 거 배웠던 기억 나시나요? 어떤 동사들은 목적어로 to부정사를 취하고 어떤 동사들은 목적어로 동명사를 취한다.

자, 제가 몇 가지 동사들을 여기 써 보겠습니다.

want

plan

decide

intend

propose

choose

자, 각각의 뜻이 뭐죠?

want 원하다, 바라다

plan 계획하다

decide 결정하다

intend 의도하다

propose 제의하다

choose 선택하다

이 동사들의 공통된 그림이 무엇인가요? 바로 어느 주어진 시점에서 아직 존재하지 않는 무엇을 향해 나아간다는 것입니다. 우리는 어떠한 '목표'를 이루기를 원하고, 바라고, 계획하고, 결정하고, 의도하고, 제의하고, 선택할 수 있죠. '앞으로' 그렇게 하기를 원하고, 바라고, 계획하고, 결정하고, 의도하고, 제의하고, 선택할 수 있습니다. 그래서 이런 단어들 뒤에는 to부정사가 나오는 편입니다.

이 녀석들은 또 어떤가요?

try 노력하다, 애를 쓰다

attempt 시도하다

strive 애쓰다, 분투하다

역시 어느 주어진 시점에서 아직 존재하지 않는 무엇을 향해 나아가는 그림을 가지고 있습니다. 우리는 어떠한 '목표'를 이루려 노력하고, 애를 쓰고, 시도하고, 분투할 수 있습니다. 즉 어떤 시점에서 다음 과정으로 옮겨 가기 위해 노력하고, 애를 쓰고, 시도하고, 분투할 수 있죠. 그래서 뒤에 역시 to부정사가 나오는 편입니다.

즉, 원어민들이 더 자연스럽다고 생각하는 녀석을 붙여서 써 왔고 그게 지금은 규칙으로 굳어졌다고 보시면 됩니다. 사실 지금까지 보여드린 동사들은 기본 뜻 자체가 목표 지향적, 미래 지향적이기 때문에 뒤에 to가 나오는 것이 자연스럽게 이해가 될 것입니다.

그런데 문제는 여기서부터입니다. 어떤 동사들은 뒤에 to가 오기도 하고 ing가 오기도 합니다.

대표적인 것들을 소개할게요.

remember

forget

regret

try

자, 각각의 뜻은 이렇습니다

remember 기억하다

forget 잊다

regret 후회하다, 안타깝게 생각하다

try 노력하다, 해보다

이런 경우에 뒤에 to가 오는지 ing가 오는지에 따라 다른 뜻을 갖게 됩니다.
한번 예를 들어볼게요.

I remember **to call** her. 나는 그녀에게 전화**할** 것을 기억한다.
I remember **calling** her. 나는 그녀에게 전화**한** 것을 기억하다.

제가 to의 기본 그림은 어떤 '목표, 미래'로 나아감이라고 했죠? 그 그림을 자세히 생각해 보시면 I remember 나는 기억한다, 그리고 to 즉, 내가 앞으로 무엇을 해야 하는지를 기억하는 것이죠? call, 전화할 것을 기억한다는 것입니다. 원어민들은 to라는 단어를 딱 이 그림으로 가지고 있습니다.

그래서

Don't forget to call me!

라고 얘기하면 나에게 전화할 것을 잊지 말라는 말이 되죠. 즉 연락을 달라는 얘기입니다. 발화 시점을 기준으로 앞으로 네가 할 일을 잊지 말라는 뜻을 전달합니다.

아까 보셨던 'I remember calling her.'을 그림으로 그려볼까요? 동사에 ing가 붙으면 이미 존재하는 것이라고 했죠? 따라서 calling이라는 행위는 이미 존재합니다. '나는 그것을 기억한다'는 것입니다. 즉, 이 사람은 내가 그녀에게 전화한 행위, 사실을 기억하는 것입니다. 그게 어제일 수도 있고, 오늘 아침일 수도 있고, 조금 전일 수도 있습니다.

자, 여기서 생활 밀착형 예시 한번 보실까요?

예를 들어 술을 먹고 전 애인에게 전화를 하고 그 다음날 기억이 나지 않았다고 쳐봅시다. (아 정말 끔찍한 상황이죠.) 그러면 이런 상황에서 대부분 이런 대사를 날립니다.

I don't remember calling her.
난 그녀에게 전화한 것이 기억이 안 나.

그런데 솔직히 더 끔찍한 경우는 이런 거죠

I remember calling her.
난 그녀에게 전화한 것이 기억나.

때로는 기억이 나지 않는 것이 더 좋을 때도 있습니다. 아무튼, 이 동일한 원리를 적용하여 나머지 동사들도 쭉 보시면요.

Don't forget **to call** me.
나에게 전화할 것을 잊지 말아라.

Don't forget **calling** me.
나에게 전화한 것을 잊지 말아라.

각각 다른 의미가 되는 것이죠. 전자는 앞으로 네가 해야 할 call로 나아가야 함을 잊지 말라는 말이고, 후자는 이미 존재하는 calling을 잊지 말라 즉, 네가 나한테 전화했던 사실을 잊지 말라는 말입니다.

regret 같은 경우는 이렇게 씁니다.

I regret to inform you that the book is out of stock.
유감스럽지만 그 책은 재고가 없습니다.

자, regret이라는 단어 자체가 가지고 있는 그림은 좋지 않은 마음입니다. 우리말로 굳이 번역하자면 후회, 애석함이라는 감정을 느끼는 건데요. 조금 전 예문에서 보신 것처럼 I regret to inform… 이라고 하게 되면 나는 regret한 감정을 먼저 가지고 inform의 단계로 나아가게 됩니다. 그러다 보니 이 I regret to inform… 같은 표현은 '~하게 되어 유감입니다' 라는 표현으로 굳어지기 시작했습니다. 그래서 대부분의 유감표명에 빠지지 않고 등장하는 하나의 말 덩어리가 되었죠. 상대방에게 알릴 내용을 미리 알고 있는 내가 regret 하면서 inform이라는 다음 단계로 나아가는 그림 그려지시죠?

그럼 이것은 어떨까요?

I regret lending him some money.
나는 그에게 돈을 빌려준 것을 후회한다.

자, 동사 뒤에 ing가 붙는 것은 이미 존재하는 것입니다. 그렇다면 이 말은 lending 즉, 빌려준 행위, 사실 자체를 애석하게 생각한다는 것이죠. 그래서 일반적으로 『regret + ~ing』는 '~한 것을 후회하다'라는 뜻으로 씁니다.

try 같은 경우는 참으로 많은 분들께서 헷갈리는데요. 이것도 사실 정교한 규칙이 있습니다.

try는 그 자체로 시도하고 애쓰는 그림이 담겨 있습니다 그런데 뒤에 to가 붙는다면? 네, 바로 그 뒤에 나오는 동사가 바로 시도하고 애쓰는 '목표'입니다. 화자는 그런 행위로 나아가기 위해서 시도하고, 애쓰고, 노력하는 것이죠. 한번 예를 들어볼까요?

I'm trying to open this door.
저는 이 문을 열려고 합니다.

만약 이 사람이 손에 열쇠를 들고 어떤 문을 계속 열기 위해서 달그락 달그락거리는 겁니다. 옆에서 지나가던 사람이 'What are you doing?'이라고 물어봤는데, 이 사람이 이렇게 대답했다면 지금 이 사람이 try하는 것은 open이라는 목표를 달성하기 위함입니다.

자, 그런데 이 문장 잘 보세요.

I'll try opening the door.
제가 문을 한번 열어볼게요.

자, 이런 경우는 try 뒤에 to가 없죠? 이럴 때는 open하는 것이 최종 목표가 아닙니다. opening이라는 것은 이미 내 머릿속에 존재하는 여러 가지 옵션 중 하나입니다. 그중에 opening이라는 것을 시도해 보는 것인데요.

예를 들면 이런 상황에서 쓸 수 있습니다. 만약 내가 카드를 찍고 문을 여는 아파트에 사는데 과연 이 카드가 제대로 작동하는지 알고 싶습니다. 그러면 어떻게 확인할 수 있죠? 네, 바로 직접 관리실에서 점검을 받을 수도 있고 아니면 내가 직접 문을 열어볼 수도 있습니다. 나에게는 가능한 옵션들이 여러 개 존재하고요. 그중에 하나인 opening 하는 것을 try 할 수 있습니다. 그래서 이렇게 'I'll try opening the door.'라고 말하는 사람의 진짜 목표는 뭘까요? 바로 to see if the card works (or not) 입니다. 카드가 되는지 확인하는 것이 목표죠.

즉,

I'll try opening the door to see if the card works or not.

내가 카드가 되는지 안 되는지 보기 위해서 문을 한번 열어볼게.

라는 말이죠.

그래서 try 뒤에 ing가 붙는 경우는 보통 '~해보다'라는 말로 해석합니다. 그게 최종 목표라기보다는 그게 하나의 옵션인데 그걸 한번 해본다는 그림을 갖거든요.

다음 주어진 단어를 뜻에 맞추어 배열하시오.

1. 책을 쓰는 것은 쉬운 일이 아니다.
   is / an easy task / to write / not / a book

   _____

2. 책을 쓰는 것은 쉬운 일이 아니다.
   is / an easy task / writing / not / a book

   _____

3. 너는 앞으로 움직여야 한다.
   the front / need / to / move / you / to

   _____

4. 나는 상자를 옮기고 싶다.
   a box / I / to / want / move

   _____

5. 상자를 옮기는 것은 힘들다.
   hard / to / a box / is / move

   _____

6. 나는 그녀에게 전화할 것을 기억한다.
   to / I / her / remember / call

   _____

7. 나는 그녀에게 전화한 것을 기억한다.
   I / her / remember / calling

   _____

8. 당신에게 알려드리게 되어서 유감입니다.
   you / to / regret / I / inform

   _____

9. 나는 그에게 돈을 빌려준 것을 후회한다.
   lending / some / I / him / money / regret

   _____

10. 저는 이 문을 열려고 하는 중입니다.

this door / to / I / trying / am / open

_____

11. 제가 이 문을 한번 열어볼게요.

will / this door / I / opening / try

_____

006

지후쌤 강의보기

지금부터 알아볼 내용은 심화에 가깝고요, 어떤 면에서는 배우는 재미가 있을 것 같습니다.

어떤 동사들은 뒤에 to가 오든 ing가 오든 사실상 같은 뜻으로 쓰일 때가 있습니다.

예를 들면,

like + to부정사

like + 동명사

같은 것이 대표적인 케이스입니다.

예를 들어 '나는 춤 추는 것을 좋아한다.'라는 말을 한다면

I like to dance.

I like dancing.

두 가지 표현이 모두 가능합니다.

to부정사와 동명사 심화

미국영어와 영국영어의 차이도 있습니다. 영국영어에서는 이런 표현을 할 때 like 뒤에 거의 ing를 쓴다고 하는데 미국영어에서는 『like + ing』와 『like + to부정사』둘 다 흔하게 씁니다. 혹시 영국영어 배우실 분이라면 ing로 연습하는 것도 좋겠네요.

like 뒤에 다른 동사를 한번 넣어 볼게요.

I like reading.
I like to read.

'나는 읽는 것을 좋아한다.' 즉, '나는 독서를 좋아한다.' 정도가 되겠죠? 더 이상의 부연 설명 없이 이 두 문장만 딱 원어민들에게 보여주고 'Is there any difference?'라고 물어보면 'Not really.'라고 할 것입니다. 보자 마자 'Well, there IS a slight difference!'라고 바로 대답하는 원어민은 영어 선생님일 가능성이 높습니다. 직업병이죠!

즉, 일반인들에게는 그다지 차이가 없는 두 문장이라고 할 수 있는데요. 이 뒤에 부가 정보가 붙기 시작하고 맥락과 상황이 주어지기 시작하면 슬슬 이 둘 사이에서 약간씩 다른 뉘앙스가 느껴지기 시작합니다.

to는 그 어원에서 볼 수 있듯이 '~로 향해 나아감'의 그림을 표현하여 '붙어있음' 보다는 '떨어짐', 이미 '존재함'보다는 '앞으로 그럴 것', '경험적이고 구체적임'보다는 '관념적'이고 '추상적'인 그림을 갖습니다.

자, 그러면 다음 두 문장을 봅시다.

I like reading books in the evening.

I like to read books in the evening.

둘 다 번역하자면 '나는 저녁에 책을 읽는 것을 좋아한다.'입니다. 그런데 이 두 가지는 각각 살짝 다른 그림을 가질 수 있습니다.

일단 'I like reading books in the evening.' 같은 경우 read에 ing가 붙은 reading이 경험적이고 구체적인 '읽는 행위'의 그림을 갖습니다. 그 뉘앙스를 자세히 들여다보면 나는 저녁에 책을 읽는 그 행위 자체를 즐긴다는 말에 가깝죠. 뭔가 저녁에 책을 읽을 때 그 고즈넉하고 살짝 낭만적인 느낌이랄까요? 그런 느낌 자체를 즐긴다는 표현을 하고 있다고 보시면 됩니다.

반면, 'I like to read books in the evening.'은 to read를 관념적이고 추상적인 '읽는 행위'로 보아 나의 개인적 느낌이라기보다는 저녁에 책을 읽는 것이 내 생활에 더 잘 맞고 그래서 내가 선호한다는 뉘앙스를 풍깁니다.

이렇게 바꾸어 보면 더 이해가 잘 가실 것 같습니다.

I like working out in the morning.
나는 아침에 운동하는 것을 좋아한다.

I like to work out in the morning.
나는 아침에 운동하는 것을 좋아한다.

전자 working을 like한다는 말은 운동하는 것 자체를 즐긴다는 의미에 가깝습니다. 그래서 이런 경우는 enjoy를 넣어보면 깔끔하게 의미가 통합니다. 'I enjoy working out in the morning.' 즉, 나는 아침에 운동할 때의 그 기분을 좋아하는 것이죠.

반면에 'I like to work out in the morning.' 같은 경우는 그것이 내가 선호하는 생활 패턴이라는 뉘앙스를 갖습니다. 경험적이고 구체적인 나의 감정을 떠나 그렇게 하는 것이 나의 습관이며 선호하는 생활 방식이라고 볼 수 있겠죠.

저는 개인적으로 운동하고 나서 샤워를 바로 하는 것을 좋아하는데요. 만약 제가 친구와 얘기를 하다가 '야, 나는 운동하고 나서 바로 샤워할 때 그 기분이 참 좋더라.'라는 말을 함축해서 영어로 한다면

I like taking a shower right after my workout.

이라고 표현하는 게 더 그 그림에 가깝습니다. 쉽게 말해서 'I enjoy taking a shower right after my workout.'이죠. 그런데 그런 경험적이고 구체적인 것이 아니라 운동 끝나자마자 샤워하는 게 나는 좋다. 쉽게 말하면… 뭉그적거리지 않고 바로 샤워하는 것을 선호한다는 그림을 그려낼 때는

I like to take a shower right after my workout.

이라는 말이 좀 더 명료한 표현이 되겠죠.

물론 원어민들이 매번 이 차이를 구분해서 두 가지를 쓰는 것은 아닙니다.

우리도 그렇지 않은가요? '나는 아침에 커피 마시는 게 좋더라.'라고 표현하면 이 말만 가지고 내가 아침에 커피 마실 때 그 몸에 카페인이 퍼지면서 각성되는 느낌이 좋고 그걸 즐긴다는 말인지, 아니면 나는 아침에 커피를 마시는 게 내 생활 패턴에 잘 맞아서 그렇게 하는 것을 선호한다는 말인지 듣는 사람도 심지어 가끔은 말하는 사람도 그 순간 바로 구별이 딱 가지는 않습니다. 영어도 마찬가지겠죠. 일반 회화에서 저 차이를 다 생각하고 말하는 사람은 드뭅니다.

하지만 우리가 글을 쓰거나 아주 미묘한 뉘앙스를 잡아낼 때는 이런 것을 배워 두면 유용하겠죠? 그런 차원에서 조금은 재미로 더 살펴보도록 하겠습니다.

다들 영어 공부하는 것 힘드시죠? 저도 마찬가지입니다. 저도 정말 예전에 힘들었고 지금도 계속 배우는 중이죠. 영어 공부에서 가장 힘든 것은 무엇인가요? 다들 다양한 경험을 가지고 다양한 의견을 제시하시겠지만 저 같은 경우는 같은 것을 매일 반복해야 하는 것이라고 생각합니다. 이 지겨움에 익숙해지고 그냥 꿋꿋이 해내야만 영어를 잘 할 수 있거든요. 그래서 저는

One of the hardest things of learning English is repeating the same things every day.
영어를 배우는데 가장 힘든 것 중 하나는 매일 똑같은 것들을 반복하는 것이다.

라고 주장하고 싶습니다. 제 경험상 그렇거든요.

자, 눈치를 채셨겠지만 여기서 저는 is 뒤에 '반복하는 것'이라는 말로 to repeat 대신에 repeating이라고 ing형을 썼습니다. 왜 그랬을까요?

그건 바로 제가 지금 제 경험에 바탕을 둬서 말씀을 드리면서 순간적으로 그것을 할 때의 그 힘든 느낌을 그려냈기 때문입니다. 그래서 경험적이고 구체적으로 존재하는 것을 표현하는 ing를 썼습니다. 똑같은 것을 매일 반복하는 느낌을 제가 가득 담아서 말씀을 드린 것입니다.

자, 그런데 제가 만약에 어떤 세미나를 열어서 영어공부에 대한 강연을 한다고 칩시다. 그리고 제가 가진 데이터에는 영어공부를 할 때 객관적으로 힘들다고 알려진 것들이 그래프로 잘 정리되어 있습니다.

그리고 제가 여러분께 강연 도중에 그 자료 화면을 보여주면서 이렇게

말합니다.

One of the hardest things of learning English is to repeat the same things every day.
영어를 배우는데 가장 힘든 것 중 하나는 매일 똑같은 것들을 반복하는 것이다.

저는 지금 제 경험을 기반으로 말씀드리거나 그 똑같은 것을 반복할 때의 힘든 느낌을 표현하는 것이 아닙니다. 객관적으로 외국어를 학습할 때 가장 힘들다고 알려진 것들의 목록이 있는데 그중의 하나를 가리키면서 이런 게 힘들다더라는 정보 전달만 하고 있죠.

이런 미묘한 차이도 역시 어지간한 언어 감각이 아니면 알아차리기 힘듭니다. 우리가 조금 전 나왔던 문장들을 발화할 때 순간적으로 내가 경험해본 것을 떠올리면서 그게 진짜 힘든 느낌이라는 것을 표현하는지 아니면 '어려운 것들 중 하나가 일반적으로 이것이다.'라는 것까지만 표현하는지는 말하는 자신도 듣는 사람도 바로 구별이 안 될 때가 있습니다.

그래서 아주 언어에 예민한 원어민이 아니라면 대부분 이 차이는 자세히 설명하기 힘들죠. 그래서 보통 영어를 배우다가 원어민들에게 뭔가를 물어보면 참 많이 듣게 되는 대답이

Both are correct.
There is no difference.
Same.
I don't know.

입니다.

솔직히 외국인이 우리말 배우는데 우리한테 와서 '좋겠다'와 '좋겠네'의 차이가 뭐냐고 묻는다면 그러면 우리는 뭐 딱히 할 말이 있을까요? 여기서 바로 '둘은 달라요!' 하시는 분은 국어국문학과입니다! 맞죠?!

자, 지금까지 그려드린 to와 ing의 그림을 가지고 다음을 잠시 보도록 하죠.

love 좋아하다

hate 싫어하다

이 동사들은 모두 화자의 '감정'을 나타냅니다. '~를 좋아하고, 싫어하는' 그림인데요. 우리가 어떤 것을 좋아하고 싫어한다는 것은 그것을 할 때의 그 느낌을 즐기거나 혐오하는 경우도 있지만, 그냥 단순히 그것을 하는 것을 더 선호하거나 반대로 선호하지 않는다는 그림만 표현할 수도 있습니다.

그래서 이런 love나 hate 같은 경우 뒤에 ing가 나오면 그것을 할 때의 느낌을 '즐기거나' 아니면 '혐오하고 불쾌해하다'라는 말에 가까워지며 to가 나오면 그것을 하는 것을 '선호한다' 아니면 '꺼린다'라는 말에 가까워집니다.

예를 들어 이런 말은 어떤가요?

"이런 말을 하기는 싫지만…"

여기서 '싫다'는 게 내가 이 말을 하게 되어 유감이고 꺼린다는 의미에 가깝죠?

그런 경우 'I hate to say this but…'이라고 보통 말을 시작합니다.

자, 그런데 이건 어떨까요?

"내가 또 이런 말을 하는 게 진짜 싫은데…"

여기서 '싫다'는 게 내가 이 말을 하는 행위 자체가 지겹고 짜증 난다는 의미에 가깝죠?

그런 경우 'I hate saying this again!'이라고 표현할 수 있습니다.

만약 꼭 필요한 말이긴 한데 말을 전하기가 어려운 경우 내가 좀 유감이긴 한데…라는 느낌을 전달할 때는 'I hate to say this but…'이라고 말씀하시는 게 자연스럽겠죠.

그러나 내가 전에 했던 얘기를 또 해야 해서 아주 지겨워 죽겠다! 내가 이 느낌을 진짜 hate한다는 말을 할 때는 'I hate saying this!'라고 해서 내 '감정'을 전달하죠. 내가 또 이런 말을 해야 하나! 진짜 나 기분 안 좋다는 말에 가깝습니다.

즉, ing가 오는 경우는 그 자체가 경험적으로 이미 존재하는 구체적인 것이기 때문에 '반복되는 일' 또 '현재 실제 겪고 있는 일'을 표현하는 경우가 많습니다.

'나 더 이상 이렇게 살기 싫어!'라는 말 있죠?

뭔가 중2병 대사 같기는 하지만 이런 말을 하는 화자는 지금 어떻게 살고 있을까요? 당연히 '이렇게 살고' 있겠죠? 이미 내가 살고 있는 이 삶의 느낌이 싫은 이 화자는 아마 이렇게 말할 겁니다.

I hate living like this!
이 따위로 사는 게 싫어!

현재의 삶이 너무 불쾌하다는 말인데 hate 뒤에 living이라고 ing가 온 것이 보이시죠? 매일 매일 반복되는 현재의 생활 상태에 싫은 감정을 느낀다는 표현입니다.

여기서 만약에 'I hate to live like that!'이라고 하면 어떻게 될까요? 예를 들면 누군가와 얘기를 하다가 뭔가 너무 빡센(?) 삶의 방식을 들은 겁니다. 매일 풀 야근에 아침은 늘 거르고 죽지 않을 정도로만 일하는 뭐 그런 생활 패턴에 관해서 얘기하고 있다고 칩시다. (생각해보니 현대인 대부분의 생활패턴이군요. 슬픕니다.) 나는 지금 그러한 생활 방식을 머릿속에 그린 후 내가 과연 그렇게 살기를 선호하는지 선호하지 않는지를 표현하려 합니다. 이럴 때 반복되는 현재의 상태가 아닌 아직은 개념으로 존재하는 것을 꺼린다. 선호하지 않는다는 표현으로 'I hate to live like that.'이라고 표현하실 수 있습니다.

그럼 반대로 '난 지금처럼 사는 게 너무 좋아.'라는 말은 어떨까요? 이 화자는 지금 자신의 반복되는 현재 생활패턴을 마음에 들어 합니다. 이 생활의 느낌이 너무 좋은 이 화자는 아마 이렇게 말할 것입니다.

I love living like this!
난 이렇게 사는 게 좋아!

자, 그런데 누군가에게 내가 선호하는 삶의 방식이 있는데, 예를 들면 어떤 영화에 나온 뭐 그런 삶이다. 그런데 내가 그렇게 사는 것을 내가 선호한다. 그렇게 살면 좋을 것 같다는 의미를 전달하면 이 말이 더 좋습니다.

I love to live like that!

사실 'I hate to live like that!'이나 'I love to live like that!'은 현재시제이지만 사실 어느 정도는 '앞으로'의 그림을 가지고 있습니다. 그래서 이 문장을 '나는 ~할 것 같다'라는 미래표현을 넣어서 하면 더 to의 느낌이 날카롭게 살아 납니다.

I think I would hate to live like that!
내 생각에 나는 그렇게 사는 것은 싫을 것 같아.

I think I would love to live like that!
내 생각에 나는 그렇게 사는 것은 좋을 것 같다.

이렇게 되면 사실상 현재 상태를 내가 싫어하고 좋아하는 게 아니라 '앞으로 만약 그렇다면'이라고 가정하고 있죠? 그래서 이런 표현에는 당연히 ing형이 어울리지 않습니다. 그래서 우리가 영어 회화를 배울 때도 'I would love to / I would like to'의 표현은 있지만 'I would love ~ing / I would like ~ing'와 같은 표현은 거의 못 들어봤죠? 바로 '앞으로'의 그림과 to가 어울리고 ing는 어울리지 않기 때문입니다.

다음 주어진 단어를 뜻에 맞추어 배열하시오.

1. 나는 아침에 운동하는 것이 좋다. (그 기분이 좋다.)
   like / in the morning / working out / I

   _____

2. 나는 아침에 운동하는 것이 좋다. (그걸 선호한다.)
   like / in the morning / to / work out / I

   _____

3. 나는 이렇게 사는 것이 싫다. (이것이 불쾌하다.)
   hate / I / like this / living

   _____

4. 나는 그렇게 사는 것은 싫을 것 같다. (원치 않는다.)
   hate / I / like that / to / live / would

정답 ▶▶

1. I like working out in the morning.
3. I hate living like this.

2. I like to work out in the morning.
4. I would hate to live like that.

지후쌤 강의보기

영어 문장이 길어지는 원리를 크게 두 가지로 나눈다면

1. 문장 끝에 무언가를 붙여준다.
2. 문장과 문장을 합쳐준다.

이렇게 정리할 수 있습니다.

일단 여러분께서

I have a book.
나는 책이 있다.

정도의 문장만 만들 수 있다면 여기서 더 길게 말하는 것은 쉽습니다. 지금부터 찬찬히 설명을 드리겠습니다.

예를 들어, 조금 전 예문에 나왔던 book에 대한 부연 설명을 하고 싶다면 어떻게 해야 할까요? 아, 그러니까 그냥 'a book'이 아니라 '~할 book' 이런 식으로요.

영어에서는 이 기능을 'to+동사' 덩어리가 담당합니다. 어라? 이거 바로 to부정사 편에서 배웠던 내용 아닌가요? 네네, 맞습니다. 그것을 기반으로 문장 확장하는 법을 알려드리는 시간입니다.

to부정사와
동명사의 친구 가주어

여기서부터 우리가 명심해야 할 것! 매우 중요하고 재미있는(?) 포인트
는 바로! 영어는 우리말과 순서가 완전히 반대입니다. (정말 기가 막히
게 늘 반대입니다!) 우리 말은 '읽을 + 책' 또는 '살 + 책'처럼 '~한 + 명
사'의 순서로 말을 길게 만듭니다. '마실 물' 이런 식으로요. 이해 가시죠?
'탈 차' 또는 '읽을 책' 그리고 '먹을 음식' 이게 우리말 어순이죠? 영어는
이 순서가 정확히 반대라고 보시면 됩니다.

영어로 '읽을'은 to read, '살'은 to buy입니다. to라는 단어는 '~로 나아
가는' 그림을 가지고 있기 때문에 to read라고 하면 '(앞으로) 읽을'이라
는 그림이 만들어지죠. to buy라고 하면 '(앞으로) 살'이라는 그림이 만
들어지고요.

영어는 조금 전 말씀드린 이 'to+동사' 덩어리를 명사 뒤에 둡니다.

그래서,

     '읽을 + 책'이라고 하면 『book + to read』가 되고요.

     '살 + 책'이라고 하면 『book + to buy』가 됩니다.

그럼 '마실 물'은요?
네, 'water to drink'입니다.

이 원리를 이해하시면 문장을 길게 만드는 첫 번째 방법을 구사하실 수
있습니다.

I have a book to read. 나는 읽을 책이 있다.

I have a book to buy. 나는 살 책이 있다.

I have some water to drink. 나는 마실 물이 있다.

이렇게 『to+동사』를 명사 뒤에 붙여서 마치 '형용사'처럼 그 명사를 꾸며주는 용도로 쓰는 것입니다.

자, 그런데 이 『to+동사』 덩어리는 한 가지 역할이 더 있습니다.

조금 전까지 보신 예문에서는 book to read(읽을 책), book to buy(살책)과 같이 'book'이라는 특정 단어만 꾸며줄 목적으로 뒤에 『to+동사』를 썼는데요.

문장 뒤에 자연스럽게 '부연 설명'을 해주기 위해 『to+동사』를 쓰기도 합니다. 예를 들면,

I read a book + to learn something.
나는 무언가를 배우기 위해 책을 읽는다.

I buy a book + to study English.
나는 영어를 공부하기 위해 책을 산다.

이렇게 『to+동사』를 '~하기 위해'의 뜻으로 붙여주는 것이죠.

I eat vegetables 나는 채소들을 먹는다 **+ to get healthy.** 건강해지기 위해서

⋯ **I eat vegetables to get healthy.** 나는 건강해지기 위해서 채소들을 먹는다.

이렇게 보니 원리를 바로 아시겠죠?

아참! 이렇게 to로 '부연 설명'을 하는 경우는 이 to와 그 뒤에 나오는 단어들 즉, to 덩어리를 문장 앞으로 보내도 말이 됩니다.

To get healthy, I eat vegetables.
건강해지기 위해서, 나는 채소들을 먹는다.

아주 유연하죠? 사실 원어민들은 'to' 없이는 못 산다고 보시면 됩니다. 그만큼 유용하고 편리한 접착제죠. 그래서 영어를 듣거나 읽다 보면 유독 'to'가 많은 것입니다.

Running along the river every morning is hard.
강을 따라서 매일 달리는 것은 힘들다.

우리는 '~하는 것'이라는 말을 '동사+ing' 또는 'to+동사'를 조합해서 만듭니다. 그래서 위와 같은 문장이 나올 수 있죠. (주어로 쓸 때는 『to+동사』보다는 『동사+ing』를 선호하는 편입니다.)

지금까지 to부정사와 동명사라는 이름으로 이런 문형을 많이 보셨죠? 지금 제가 쓴 running으로 시작하는 이 문장은 문법적으로 아무 하자가 없습니다. 다만… 원어민들은 저 문장을 보고 약간 이렇게 생각합니다. 음…

'머리가 너무 무겁다.'

무슨 말이냐고요? 우리말은 원래 동사가 맨 끝에 나오는 게 일반적이기 때문에 '강을 따라서 매일 달리는 것은….'이라는 말이 나올 때 '그래서 그게 뭐?...'하며 기다리는 데 익숙하죠. 근데 영어는 달라요. 성격이 급합니다. 결론부터 말하는 것을 매우 선호합니다. 그래서 'Running along the river every morning….' 이렇게 주어가 너무 길어지면 매우 답답해 하죠. 결론이 뭐야?! 이러면서요.

그렇다면 '결론'인 '힘들다' 즉, 'is hard'를 먼저 말하는 게 어떨까?

이게 원어민적 사고입니다. 영어는 이 방식을 더 선호합니다. 그럼 한 번 볼까요?

is hard + running along the river every morning.

이렇게 써 놓고 보니 뭔가 부품이 하나 빠진 자동차 같습니다. 어딘가 부실해 보이죠? 시작부터 is라니? 의문문도 아니고….

그래서 is 앞에 무언가 '주어'를 써 줘야 하는데 (문법을 맞춰야 하므로) 딱히 뭘 써야 할지 몰라서 원어민들이 그냥 선택한 것이 아무런 의미없는 'it'입니다.

It is hard + running along the river every morning.

그래서 이 it를 진짜가 아닌 일종의 가짜 즉, '가주어'라고 부르는 것입니다.

그리고 이렇게 '~하는 것/~하기'가 뒤로 가면 『동사+ing』 보다는 『to+동사』를 선호합니다. 그게 더 말이 매끄럽고 보기 예쁘거든요. 그래서…

It is hard to run along the river every morning.

이렇게 하면 아주 좋은 영어 문장이 하나 탄생합니다. 가주어가 무엇이고 왜, 그리고 어떻게 쓰는지 이제 감이 오셨죠?

다음 주어진 단어를 뜻에 맞추어 배열하시오.

1. 책을 쓰는 것은 쉽지 않다.
   is / easy / to / write / not / a book / it

   _____

2. 상자를 옮기는 것은 힘들다.
   hard / to / a box / is / move / it

   _____

3. 그 책을 이해하는 것은 힘들다.
   difficult / to / the book / is / understand / it

   _____

4. 영화를 보는 것은 즐겁다.
   it / fun / is / to / movies / watch

   _____

5. 그 소식을 듣는 것은 고통스럽다.
   painful / is / the news / hear / it / to

   _____

6. 그 이야기를 듣는 것은 흥미롭다.
   interesting / is / the story / listen to / it / to

   _____

7. 영어를 공부하는 것은 어렵다(도전적이다).
   challenging / English / to / it / study / is

   _____

8. 새로운 것을 알게 되는 것은 기쁘다.
   new / pleasing / things / to / it / know / is

   _____

정답 ▶▶

1. It is not easy to write a book.   2. It is hard to move a box.
3. It is difficult to understand the book. 4. It is fun to watch movies.
5. It is painful to hear the news.   6. It is interesting to listen to the story.
7. It is challenging to study English.   8. It is pleasing to know new things.

Lesson

4

be동사

지금까지 자동사, 타동사 등을 살펴보았는데 영어에는 또 다른 동
사가 하나 있죠? 바로 be동사 입니다. 그런데 이 be동사를 제대
로 이해하는 사람이 많지 않습니다. 우리가 학교 다닐 때 제일 처
음에 나오는 녀석이 be동사라 마치 쉬운 것처럼 여겨지는데 실상
은 그렇지 않습니다. 여기서부터는 be동사라는 녀석이 얼마나 다양
한 모습으로 변하며 영어에서 얼마나 많은 역할을 하는지 살펴보도
록 하겠습니다.

008

지후쌤 강의보기

be라는 단어 자체를 한번 살펴봅시다.

be동사의 근본 의미는 '~한 상태이다/~으로 존재하다' 입니다.

혹시 다들 이런 말 들어 보셨나요?

To be or not to be
존재할 것인가 존재하지 않을 것인가 = 사느냐 죽느냐
(햄릿의 대사)

I think, therefore I am.
나는 생각한다. 고로 나는 존재한다
(데카르트가 남긴 말)

be동사 하나로 '존재하다'라는 말을 이렇게 멋들어지게 하다니! 네, 이게 바로 be동사의 위력입니다. 자, 그런데 우리가 영어 공부를 하다 보면 be 동사를 살짝 변형시킨 단어들을 자주 보게 되는데요 그중의 하나가 바로 being입니다. 이 being은 대체 뭘까요?

자동사, 타동사 편에서도 봤지만, 동사 뒤에 ing를 붙이면 '~하는 것'이 라는 뜻이 됩니다. 그래서, be라는 단어 뒤에 ing를 붙이면 '~한 상태, 존재로 있음'이 됩니다.

Being alone is scary.
혼자인 것은 무섭다.

be동사의 변신
– being

이렇게 문장에서 주어로 사용할 수 있죠. being에 관련한 명언 중 참 재미있는 것이 생각나서 하나 공유해 봅니다.

Being alone is scary, but not as scary as feeling alone in a relationship.

혼자인 것은 무섭다. 그러나 어떠한 관계 속에서 혼자라고 느껴지는 것만큼 무섭지는 않다.

— Amelia Earhart

또 다른 예문을 보실까요?

Being a parent requires sacrifices.

부모가 되는 것은 희생을 요구한다.

이렇게 being은 '~한 상태/~한 존재로 있음'이라는 뜻을 가질 수 있다는 것은 이해가 가시죠?
자, 그런데… 이 경우 말고 일반 회화에서 우리를 정말 헷갈리게 하는 것이 있습니다. 바로

He is being silly.

같은 문장이죠.
이건 대체 뭐지?
자, 여기서부터 저를 잘 따라오셔야 합니다. 문법서에서 '시제' 편을 보면

아주 **빽빽한** 글씨로 정리되어 있는 수십 장짜리 내용을 한 번에 박살낼
수 있는 절호의 찬스입니다!

I work out.
나는 운동을 한다.

I run.
나는 달리기를 한다.

이런 문장은 흔히 '단순 현재'라고 많이 부르죠? 이건 어떤가요?

I am working out.

I am running.

이런 ing가 들어가고 be동사로 연결해 준 것을 '진행형'이라고 다들 배우
셨죠? 그런데 이 '진행형'이라는 게 영어에서 실제로 하는 역할은 무엇일
까요? 딱 한 마디로 정의하자면… '일시성'을 표현하는 것입니다.

자, 잠시 이 문장들을 자세히 들여다보겠습니다.

I work out.
나는 운동을 한다. (늘) = 운동하는 사람이다.

I run.
나는 달리기를 한다. (늘) = 규칙적으로 달리는 듯

이렇게 단순 현재형은 늘 그러함을 나타내서 어제도 오늘도 내일도 반복
되는 것을 표현한다면

I am working out.
나는 운동을 하고 있는 중이다. (지금)

I am running.
나는 달리는 중이다. (지금)

이렇게 진행형은 늘 그러함이 아니라 '잠시' 그러하고 있음 즉, '일시성'을 표현합니다. 이것이 바로 ing가 들어간 영어 표현의 공통점이죠.

우리는 사실 이 ing 표현을 이처럼 일반 동사 뒤에 붙여서 썼을 때는 쉽게 이해합니다.

I am walking along the beach.
나는 해변을 따라 걷고 있는 중이다.

She is talking on the phone.
그녀는 전화 통화 중이다.

He is taking a shower.
그는 샤워하는 중이다.

'~하는 중이다'라고 단순하게 우리말로 해석을 해도 직관적으로 잘 이해가 가기 때문이죠.

그런데 유독 being이라는 단어가 들어간 표현들은 이해가 힘듭니다. 이것은 사실 영어와 우리말의 차이가 있기도 하고… 솔직히 be동사를 우리가 제대로 이해하지 못하고 있다는 반증이기도 합니다. 제가 처음에 be는 어떤 상태/존재로 있음을 뜻한다고 했죠? 자, 그것만 기억하시고 따라오세요.

영어의 단순 현재 시제는 그 주된 기능이 '늘 그러함'을 나타내는 것이라고도 했죠? 예를 들면

I work from Monday to Friday.

나는 월요일에서 금요일까지 일한다. (늘 그러하다 = 내 일상이다)

He doesn't drink.

그는 술을 마시지 않는다. (늘 그러하다 = 술을 마시지 않는 사람이다)

She doesn't smoke.

그녀는 담배를 피우지 않는다. (늘 그러하다 = 비흡연자다)

마찬가지로 be동사도 단순 현재 시제로 쓰게 되면

She is nice.

그녀는 친절하다. (늘 그러하다 = 그녀의 성격이 그렇다)

He is mean.

그는 못됐다. (늘 그러하다 = 그의 성격이 그렇다)

John is rude.

존은 무례하다. (늘 그러하다 = 그의 성격이 그렇다)

이런 표현을 할 수 있습니다.

우리말은 이 둘을 명확히 구분하지 않습니다. 그냥 '~한다'라는 말이 늘 그렇다는 말도 되고 일시적인 것을 표현할 때도 쓰이죠. 우리말은 맥락에 의존을 많이 하는 '정황어'라 이걸 굳이 다 말로 구분하지 않습니다.

그러나 영어는 이 구분이 형태상으로 확실히 드러납니다.

I am working.

나 일하고 있는 중이야.

(누가 전화로 뭐하냐고 물어봤을 때 현재 나는 일하는 중이라 대답할 때)

He is drinking.

그는 술을 마시고 있는 중이야.

(누가 걔 뭐하냐고 물어봤을 때 지금 술을 먹는 중이라고 대답할 때)

She is smoking.

그녀는 담배를 피우고 있는 중이야.

(누가 걔 뭐하냐고 물어봤을 때 지금 저기 밖에서 담배를 피우고 있는 중이라고 대답할 때)

그러면 be동사에도 ing를 붙이면 똑같은 효과를 볼 수 있지 않을까요?

She is being nice.

그녀는 친절한 중이다?

He is being mean.

그는 못된 중이다?

John is being rude.

존은 무례한 중이다?

이렇게 해 놓고 보니 해석이 어색하죠? 왜냐하면 우리말은 이렇게 '상태'에 대해서는 '~중이다'라는 말을 쓰지 않기 때문입니다. 이때 가장 잘 맞는 우리말 표현이 바로 '굴다' 입니다.

그래서 실제 이 말들의 뜻은 이렇습니다.

She is being nice.

그녀는 친절하게 구는 중이다. (평소에 늘 그런 게 아니라 지금 그러는 중)

He is being mean.

그는 못되게 구는 중이다. (평소에 늘 그런 게 아니라 지금 그러는 중)

John is being rude.

존은 무례하게 구는 중이다. (평소에 늘 그런 게 아니라 지금 그러는 중)

그래서 우리는 원어민들이 이런 표현을 쓰는 경우를 자주 볼 수 있습니다.

You are just being nice! You don't mean it!

너 그냥 nice하게 구는 중이구나! 진짜 하는 말은 아니잖아!

(누가 나에게 칭찬을 했는데 왠지 그냥 하는 말 같을 때)

Why are you being so mean? What's wrong with you?

너 왜 이렇게 못되게 구니? 뭐가 문제야?

(이상하게 오늘따라 얘가 사사건건 시비를 거는 것 같을 때)

Stop being harsh on yourself! You are not a superhero!

스스로에게 가혹하게 좀 굴지 마! 네가 슈퍼 히어로는 아니잖아!

(무언가를 못 해서 자신을 자책하는 사람에게 네 탓이 아니니 그만하라고 할 때)

우리는 이렇게 일시성을 표현할 때 '굴다'라는 단어를 가지고 있는 것이고 영어는 be동사 뒤에 ing를 써서 일시성을 줘서 표현하는 기법의 차이가 있을 뿐입니다.

다음 주어진 단어를 뜻에 맞추어 배열하시오.

1. 나는 운동을 한다. (운동하는 사람이다.)
   work / I / out

   _____

2. 나는 운동을 하는 중이다.
   out / am / I / working

   _____

3. 혼자인 것은 외롭다.
   lonely / alone / is / being

   _____

4. 부모가 된다는 것은 희생들을 요구한다.
   sacrifices / requires / a parent / being

   _____

5. 그녀는 똑똑하다. (원래 똑똑한 사람이다.)
   smart / is / she

   _____

6. 그녀는 똑똑하게 군다. (원래 그런 게 아니라 지금 머리를 잘 쓴다.)
   smart / being / she / is

   _____

7. 너는 무례하다. (원래 그런 사람이다.)
   rude / you / are

   _____

8. 너는 무례하게 군다. (원래 그런 게 아니라 지금 그런 행동을 하는 중이다.)
   you / rude / being / are

   _____

정답 ▶▶
1. I work out.
2. I am working out.
3. Being alone is lonely.
4. Being a parent requires sacrifices.
5. She is smart.
6. She is being smart.
7. You are rude.
8. You are being rude.

009

지후쌤 강의보기

이렇게 되니 자연스럽게 be라는 단어를 변형시킨 또 다른 형태 been에 대해서도 궁금해지기 시작합니다. been이라는 단어는 언제 어떻게 쓰는 것일까요?

우리는 영어로 문장을 만들 때 주로 be동사나 일반동사 중 하나를 선택하여 말을 전개합니다. 예를 들어 제 얘기를 해볼까요? 저는 현재 영어 강사입니다. 저를 한 문장으로 소개한다면 저에게는 두 가지 옵션이 있습니다.

I am an English teacher.
나는 영어 선생이다.

I teach English.
나는 영어를 가르친다. (영어 선생이다.)

이렇게 단순 현재형으로 묘사를 하면 '늘 그러함'을 나타낼 수 있습니다. 그래서 'I am an English teacher.'라고 하면 나는 원래 영어 선생이기 때문에 그것이 나의 직업이고, 어제도 오늘도 내일도 영어를 가르칠 것임을 나타냅니다. 'I teach English.'라고 해도 마찬가지입니다. 나는 영어를 늘 가르친다는 말은 어제도 오늘도 내일도 가르친다는 말이죠. 즉, 나의 직업입니다.

자, 그런데 여기서 이런 가정을 한번 해볼까요? 제가 은퇴하고 나중에

be동사의 또 다른 변신
- been

지금을 회상하면서 이런 말을 했다고 칩시다. '나는 영어 선생이었다.'

이 문장을 영어로 옮기면

I was an English teacher.
나는 영어 선생이었다.

I taught English.
나는 영어를 가르쳤다. (나는 영어 선생이었다.)

이 정도가 됩니다. 여기서 하나 짚고 넘어갈 것! 이렇게 '과거'형을 쓰면 '현재'와는 단절이 됩니다. 특히 영어는 이 '단절'이 아주 분명한 언어입니다. 'I was an English teacher.'나 'I taught English.'라는 말을 들으면 원어민들은 거의 대부분 '아! 그럼 지금은 아니라는 말이군'이라고 생각을 합니다. 과거는 과거! 그것은 현재와는 단절된 것이죠. 이것이 그들의 세계관입니다.

그렇다면 '과거 어느 시점에서 현재까지 내가 영어 선생이었다.' 이런 표현을 하려면 어떻게 해야 할까요? 음⋯ 'I was an English teacher before and I am still an English teacher now.' 뭐 이렇게 말하면 되지 않을까요? 물론 이것도 방법입니다. 그러나 늘 말을 이렇게 하면 말이 너무 길어지고 표현의 섬세함이 떨어지죠. 딱 봐도 상당히 둔탁해 보이지 않나요?

이런 표현의 한계를 극복하기 위하여 영어 원어민들은 독특한 기법을 만들어냅니다. 그것이 바로 우리가 학창 시절 그렇게 『have + p.p.』라고 외웠던 '완료'상입니다.

여기서 p.p.는 past participle이라는 단어의 약자인데 이 용어가 정확히 무엇을 뜻하는지 모르고 그동안 p.p.라고 외웠기 때문에 영어가 참 어려웠던 것 같습니다. past는 '과거'라는 뜻인 건 알겠는데 participle은 뭐지?... 제가 한번 participle을 영영 사전에서 찾아보겠습니다.

participle: the form of a verb that usually ends in "ed" or "ing"
and is used as an adjective
(출처: *Cambridge Dictionary*)

해석을 하자면 'participle이란 동사의 형태 중에 보통 뒤가 ed나 ing로 끝나는데 형용사로 쓰이는 녀석이다.'입니다. 이어서 영한사전을 찾아보면 participle은 우리말로 '분사'라고 되어 있습니다.

아하 '분사'라··· '분사'라는 말이 나오니 딱! 학창 시절 배웠던 용어들이 스멀스멀 떠오르지 않나요? 현재분사 그리고 과거분사. 네! 맞습니다. 바로 그 용어에서 볼 수 있는 '분사'가 바로 영어로 participle입니다. 제가 조금 전 찾은 영영사전에 나온 정의를 토대로 '과거분사', '현재분사'라는 용어가 정확히 무엇을 뜻하는지 예시를 통해 설명해 드리도록 하겠습니다.

cook: 요리하다 → cooked: 요리된

cooked food: 요리된(형용사) + 음식(명사) = 요리된 음식

이렇게 동사가 주로 ed형으로 끝나면서 형용사 역할을 하고 '수동'과 '완료'의 느낌을 갖는 것이 바로 past participle 즉, '과거분사'입니다. 반면에,

interest: 흥미롭게 하다 → interesting: 흥미롭게 하는

interesting book: 흥미로운(형용사) + 책(명사) = 흥미로운 책

이렇게 동사가 주로 ing형으로 끝나면서 형용사 역할을 하고 '능동'과 '진행'의 느낌을 갖는 것이 바로 present participle 즉, '현재분사'입니다.

그래서 영영사전에

*Participle: the form of a verb that usually ends in "ed" or "ing"
and is used as an adjective*

분사: ed나 ing로 끝나는 동사의 한 형태로서 형용사 역할을 한다.

라고 정리가 되어 있는 것이죠. 이제 의문이 풀렸습니다!

이 장에서 저희가 공부할 be동사의 변형 'been'은 'past participle(과거분사)'에 속합니다. 보다 더 확실한 이해를 위해 잠시 학창 시절로 돌아가서… 추억여행을 해봅시다.

다들 이런 것 외워보신 적 있죠?

study – studied - studied

learn – learned - learned

삼단봉보다 무섭다는 '삼단변화!'입니다. 어이쿠~ 보기만 해도 현기증
이 나네요…

이 중에 각각 세 번째 있는 studied와 learned가 바로 past participle(과
거분사)에 속합니다.

study – studied - studied

learn – learned - learned

음… 그런데 study와 learn의 경우 '과거'형과 '과거분사'형이 똑같이 생
겼군요. 깔끔한데요?

그런데~!

take – took - taken

get – got - gotten

이런… 드디어 우리를 영포자로 만들었던 무리들이 등장합니다. 다들 이
런 못생긴 녀석들 기억나시죠? 생각해보니 이런 놈들만 따로 모아서 또
'불규칙' 동사라고 배웠던 것 같아요!

자, 여기서! 이 장의 첫 부분에 나왔던 예문을 소환해 보도록 하겠습니다.

I am an English teacher.

I teach English.

이 두 문장의 동사는 각각 'am'과 'teach'입니다. 아, 그런데 am이라는 단
어는 주어가 I일 때만 형태가 저렇게 변하는 것이고 원래는 be잖아요?
그 유명한 be동사의 변화표 am / is / are… 이런 것 기억나시죠? 그래
서 이 문장들에서 동사는 각각 'be' 그리고 'teach'라고 정리하겠습니다.

자, be의 과거형은 뭔가요? 네, 그렇습니다 '주어'가 무엇이냐에 따라 다르죠? was / were 이렇게 두 가지가 있고요. teach의 과거형은? 맞습니다. taught입니다. 지금 이놈들처럼 과거형을 만들 때 동사 뒤에 ed가 붙는 게 아니라 아예 다른 모양으로 변하는⋯ 이런 것들이 우리가 싫어하는 '불규칙' 동사에 해당합니다.

자, 이제 이 두 녀석의 과거분사(past participle)을 볼까요? 각각

been

taught

입니다.

참⋯ 모양 진짜 정이 안 가게 생겼네요. 네 맞아요 저도 사실 쟤네들은 정이 안 갑니다.

출생의 비밀 참고로~ 영어는 원래 한 언어가 그대로 깔끔하게 발달해 온 것이 아니라 이 언어 저 언어가 짬뽕(?)되어 만들어졌습니다. 이런 말을 쓰면 좀 그렇지만 저는 농담으로 영어를 '잡어'라고 부릅니다. 영어 단어들은 각각 출신에 따라, 그러니까 어떤 언어에서 들어왔느냐에 따라 과거형과 과거분사형을 만들 때 모두 다른 규칙을 따릅니다. 원래 출신 언어의 문법을 따르는 것이죠. 그래서 '불규칙'이라는 것들이 참 많습니다. 아, 그런데 어찌 보면 억울한 낙인이죠? 원래 출신 언어에서는 저게 맞는 '규칙'이었는데 영어가 마음대로 가지고 와서 '불규칙'으로 만들어버린 것이니까요.

자, 그런데 뭐 저런 건 언어학자들에게 연구하라고 그냥 놔두고요.

이제 우리는 been이라는 단어가 be동사의 과거분사(past participle)라는 것을 확인했습니다. 그러면 여기서 한 가지 의문점! 이건 '뜻'이 대체 뭘까요?

What is the meaning of this word?

자, 그게 문제입니다! 우리는 단어들은 모두 '명확한 뜻'이 있어야 한다고 생각합니다. 음… 생각해 보면 사실 그게 정상이죠! 아니 뜻이 없는 단어가 어디 있어요? 이렇게 반문하시는 분들께서 많으실 것 같은데. 사실… 꽤 많이 있습니다. 무슨 말이냐고요? 정리하자면, 어떤 단어가 '물질적인 것'이든 '추상적인 것'이든 '어떤 특정한 것'을 딱 지칭하는 경우는 명확한 '의미'라는 게 당연히 있죠. 사전에도 딱 한 마디로 정의가 되어 있고요. 그런데 그런 단어가 아니라 어떤 표현을 하기 위해 사실상 '중간 부품'처럼 쓰이는 단어들이 있습니다. 우리가 너무나 흔하게 접하는 'be동사'가 바로 그 대표적인 예입니다.

be라는 단어 자체가 무슨 뜻인지 생각해 보신 적 있나요? 그냥 be! 이렇게만 써 놓으면 해석을 할 방법이 없습니다. '굳이' 하자면 명령문으로 '~이어라! / ~되어라!' 이럴 수는 있지만 이게 무슨 판타지 소설도 아니고. 사실 뭔 뜻인지 알 길이 없죠.

be동사는 그것을 기준으로 앞과 뒤에 무엇이 나오느냐가 중요합니다! 앞과 뒤를 '연결해주는' 역할을 하거든요. 그래서 be동사를 영어로는 linking verb라고도 부릅니다. 해석하자면 그냥 '이어주는 동사'라는 뜻이죠.

I와 an English teacher를 이어서 'I am an English teacher.'라고 연결하여 두 단어의 관계를 나타내 주는 것이 be동사입니다. 즉 'I = an English teacher'입니다.

그럼 be가 been으로 바뀐다고 해서 이 '성질'이 변할까요? 아니죠! 전혀 바뀌지 않습니다. linking verb였던 성질은 그대로 남은 채 '의미'만 조금 달라지는 것이죠! 이게 핵심입니다.

일반적으로 과거분사(past participle)는 '~된/~인'의 어감을 가지고 있습니다. 그래서 cook이 '요리하다'라면 cooked는 '요리된'이고 see가 '보다'라면 seen은 '본' 이런 식이죠. 그런데 be는 딱히 뜻이라고 하면 '이다/있다' 정도밖에 없거든요. 그래서 been을 굳이 우리말로 번역을 하자면 '~인 / ~였던 / ~에 있어진'에 가깝습니다.

자, 여기서 다음 두 문장들을 보시겠습니다.

I have been an English teacher.
나는 영어 선생이었다.

I have taught English.
나는 영어를 가르쳤다.

제가 각각 우리말 해석을 써 놨는데요. 우리말 해석은 그냥 둘 사이에 별 차이가 없습니다. 우리 말은 '완료'의 개념이 희박하거든요. 맥락으로 알아들을뿐 그것을 말로 다 표현하지는 않습니다. 하지만 영어는 전~혀 다릅니다. 그냥 '과거'가 아니라 이렇게 have를 넣고 뒤에 past participle을 넣으면 단순 '과거'와는 다른 뜻을 표현합니다. 기존 영문법에서는 이런

『have + p.p.』를 '현재완료'라는 카테고리에 넣어서 '경험 / 계속 / 결과 / 완료'라는 하위 카테고리로 또 나누어서 정리하고 있습니다. 틀린 말은 아닙니다. 그렇지만 보다 '본질'로 들어가 봅시다.

I have been an English teacher.

나는 영어 선생이었다.

I have taught English.

나는 영어를 가르쳤다.

여기서는 물론 have를 '가지다'라고 직접 해석하지는 않습니다. 그러나 원래 have라는 단어 자체가 '가지다, 소유하다'라는 뜻인데 이 단어를 지금처럼 다른 용도로 쓴다고 그 '고유의 뜻'이 아예 바뀔까요? 그렇지 않습니다. 다른 용도로 쓰였기 때문에 그 뜻이 조금 희석될 뿐 '가지다, 소유하다'라는 그림 자체는 여전히 내포하고 있습니다. 그래서,

이 말을 분리해보면

I have(나는 가지고 있다)

+

been an English teacher(영어 선생이었던 상태를)

이렇게 두 덩어리로 나눌 수 있습니다. 이것이 바로 '완료' 표현의 숨은 원리입니다.

I have been an English teacher for five years.

자, 이 문장을 한번 분리해볼까요?

I have(나는 가지고 있다)
+
been an English teacher(영어 선생이었던 상태를)
+
for five years(5년 동안)
=
나는 5년 동안 영어 선생인 상태를 현재 가지고 있다.

이 문장에서 have는 '현재'형이죠? 그리고 뒤에는 과거분사 been이 나오는데 '~이게 된/~이었던'이라는 뉘앙스를 내포하고 있어요. 즉 '완료'의 뜻을 품었죠.

그래서 이런 표현 방식을 '현재+완료' = '현재완료'라고 부릅니다. 그리고 원어민들은 이 문장을 보거나 들을 때

I have been an English teacher for five years.
= 나는 5년 동안 영어 선생이었던 상태를 가지고 있다.
= 나는 5년 동안 영어 선생이었다.

이렇게 하나의 '그림'으로 인식합니다.

I have taught English for five years. 이 문장도 마찬가지입니다

teach(가르치다) → taught(가르쳤다) → taught(가르친)

teach의 과거완료(past participle)형 'taught'의 '가르친'을 나는 현재 have(가지고)하고 있습니다.

I have(나는 가지고 있다)
+
taught English(영어를 가르친 행위/경험을)
+
for five years(5년 동안)
=
나는 5년 동안 영어를 가르친 행위/경험을 현재 가지고 있다.

이 문장을 우리말로 자연스럽게 풀면 '나는 5년째 영어 선생으로 일해왔다.' 정도가 됩니다.

여기서 곰곰이 생각해보니 '결과'적으로 내가 지금도 영어를 가르치고 있고… 또 영어를 가르친 '경험'을 가지고 있겠네요. 아! 그렇군요! 이제서야 문법책에 나오는 그 말들이 조금씩 이해가 됩니다. 문법학자들이 이 현재완료 표현들을 들여다보니 '음… 대략 네 가지 정도로 나눌 수 있겠다' 싶어서 '경험 / 완료 / 계속 / 결과' 이런 식으로 나누었고 이것을 문법서에 수록한 것입니다.

이 분류가 틀린 것은 아니지만 사실 현재완료 문장들이 모두 이 네 개 중에 딱 어디에 해당한다고 보기는 어렵습니다. 가끔은 억지일 때도 있죠. 그래서 현재완료를 배울 때 '이게 그래서 정확히 무슨 용법으로 쓰인 건가요? 결과? 경험? 계속?'이라는 질문은 사실 좀 무의미하다고 봅니다. 언어라는 것이 그렇게 물리나 수학처럼 딱 자를 수 있는 것이 아니기 때문이죠.

'I have been an English teacher for five years.'라는 말은 '내가 5년 동안 영어 선생이었다. 그러므로 내가 영어를 가르치는 일을 잘 안다.' 이런 말로 쓸 수도 있습니다.

예를 들어서 면접 상황에서 면접관이 이렇게 묻는 것입니다.

'영어 가르치는 일이 쉽지가 않은데 자신 있으세요?'

그러자 지원자가

'아, 제가 이력서에도 써 놨지만 제가 5년간 영어를 가르쳐 왔습니다.'

이렇게 말을 한다면 '그래서 내가 영어를 할 줄 알고 그 업무를 할 수 있다'는 말이죠. 이런 맥락에서는 굳이 따지면 '경험'으로 볼 수 있습니다.

다음 두 문장을 보시죠.

I have been an English teacher several times.
I have taught English several times.

several times라고 하면 '몇 차례/몇 번' 정도가 되죠? 그럼 이 때는 이렇게 볼 수 있습니다.

I have(나는 가지고 있다)
+
been an English teacher(영어 선생이었던 상태를)
+
several times(몇 차례)
=
나는 몇 차례 영어 선생이었던/선생인 상태를 현재 가지고 있다.

한 마디로, 나는 과거로부터 지금까지 몇 차례 영어를 가르치는 일을 맡아본 적이 있다는 뜻으로 이해할 수 있습니다. 꼭 현재 영어선생이 나의 직업은 아닐지라도 또 나의 본업은 아닐지라도 나는 그런 '경험'이 있음을 표현할 수 있죠.

I have(나는 가지고 있다)

+

taught English(영어를 가르친 행위/경험을)

+

several times(몇 차례)

=

나는 몇 번 영어를 가르친 행위/경험을 현재 가지고 있다.

마찬가지로 나는 과거로부터 지금까지 몇 차례 영어를 가르쳐 봤습니다. 뭐 그게 나의 현재 직업은 아닐지라도, 또 나의 본업은 아닐지라도 나는 그런 '경험'이 있음을 표현할 수 있죠.

이처럼 '경험, 결과, 계속…' 라는 말들은 이미 나와 있는 영어 문장들을 굳이 정리하려다 보니 나온 용어들에 불과합니다. 이걸 외울 필요는 없다는 것이죠.

been 같은 경우 be동사가 '형태'만 바뀐 것이기 때문에 be동사가 할 수 있는 것은 다 할 수 있습니다. be동사가 큰 역할을 차지하는 영어 표현 기법 중에는 '수동태'가 있죠? 여기에도 been을 써서 다양한 뜻을 표현할 수 있습니다.

teach(가르치다)라는 단어를 가지고 이걸 과거분사(past participle)인 taught로 바꾸어 be동사 뒤에 붙여 보겠습니다. 그러면

be + taught

이렇게 되겠죠?

그럼 이 덩어리는 어떤 뜻이 될까요? 당연히 be는 역시 원래 linking verb(연결동사)이니까 taught라는 과거분사와 그 앞에 나오는 단어를 연결시켜 관계 설정을 해줍니다. 한번 be동사 앞에 I를 넣어볼까요?

그럼 I am taught가 되겠군요.

자, 이런 경우 원래 '~된/~인'의 어감을 품고 있는 저 과거분사(past participle) taught가 linking verb인 am을 타고 I에게 건너옵니다. 그러면서 I가 taught을 받는 것이 되죠.

I am taught.
나는 가르쳐진다.

그래서 이런 뜻이 됩니다.

이제 이 문장의 be동사를 과거로 바꿔보겠습니다.

그러면

I was taught.
나는 가르쳐졌다.

이해되시죠?

그리고 이제 be동사 앞에 have를 넣고 be동사의 p.p.형인 been으로 바꾸어 붙여 봅시다

I have been taught.
나는 가르쳐졌다.
(우리말 해석은 과거형과 비슷함)

그러면 이런 문장이 나오겠죠?

지금 보신 문장들은 모두 수동태입니다. 조금씩 뜻만 다른 것입니다. 우

리는 그냥 '공부했다, 배웠다'라고 하지 '가르쳐졌다'라는 말을 쓰지는 않습니다. 영어와 우리말이 너무나 달라서 수동태가 어려운 것이지 이걸 이해하기 어려운 것이 절대 여러분 잘못이 아닙니다.

I have been taught English for five years.

이 문장은 그래서 나는 5년 동안 가르쳐진 상태(been taught)를 현재 가지고 있다(have)는 말이 됩니다. 그래서 '나는 5년간 영어를 배웠다'라는 뜻이 됩니다.

여러분 tell이라는 동사 아시죠? 당연히 뜻은 '말하다'인데요. 이런 식으로 많이 씁니다.

tell + 누구 + to + 동사

tell + 누구 + that + 절

그래서 '누구한테 ~하라고 말하다' 또는 '누구한테 that 이하의 사실을 말해주다'라고 쓸 수 있습니다. 그럼 tell의 과거분사(past participle)는 무엇일까요? tell은 이렇게 변합니다.

tell – told - told

자, tell의 p.p.(과거분사)인 'told'를 be동사라는 연결고리를 이용해 한 번 I에게 붙여 보겠습니다.

그러면

I am told가 되겠죠? 뜻은 나는 말해진다? 정도가 되겠네요.

과거형으로 바꾸면

I was told(나는 말해졌다)입니다. 그 뒤에 살짝 단어를 추가해볼까요?

I was told to leave.
나는 떠나라고 말해졌다.

우리말로 자연스럽게 번역하면 '나는 떠나라는 말을 들었다'가 됩니다.

이런 문장을 보시고 한 번씩은 고개를 갸우뚱하신 적이 있죠? 실제로는 '나는 떠나라고 말해졌다.' 정도에 가까운 표현 방식인데 의역을 해서 우리말로 '들었다'라고 이해하는 것이죠. 이 문장에서 be동사 앞에 have를 붙이고 be동사의 p.p.형인 been을 쓰면 'I have been told.'가 됩니다.

이 조합으로 문장을 만들어 보겠습니다.

I have been told to study English.
나는 영어를 공부하라고 말해져 왔다
= 나는 영어를 공부하라는 말을 들어왔다.

5년 동안 그랬다고 해볼까요?

I have been told to study English for five years.
나는 5년 동안 영어를 공부하라는 말을 들어왔다.

이렇게 되면 '과거의 어느 시점부터 현재까지 그런 말을 들어왔다'는 '완료' 표현이 됩니다. 한번 정리해볼게요. 'have been'은 『have + p.p.』 형태이니 '현재완료'인데 been은 원래 be동사이고 그 뒤에 tell의 p.p.형인 told가 붙었죠? 즉 『be + p.p.』 형태입니다. 그래서 '수동태'이죠.

그래서 이런 문장 구조를 '현재완료 수동형'이라고 부릅니다. 이야~ 드디어 문법책에 그런 말이 왜 쓰여 있는지 이해를 했습니다!

이쯤에서 제가 드는 생각은 여러분들이 'been'이라는 단어가 들어간 문장을 제대로 해석하지 못하고 또 실제 영작을 하거나 회화를 할 때 잘 사용하지 못하는 것은 어찌 보면 당연한 것 같습니다. 이 녀석은 '부품'인데 우리가 직접 영문을 만드는 공부를 거의 한 적이 없어서 이 '부품'을 쓸 일이 없었던 것이죠. 조립법도 모르고요.

그런데 워낙 영어문장에서 이게 자주 쓰이니 been이 들어간 문장은 '현재완료'다, '수동태'다… 이렇게 정말 지엽적인 지식을 얻고 넘어가는 정도가 영어교육의 현실이었던 것 같습니다.

세상에 모든 것은 항상 '이치'가 있습니다. 그 '이치'를 깨닫는 것이 바로 영문법 공부의 목적이 되어야 하며 이치를 깨닫고 나면 문법은 지루한 암기의 대상이 아니라 '언어의 사용 설명서'라는 생각이 듭니다. 이 설명서를 잘 이해하여 부품을 조립하면 내가 원하는 바를 말과 글로 표현할 수 있습니다.

지금까지의 흐름을 잘 따라오셨다면 다음과 같은 문장들도 쉽게 받아들이실 수 있습니다.

I am teaching English.
나는 영어를 가르치고 있는 중이다.

'현재 진행형'이라고 부르는 문장 형태죠? being이라는 녀석을 다룰 때 '일시성'을 나타낸다고도 했고요. 한번 이 문장에 have를 넣어서 변형시켜 보겠습니다.

I have + am teaching English

이렇게 연결을 시키려고 하는데 여기서는 have도 동사이고 am도 동사여서 이걸 나란히 연결할 수는 없습니다. 동사 두 개가 나란히 오는 영어 문장은 없습니다. 뜻이 해석이 안 되니까요. 그래서 이런 경우 am이 been으로 바뀌어서 have been으로 연결을 해주어야 합니다. 그러면,

I have been teaching English.
이렇게 바뀌겠죠.

'I have taught English.'에서 'I have been teaching English.'로 문형이 바뀌는 순간 지금 말하고 있는 이 순간에도 '진행'이 되고 있음을 표현할 수 있습니다. 그래서 'I have taught English.'는 뒤에 나오는 말에 따라서 그랬던 '경험'이 있다 라고도 해석할 수 있지만, 'I have been teaching English'는 '경험'을 나타낼 수 없습니다. 지금 말하고 있는 순간에도 '진행' 중인데 마치 멈춘 것처럼 '그런 경험이 있다'라는 말을 할 수는 당연히 없는 것입니다. 그래서 보통 언제부터 지금까지 계속 그래오고 있는 중

이라고 해서 since 같은 단어와 함께 많이 쓰죠.

I have been teaching English since 2012.
나는 2012년부터 지금까지 영어를 가르쳐 오고 있는 중이다.

그래서 이런 '완료 진행형'은 과거에 시작한 행위나 상태가 현재까지 계속 진행되어온 경우, 지금도 진행 중인 경우, 그래서 '앞으로도 계속될 가능성이 높은 경우'를 표현합니다.

즉, 원어민들은 'I have been teaching English since 2012.'라는 말을 들으면 '음… 지금도 영어 선생이고 별다른 일이 있지 않는 한 계속 이 일을 하시려는 모양이군…'이라고 이해한다고 보시면 됩니다.

지금까지 설명해 드린 원리는 have를 had로 바꾸어도 그대~로 적용이 됩니다. 그래서

I had taught English.
I had been teaching English.
I had been an English teacher.

이런 표현들이 모두 가능합니다. 그런데 이런 말은 언제 쓸까요?

제가 예전에 가르치던 학생 중에 지금은 영어 선생이 된 친구가 있는데요. 청출어람이라고 하죠? 진짜 잘 가르칩니다. 볼 때마다 정말 기쁘기도 하고 신기하기도 해서 이 친구를 예로 삼아서 한번 문장을 만들어 보겠습니다.

When he was still a student, I had been an English teacher.
그가 아직 학생이었을 때, 나는 영어 선생이었다.

그때 기준으로 그보다 더 전부터 그때까지 나는 영어 선생이었겠죠.

When he was still a student, I had taught English for five years.
그가 아직 학생이었을 때, 나는 5년간 영어를 가르쳤다.

그때 기준으로 그보다 더 전부터 그때까지 나는 영어를 가르쳤겠죠.

**When he was still a student,
I had been teaching English for five years.**
그가 아직 학생이었을 때, 나는 5년간 영어를 가르쳐 오고 있는 중이었다.

그때 기준으로 그보다 더 전부터 그때까지 5년간 영어를 가르쳐 오고 있는 중이었겠죠.

**When he was still a student,
I had been an English teacher several times.**
그가 아직 학생이었을 때, 나는 영어 선생으로 몇 번 일한 경험이 있었다.

그때 기준으로 그보다 더 전부터 그때까지 나는 영어 선생으로 몇 번 일한 경험이 있었겠죠.

When he was still a student, I had taught English several times.
그가 아직 학생이었을 때, 나는 영어를 몇 번 가르친 경험이 있었다.

그때 기준으로 그보다 더 전부터 그때까지 영어를 몇 번 가르친 경험이 있었겠죠.

이렇게 과거의 어떤 시점을 기준으로 그보다 더 과거부터 있었던 일을 묘사할 때 바로 이 『had + p.p.』를 씁니다. had는 have의 '과거'형이죠? 그래서 『had + p.p.』는 '과거완료'라는 이름을 갖게 되었습니다.

지금까지 잘 따라오셨다면 이런 생각이 드실 거예요.

아… '과거완료'와 '현재완료'가 완전히 따로 있다기보다는 '완료'라는 것이 있고 여기서 '시점'만 왔다 갔다 하는구나.

자, 이렇게 보니 어떤가요? 언어는 하나의 유기체와 같습니다. 단어 하나에 뜻 하나가 딱 부여되었다기보다는 단어가 어떤 상황에서 어떻게 쓰였느냐에 따라서 그 단어의 뜻이 결정됩니다. 인간의 몸으로 비유하자면 세포라는 것은 다른 어떤 세포를 만나느냐에 따라 우리 몸 안에서 비로소 어떤 기관이 되고 어떤 역할을 하죠. 이와 같은 원리입니다.

다음 주어진 단어를 뜻에 맞추어 배열하시오.

1. 나는 영어를 가르친다. (나는 영어 선생이다.)
   teach / English / I

   _____

2. 나는 영어 선생이다. (나는 영어를 가르친다.)
   am / an English teacher / I

   _____

3. 나는 영어를 가르쳤다. (나는 영어 선생이었다.)
   taught / English / I

   _____

4. 나는 영어 선생이었다. (나는 영어를 가르쳤다.)
   was / an English teacher / I

   _____

5. 나는 5년 동안 영어를 가르쳤다. (나는 5년 동안 영어 선생이었다.)
   taught / have / for / English / I / five years

   _____

6. 나는 5년 동안 영어 선생이었다. (나는 5년 동안 영어를 가르쳤다.)
   an English teacher / have / I / been / five years / for

   _____

7. 나는 몇 차례 영어를 가르쳐 보았다. (그런 경험이 있다.)
   several times / taught / English / have / I

   _____

8. 나는 몇 차례 영어 선생이었다. (그런 경험이 있다.)
   an English teacher / been / I / several times / I / have

   _____

9. 나는 영어를 배웠다. (나는 영어를 가르쳐졌다.)
   taught / English / I / was

   _____

10. 나는 영어를 배웠다. (나는 영어를 가르쳐졌다.) – 과거부터 현재까지 그랬다.
taught / English / I / been / have

_____

11. 나는 영어를 5년 동안 배웠다. (나는 영어를 5년 동안 가르쳐졌다.) – 과거부터 현재까지 그랬다.
taught / English / I / for / been / five years / have

_____

12. 나는 떠나라는 말을 들었다.
leave / told / was / to / I

_____

13. 나는 떠나라는 말을 들어왔다. (과거부터 현재까지 그랬다.)
leave / to / been / have / I / told

_____

14. 나는 영어를 공부하라는 말을 들어왔다. (과거부터 현재까지 그랬다.)
been / to / English / have / told / study / I

_____

15. 나는 2020년부터 영어를 배우고 있는 중이다. (계속 진행 중이고 앞으로도 그럴 것 같다.)
been / English / since / I / have / learning / 2020

_____

16. 아직 그가 학생이었을 때, 나는 (그 전부터) 영어 선생이었다.
still / a student / when / was / he / been / had / an English teacher / I

_____

17. 아직 그가 학생이었을 때, 나는 (그 전부터) 5년 동안 영어를 가르쳤었다.
a student / when / still / was / he / taught / for / I / five years / had / English

_____

18. 아직 그가 학생이었을 때, 나는 (그 전부터) 5년 동안 영어를 가르쳐 오고 있는 중이었다.
a student / when / still / was / he / teaching / for / I / five years / had /
English / been

_____

19. 아직 그가 학생이었을 때, 나는 영어 선생으로 몇 번 일한 경험이 있었다.

a student / when / still / was / he / teaching / I / several times / had / an English teacher / been

_____

20. 아직 그가 학생이었을 때, 나는 영어를 몇 번 가르친 경험이 있었다.

a student / when / still / was / he / I / several times / had / English / taught

정답 ▶▶

1. I teach English.
2. I am an English teacher.
3. I taught English.
4. I was an English teacher.
5. I have taught English for five years.
6. I have been an English teacher for five years
7. I have taught English several times.
8. I have been an English teacher several times.
9. I was taught English.
10. I have been taught English.
11. I have been taught English for five years.
12. I was told to leave.
13. I have been told to leave.
14. I have been told to study English.
15. I have been learning English since 2020.
16. When he was still a student, I had been an English teacher.
17. When he was still a student, I had taught English for five years.
18. When he was still a student, I had been teaching English for five years.
19. When he was still a student, I had been an English teacher several times.
20. When he was still a student, I had taught English several times.

010

지후쌤 강의보기

I lost my wallet.
나는 내 지갑을 잃어버렸다.

I have lost my wallet.
나는 내 지갑을 잃어버렸다.

우리말로 해석하면 아무런 차이가 없는 이 두 문장은 원어민들에게 어떤 차이가 있을까요?

'I lost my wallet.'처럼 그냥 동사의 과거형을 써서 표현한 것을 '단순과거'라고 부릅니다. 'I have lost my wallet.'처럼 『have + 과거분사』를 써서 표현한 것을 '현재완료'라고 부릅니다.

사실 이 용어를 외우는 것은 별 의미가 없습니다. 원어민들의 감각을 아는 것이 중요하죠.

먼저, 'I lost my wallet.' 같은 경우는 정말 단순하게 '나는 내 지갑을 잃어버렸다'라는 뜻만 있습니다. 언제 잃어버렸고 그래서 지금은 찾았는지 어쨌는지 '현재'에 대한 아무런 정보가 없습니다.

이 참에 현재완료 간단정리

그래서 굳이 표현하자면 이런 느낌입니다.

I lost my wallet. 나는 지갑을 잃어버렸다.
(언제? 그리고 그래서 어떻게 되었는데?)

뭔가 추가 정보가 필요한 느낌이죠.

반면에 'I have lost my wallet.' 같은 경우는 그 '지갑을 잃어버린' 것이 '현재'까지 영향을 미치고 있음을 뜻합니다. 그래서 지금 지갑이 없다는 뜻일 가능성이 높죠.

그래서 굳이 표현하자면 이런 느낌입니다.

I have lost my wallet. 나는 지갑을 잃어버렸다.
(그래서… 지금 지갑이 없다.)

만약에 여러분께서 지금 '내가 지갑이 없다.'는 뜻으로 '지갑을 잃어버렸다.'라는 말을 하고 싶으면 'I lost my wallet.'보다는 'I have lost my wallet.'이 좋겠죠.

마찬가지로 '내가 지금 배고프다.'는 뜻으로 '아무것도 안 먹었다.'라는 말을 하고 싶으면 'I didn't eat anything.'보다는 'I have not eaten anything.'이 좋겠죠.

우리말에는 전혀 없는 게 이 '과거'와 '현재완료'의 개념 차이라서 처음에는 어렵습니다. 그게 딱히 무슨 차이가 있나 싶기도 하고 뭘 그렇게까지 피곤하게들 사느냐는 생각이 들 수도 있죠. 하지만 익숙해지고 나면 약간의 변화로 큰 의미의 차이를 만들 수 있어서 재미있기도 합니다.

현재완료는 또한 '경험'을 표현하기도 합니다.

I have been there.

이 표현은 '난 거기 가본 적이 있다.' 정도입니다. 두 사람이 대화를 하다가 어떤 특정 장소를 말한 거죠. 예를 들어 'A new restaurant has just opened near my office.'라는 말을 둘 중 하나가 했다고 칩시다. 근데 대화 상대방은 이미 거기가 어딘지 알고 있고 심지어 가서 먹어본 거예요. 그럴 때는 'I have already been there.'라고 해서 이미 거기 가봤다는 표현을 할 수 있습니다.

영어에는 이런 현재완료를 이용한 일종의 굳어진 표현들도 많습니다. 그중 하나가 been there, done that이라는 말입니다. 우리말로 그대로 번역하면 '가봤고 해봤지'입니다. 누군가가 무슨 얘기를 할 때 내가 이미 다 겪어본 일일 때 받아치는 말로 많이 씁니다.

이제 현재완료에 대한 감이 조금 오시나요?

다음 주어진 단어를 뜻에 맞추어 배열하시오.

1. 나는 내 지갑을 잃어버렸다. (그래서 지금은 어떻게 되었는지 모른다는 뉘앙스)
   wallet / lost / my / I

   _____

2. 나는 내 지갑을 잃어버렸다. (그래서 현재 가지고 있지 않다는 뉘앙스)
   have / wallet / lost / my / I

   _____

3. 나는 아무것도 안 먹었어. (그래서 지금 배가 고프다는 뉘앙스)
   not / I / anything / eaten / have

   _____

4. 난 거기 가본적이 있다.
   been / I / have / there

   _____

정답 ▶▶

1. I lost my wallet.
3. I have not eaten anything.

2. I have lost my wallet.
4. I have been there.

Lesson

5

분사구문

지금까지 다루었던 영문법의 원리에서 핵심으로 등장하는 것들이 바로 participle(분사)였죠? 이제부터는 영어에서 이 분사가 만들어 내는 정말 창의적인 표현법 중의 하나인 '분사구문'에 대해서 한번 살펴보도록 하겠습니다.

분사구문이라는 말만 들어도 숨이 턱 막히시는 분들을 위해 공식 암기가 아닌 원리 이해에 초점을 맞추었고 저의 경험담도 덧붙였습니다. 외우려 하지 마시고 그냥 전체 내용을 죽~ 따라가는 정도면 충분합니다. 마음 편히 하시고 한번 들어가 봅시다!

011

지후쌤 강의보기

이번 장의 목적은 분사구문을 어떻게(how) 만드는지보다는 왜 (why) 쓰는지, 그리고 분사구문은 원어민들에게 어떤 의미로 다가오고, 어떨 때 쓰는지 제대로 알아보는 것입니다.

일단 다른 것을 다 떠나서 이것부터 생각해 봅시다. 이 분사구문 (participle construction)이라는 녀석은 대체 왜 쓰는 것일까요?

우리는 일반적으로 분사구문을 이런 공식으로 외웠습니다. 잠시 학창 시절로 돌아가 보겠습니다.

첫째! 접속사를 생략한다. 둘째! 주절의 주어와 종속절의 주어가 같을 경우 종속절의 주어도 생략한다. 그리고 셋째! 종속절의 동사를 원형으로 바꾼 후 ing를 붙인다.

아… 머리가 벌써…

이해합니다. 여러분, 조금만 버텨주세요…!

분사구문 하면 나오는 예문계의 조상님…을 넘어 시조새를 보여 드리겠습니다.

분사와 분사구문

While he was walking his dog in the park,
he ran into an old friend of his.
그는 공원에서 개를 산책시키다가, 그의 오랜 친구를 우연히 마주쳤다.

와! 진짜 분사구문 하면 떠오르는 딱 그 예문입니다 분사구문에 최적화된
예문! 마치 애국가 1절… 헌법 제1조 1항 같은…! 자, 어쨌든…

이제부터 문법책에 나온 그대~로 이 문장을 분사구문으로 만들어 보겠
습니다. 일단 접속사 while을 생략하고 while 뒤에 있는 he도 주절의 he
와 같은 사람인 것이 분명하므로 생략합니다.

While he was walking his dog in the park,
he ran into an old friend of his.

동사 was를 원형으로 바꾸면 be인데 ing를 붙이면 being이 됩니다.

Being walking his dog in the park,
he ran into an old friend of his.

그런데 분사구문에서 being은 거의 생략하므로 walking만 남습니다. 그래서…

Walking his dog in the park, he ran into an old friend of his.
개를 산책시키다가, 그는 그의 오랜 친구를 우연히 마주쳤다.

여기까지가 일반적으로 우리가 알고 있는 분사구문 만드는 방법입니다. 아! 한 가지 더 있네요. 양쪽의 시제가 다르면 시제가 더 과거인 쪽을 having p.p.로 처리해 준다.

As he finished his homework, he wants to go out.
그는 숙제를 끝내서/끝냈기 때문에, 밖에 나가고 싶어 한다.

이런 경우 똑같이 접속사 As를 생략하고 종속절의 he가 주절의 he와 같은 사람이므로 생략합니다.

As he finished his homework, he wants to go out.

그 다음에 시제가 하나 앞섰기 때문에 having을 붙이고 finish의 p.p.형을 써서

Having finished his homework, he wants to go out.
숙제를 끝내서/끝냈기 때문에, 그는 밖에 나가고 싶어 한다.

이렇게 바꾸면 분사구문이 됩니다.

자, 그런데 지금부터 그냥 순순히 이 공식을 따르기보다는 한번 따져 봅시다. 왜 어떤 단어는 생략하고 어떤 단어는 살려(?)두는 것일까요?

말을 '간단명료'하게 한다는 것은 곧 '최소 단어'로 '최대의 정보'를 전달함

을 의미합니다. 언어의 경제적 목적을 달성하는 것을 우리는 '간단명료' 하게 말한다고 표현합니다.

> While he was walking his dog in the park,
> he ran into an old friend of his.
>
> 그는 공원에서 개를 산책시키다가, 그의 오랜 친구를 우연히 마주쳤다.

> Walking his dog in the park, he ran into an old friend of his.
>
> 공원에서 개를 산책시키다가, 그는 그의 오랜 친구를 우연히 마주쳤다.

이 두 문장에서 전자는 일단 후자보다 단어 수가 더 많습니다. 그러면 경제성 면에서 떨어지죠. 그래서 단어 수를 줄여야 하는데 아무거나 막 없애 버리면 당연히 안 되겠죠?

'생략의 원칙'이 무엇입니까? 말을 굳이 하지 않아도 맥락으로 유추할 수 있는 단어를 생략하는 것이죠. 그렇다면 이 화자는 당연히 he를 생략할 수 있죠.

> While he was walking his dog in the park,
> he ran into an old friend of his.
>
> 그는 공원에서 개를 산책시키다가, 그의 오랜 친구를 우연히 마주쳤다.

이 문장을 보고 개 주인이 아닌 어떤 사람이 이 남자의 개를 산책시키다가 개 주인의 오랜 친구를 우연히 마주쳤다고 생각할 사람은 아무도 없으니까요.

그리고 이제 while을 지울까 말까 고민을 하게 되는데 여기서부터는 선택 사항입니다. 우리는 접속사를 무조건 생략하는 것으로 알고 있는데 사실 영문법이라는 것이 수학처럼 절대 진리가 아닙니다 무조건은 없습니다.

Walking his dog in the park, he ran into an old friend of his.

이 문장을 보고 개를 산책 '시켰기 때문에' 또는 개를 산책 '시켰음에도 불구하고' 오랜 친구를 마주쳤다고 생각할 사람의 수가 거의 없고 인류 보편적으로(?) 저런 상황이라면 거의 개를 '산책시키다가' 마주쳤다고 생각을 하잖아요? 그렇기 때문에 화자는 while을 생략할 수 있습니다.

자, 여기서 1차 결론! 분사구문을 쓰려면 문맥상 오해가 없어야 합니다. 즉, 문맥상 두 절의 상관관계가 분명할 경우 군이 접속사를 사용하지 않고 두 절을 하나로 줄일 수 있는 것이죠.

그런데 여기서 조금 엉뚱한 가정을 한번 해봅시다. 어떤 사람에게 아주 예쁜 반려견이 있습니다. 그래서 이 사람은 평소 자신의 반려견을 이용(?)해 사람들과 사교를 합니다. 그런데 어느 날 이 반려견을 산책시키다가 만난 사람과 반려견에 대한 대화를 나누게 되었습니다. 그 계기로 그 사람과 친해지고 나중에 이성 교제까지 하게 되었다고 칩시다.

그럼 이렇게 되겠네요. (일단 제가 남자니까 개 주인은 남자, 그리고 저쪽은 여자로 할게요.)

**Because he walked his dog in the park,
he had a chance to talk with her.**
그는 개를 공원에서 산책시켰기 때문에, 그녀와 이야기를 나눌 기회가 있었다.

그럼 이것을 분사구문 원리 그대로 바꾸면 어떻게 될까요?

because를 지우고 he를 지우고 동사인 walk에 ing를 붙여 walking으로 바꿔서 'Walking his dog in the park, he had a chance to talk with her.'라는 말이 만들어지겠죠?

문제는 이 문장을 그냥 아무 설명 없이 딱 보여줬을 때 '아~! 개 덕분에 즉 그 덕택에 그녀와 대화를 나눌 수 있었구나!'라고 이해할 사람은 거의 없다는 것입니다. 그런 생각은 전혀 일반적이지 않죠. 그러면 이런 경우는 당연히 because를 남겨야 합니다.

Because walking his dog in the park,
he had a chance to talk with her.
개를 공원에서 산책시켰기 때문에, 그는 그녀와 이야기를 나눌 기회가 있었다.

양쪽의 시제를 다르게 해볼까요?

Because he walked his dog in the park,
he is now married to her.
그가 개를 공원에서 산책시켰기 때문에, 그는 지금 그녀와 결혼했다.

he를 지우고 시제가 하나 앞섰기 때문에 having을 쓰고 walk의 p.p.형인 walked를 붙여서…

Because having walked his dog in the park,
he is now married to her.
개를 공원에서 산책시켰기 때문에, 그는 지금 그녀와 결혼했다.

이렇게 남겠죠. 이렇게 because를 남겨 두어야 이 문장을 보고 '아, 이건 개로 꼬셨(?)구나.'라고 생각할 수 있습니다. 자, 그런데 사실 지금도 느끼시겠지만 이렇게 특이한 경우가 살면서 얼마나 되겠습니까? 오랜 시간 동안 원어민들이 영어를 써오면서 이렇게 정말 굳이 because를 앞에 살리고 분사구문을 쓸 일이 거의 없었나 봅니다. 말이란 건 생략했을 때 그 효율이 더 높아져야 하는데 이런 경우는 괜히 생략해서 뭔가 듣는 사람을 더 헷갈리게 했죠?

이런 식으로 쓰지 않다 보니 이런 구문을 만들어 본 적도, 들어 본 적도 없어서 원어민들은 이 표현은 사실 어색하다고 느낍니다. (이 '어색하다', '자연스럽다'는 결국 그 언어를 쓰는 사람들이 현재까지 쌓아온 데이터 베이스에 근거합니다.)

그래서 영문법 책에는 이렇게 되어있죠.

분사구문에서는 접속사가 생략되는 것이 원칙인데
이 경우 주절과의 상관성이 약화될 수 있으므로
'일부' 접속사에 한하여 접속사와 분사를 그대로 두어서 의미를 분명히 하기도 한다.

예를 들면 when / while / if/ (al)though! 이런 녀석들은 남겨 두기도 합니다. because는 간택 받지 못했습니다. 그래서 분사구문을 쓰니 차라리 원래대로 Because he walked his dog in the park… 이렇게 풀어서 얘기합니다.

이런 경우도 한번 상상해 볼까요? 어떤 사람에게 반려견이 있는데 이 사람은 평소 좋아하는 이성이 있습니다. 그런데 그분은 개를 싫어해요. 그런 상황에서 이 사람이 개를 산책시켰는데 그럼에도 불구하고 그 산책로에서 그 이성과 같은 시간에 걷다가 우연히 이야기를 나누게 되고 결국 이성 교제까지 했다고 칩시다. 그러면 사실 이런 내용이 되잖아요?

**Although he walked his dog in the park,
he had a chance to talk with her.**
그는 개를 공원에서 산책시켰음에도 불구하고, 그녀와 이야기할 기회가 있었다.

이걸 똑같이 분사구문으로 바꾸어 보면

Walking his dog in the park, he had a chance to talk with her.

이렇게 되는데…

문제는! 배경 설명이 없는 이상 이 문장을 보고 '~에도 불구하고'라고 이해할 사람은 사실 없습니다. (누가 그런 생각을 하나요?) 거의 '산책시키다가'라고 생각하겠죠. 그래서 이런 경우는 although를 살려야 합니다.

Although walking his dog in the park,
he had a chance to talk with her.

개를 공원에서 산책시켰음에도 불구하고, 그는 그녀와 이야기할 기회가 있었다.

양쪽의 시제를 다르게 해서

Although he walked his dog in the park,
he is now married to her.

그는 개를 공원에서 산책시켰음에도 불구하고, 그녀와 지금 결혼했다.

이 문장을 분사구문으로 만든다면

Having walked his dog in the park, he is now married to her.

이렇게 되겠죠. 배경 설명이 없으면 사실 원래 although가 있었는지 알 방법이 없습니다. 그래서 여기는 살려줍니다.

Although having walked his dog in the park,
he is now married to her.

개를 공원에서 산책시켰음에도 불구하고 그는 그녀와 지금 결혼했다.

자, 이렇게 보니 어떤가요? 같은 접속사인데 어떤 건 쓰고 어떤 건 안 쓰죠? 그렇다면 이것은 사실 법칙의 문제라기보다는 실제 사용을 해왔던 것은 쓴다고 후대에 문법책에 정리가 되고 실제 사용하지 않아 온 것은 쓰지 않는다고 역시 후대에 정리가 되었다고 봐야 합니다.

그래서 저는 늘 이렇게 얘기합니다. 문법은 말이라는 현상을 잘 분석해서 만든 안내서와 같다. 말이 변하면 안내서도 바뀌어야 한다. 예전에는 쓰지 않았지만, 지금은 쓰는 표현도 있고, 예전에는 썼지만, 지금은 쓰지 않는 표현도 있다. 시간이 지나서 다수가 어떤 표현을 쓰거나 쓰지 않게 되면 그게 또 법칙으로 인정된다.

자, 여기까지 우리는 기존 문법서에도 나와 있는 분사구문 만드는 방법과 또 의미전달을 위해 어떤 단어를 생략하고 남길 것인가를 살펴봤습니다.

이 '분사구문'이라는 것을 한마디로 요약하자면 최소한의 단어로 최대한의 정보를 전달하되 오해가 생기지 않도록 생략할 단어를 신중히 선택하는 것 정도 될 것 같습니다.

이제부터는 필자의 분사구문과 싸웠던 전투의 흔적을 보여드리도록 하겠습니다.

때는… 2000년대 초! 새천년이 밝았다는 말이 매일 TV에 나오던 바로 그때 영어 왕초보였던 저는 겁 없이 분사구문을 공부하기로 마음먹습니다.

제가 막 영어 공부를 시작할 때 저에게 가장 흥미로웠던 영어의 표현 방식이 바로 분사구문입니다. 사실 당시에는 이게 분사구문인지 몰랐죠. 그런 용어 자체도 몰랐습니다.

저는 그때 영어로 글을 쓰면

I met my neighbor while I was running along the river.
나는 강을 따라 뛰다가 내 이웃을 만났다.

이런 식으로 매우 정직하게 썼거든요. 교과서가 울고 갈 정직한 영어죠. 근데 원어민들이 글을 쓴 걸 보니까 저런 말을 할 때 뒷부분은 콤마를 찍고 그냥 ing를 쓰는 경우가 많더라고요. 그래서 저도 한번 그렇게 써봤죠.

I met my neighbor, running along the river.
나는 강을 따라 뛰다가 내 이웃을 만났다.

그랬더니 문장이 간결해지는 겁니다! 그래서 '아~ 이렇게 뒤가 너무 길면 그냥 콤마 찍고 ing로 처리하면 되는구나! 편하네~!'라고 생각을 했던 기억이 납니다. 당시 저는 분사구문을 '어떤 장면을 각각 다른 각도에서 찍은 두 사진이 하나로 겹쳐지는 모습'으로 받아들였습니다. 그냥 그런 느낌인 것 같다. 그냥 그런 막연한 방식으로 이해를 했죠. 그러면서 쓰기 시작한 문장들이 이렇습니다. (실제로 약 20년 전 공책들을 펴봤습니다.)

제가 그때 쓴 예문들을 보니까 전부 '음악을 들으면서'로 해놨더군요. 다른 말로 아직 바꿀 응용력은 솔직히 없고 그냥 저 표현 방식을 익히려고 뭘 하든 음악을 들으면서 한다고 썼네요. 덕분에 저는 분사구문을 편하게 쓰기 시작했습니다.

이후에 미국으로 가서 영어를 공부하면서 이리 저리 치여가며 경험을 통해 알아낸 것은 굳이 저렇게 뒤에다가 콤마 찍고 ing로 표현할 필요는 없고 앞으로 보내도 된다는 것이었죠.

그래서 장족의 발전을 하게 됩니다.

Listening to music, I read books.
음악을 들으면서 나는 책을 읽는다.

Listening to music, I exercise every day.
음악을 들으면서 나는 매일 운동을 한다.

Listening to music, I wash dishes.
음악을 들으면서 나는 설거지를 한다.

이런 문장을 만들기 시작했습니다. 그래서 저는 이게 만능인 줄 알았어요. 그리고 솔직히 좀 '있어 보이길래(?)' 약간 허세도 부릴 겸 일상생활에서도 이를 남용(?)하기 시작했죠. 예를 들면 이런 식입니다.

Feeling not well, I want to take a medicine.
몸이 좋지 않아서, 나는 약을 하나 먹고 싶다.

한번은 제가 이런 말을 했더니 제 룸메이트가 웃으면서 저를 보고
'You must be really sick! You sound so weird!'
'진짜 아픈가 보네! 말을 이상하게 하는 걸 보니까!'라고 하더군요.
그러면서 제가 한 말을 고쳐줬습니다.

Not feeling well, I want to take a medicine.
몸이 좋지 않아서, 나는 약을 하나 먹고 싶다.

그러면서 처음 알게 되었죠 '아, 부정으로 바꿀 때는 Not이 맨 앞에 붙는 구나…' 그리고 더 중요한 것은 바로 이거였습니다.

"No one says that!"

"야! 말을 그렇게 하는 사람은 없어!" 라는 룸메이트의 조언이요.

대부분의 원어민들은 'I'm not feeling well… I want to take a medicine.'라고 말한다는 것이었습니다. 그러면서 네가 아까 말한 것처럼 얘기하면 약간 문학작품이나 뉴스 같다 뭐 이런 얘기를 하더군요.

이 말을 듣고 저는 '콤마 찍고 ing로 퉁치기 구문(분사구문이라는 말을 몰랐음)'을 '문학작품'과 '뉴스 보도문'에서 찾아보기 시작했습니다. 그랬더니 막 엄청나게 나오더군요.

Standing on the top of the mountain, the tree stands still.

뭐 이런 문장이요. 근데 문제는 제가 해석을 어떻게 해야 할지 모르겠더라구요.

저 말이 '산 정상에 서 있기 때문에, 그 나무는 굳건히 서 있다'인지 '산 정상에 서 있음에도 불구하고, 그 나무는 굳건히 서 있다'인지 당최 알 수가 없어서 당시 저와 가장 친하고 제가 무슨 질문을 해도 천사처럼 대답해주던 원어민 친구에게 가서 이걸 한 시간 동안 설명하며 이건 무슨 뜻이냐, 문법서에 보니까 여기는 '이유, 양보, 시간, 조건, 부대 상황'이라고 되어 있는데 이 중에 어떤 거냐고 달달 볶았습니다.

그 친구가 한 시간을 들어주고 같이 고민하더니 마침내 답을 주더라고요

"I don't know."

저는 매우 큰 충격을 받았습니다. 아니! 원어민이 어떻게 모르지? '그럼 넌 이걸 어떻게 해석을 하는 거야? 이게 이해가 되냐?!' 라면서 녀석을 더 괴롭혔습니다. (지금 생각하면 참 미안함) 거의 녹초가 된 녀석이 마지막으로 한마디 하더군요.

What is the context? 어떤 문맥인데?

저는 여기서 머리를 한 대 세게 맞은 것 같았습니다.

아! 이럴 수가. 그러니까 얘네들은 이 문장을 딱 보고 바로 이해하는 게 아니라 앞뒤 상황을 보고 저걸 이해하는 거였어… 무릎을 '탁' 치고 일어난 저는 이 녀석에게 괴롭힘에 대한 보상으로 타코를 사주고 제 방으로 돌아왔습니다. 그리고 가만히 학창 시절 배웠던 우리말 문학 작품들을 떠올리기 시작했습니다.

휘영청 밝은 달, 모두가 모였구나.
마주 잡은 두 손, 서로를 보며 미소를 짓는다.

그리고 거꾸로 제가 영어 원어민인데 한국어를 공부한다고 상상을 해 봤습니다. 그러자 이런 생각이 들더군요. '휘영청 밝은 달'은 그러니까 'Because the moon is shining… (달이 빛나기 때문에…)'라고 생각하는 게 맞는 것일까? 아니면 'As the moon is shining… (달이 빛나는 가운데…)'라고 하면 이해가 될까? 아니면 아니면 'Although the moon is shining… 달이 빛남에도 불구하고…' 아… 이걸 뭐라고 하지?

그래서 이런 '느낌'을 우리말과 영어로 각각 어떻게 표현하는지 직접 제 눈으로 보기 위하여 영한 대역 문고를 들추어 보았습니다. 그러자 이런 문장들이 나오더군요.

> "Now, comrades," cried Snowball,
> throwing down the paint-brush…!"
> 스노우볼은 붓을 집어 던지고 말했다. "자, 동무들…!
> (출처: 동물농장 – 조지 오웰 저)

아하! 그냥 throwing down the paint-brush라고만 되어 있고 우리말 해석 역시 '붓을 집어 던지고'라고 애매모호하게 되어 있구나. 굳이 따지면 '붓을 집어 던지며'나 '붓을 집어 던진 후' 이렇게 두 가지 정도 해석이 가능하겠네.

> "I know why you say that," said Daisy, watching Giovaneli.
> "당신이 왜 그런 말씀을 하시는지 알겠어요" 데이지는 조바넬리를 지켜보며 말했다.
> (출처: 데이지 밀러 – 헨리 제임스)

음… 이 경우는 말 그대로 지켜보며, 바라보며… 이런 동시성을 묘사하는 것 같네.

당시 이런 영한 대역 문고를 보면서 깨닫게 된 점은 저 역시 우리말 버전을 읽을 때 '~하고/~하며' 라는 말이 어떤 뜻인지 거의 문맥으로 알아듣고 넘긴다는 것이었습니다.

그리고 여기에 대해서 조금 진지하게 공부를 하기 시작했습니다.

그러자 제가 막연하게 알고 있었던 콤마 찍고 ing로 퉁치기! 즉, 분사구문이라는 것은 생각보다 정말 다양한 모습을 가지고 있다는 것을 깨닫기 시작했습니다.

Located in the middle of the city, the city hall is easy to find.
도시 중앙에 위치해 있어서, 시청을 찾기가 쉽다.

예를 들면 이런 문장인데 원래 문장이 As the city hall is located in the middle of the city인지 Although the city hall is located in the middle of the city인지 구분하는 것은 정말 상식적인 문제라는 것을 깨달았습니다.

도시 중앙에 위치해 있으면 당연히 찾기가 쉬울 것이기 때문에 as / because / since 같은 이유를 나타내는 말을 저렇게 줄여서 표현하는 것이죠. 저 문장을 보고 도시 중앙에 위치해 있음에도 불구하고라고 생각할 사람의 수가 압도적으로 적기 때문에 굳이 as / because / since 같은 말을 명시하지 않아도 됩니다.

즉, 다 풀어서 얘기하자면 'Because / As / Since + the city hall is located in the middle of the city, the city hall is easy to find.'인데 저 같아도 다 얘기하기 귀찮을 것 같은 겁니다. 그래서 문맥을 오해할 일이 없는 이런 문장은 당연히 접속사를 생략하고 반복되는 the city hall도 생략하고 is가 동사니까 원형인 be로 바꾸어서 ing를 붙이면 being이니 'Being located in the middle of the city, the city hall is easy to find.'인데 Being은 거의 생략 가능 하니까

Located in the middle of the city, the city hall is easy to find.

'이렇게 과거분사로도 문장이 시작하는구나.'라고 이해하게 되었죠.

이 깨달음을 저는 저의 영어 공부에 있어서 변곡점이라고 생각합니다. 그 이후로는 다음과 같은 문장들이 자연스럽게 이해가 가기 시작했습니다.

Uncontrolled, the forces of nature may be dangerous.
통제되지 않으면, 자연의 힘은 위험할 수 있다.

풀어서 얘기하면 'if they are uncontrolled~'로 시작하는 문장이겠죠.

Singing and dancing together, they had a good time.
함께 노래하고 춤추며 그들은 재미있는 시간을 보냈다.

풀어서 얘기하면 'As they sang and danced together~'로 시작하는 문장이겠죠.

문제는 우리가 이런 분사구문을 학창 시절 배울 때 '공식을 외우는 것'에 그쳤다는 것입니다. 공식만 외우고 끝나면 다음과 같은 분사구문의 느낌을 절대 이해할 수 없습니다.

With the gas price soaring, I'm a little anxious.
기름값이 치솟아서 나는 약간 불안하다.

With the gas price soaring in the U.S.,
some experts say China can help this situation.
미국 내 기름값이 치솟는 가운데 몇몇 전문가들이 중국이 이 문제를 해결할 수 있다고 말한다.

이렇게 with를 붙이고 뒤에 '어떤 것'을 붙이고 그 뒤에 그것의 '상태'를 붙이는 식으로 단어를 더덕더덕 가져다 붙여 쓰는 이런 덩어리(구)는 영어 뉴스와 기사 글에서 정말 흔하게 볼 수 있습니다. 이를 문법서에서는 'with 분사구문'이라고 합니다.

그렇다면 이 문장을 쓰는 기자들은 과연 이걸 처음부터 'As the gas price is soaring' 또는 'Because the gas price is soaring'이라고 쓰고 이렇게 분사구문으로 고쳐 썼을까요?

전혀 아닙니다. 마치 우리가 우리말로 된 뉴스나 기사를 보면 '뿌옇게 잿빛으로 변한 하늘, 숨쉬기가 힘듭니다.'라든지 '점점 빨라지는 발걸음, 소나기를 피하는 시민들의 모습입니다.' 이런 표현들이 나왔을 때 그것이 '~하면서 / ~이기 때문에 / ~임에도 불구하고'라고 굳이 나누지 않아도 그 상황 자체에서 올바른 뜻으로 받아들이는 것처럼 처음부터 문장이 아닌 구로 묘사를 했습니다.

이런 표현 기법에 이름을 붙이려고 보니 문법학자들 눈에 주로 '현재분사' 아니면 '과거분사'로 '~중인' 또는 '~된 상태'인 어떤 것… 이렇게 표현을 하길래 '분사구문'이라고 부르게 되었고 이를 사용하는 이유는 '상황으로 이해할 수 있는 반복되는 표현을 삼가고 더욱 생동감 있게 간결한 묘사를 하기 위함'이다.

이것이 당시 제가 내린 결론이고 이번 장의 결론이기도 합니다.

저는 우리 교육에서 하나 부족한 점이 'how'는 있는데 'why'가 없다는 것이라고 생각합니다. 즉, '어떻게' 하는가는 외워서 알고 있는데 '왜' 그래야 하는지에 대한 질문이 없다는 것, 그게 아마 우리 모두를 지치게 하고 중도 포기하게 만드는 원인 중의 하나가 아닌가 싶습니다.

저는 이번 분사구문 편을 통해서 여러분께서 앞으로 문장을 만들고 해석을 하실 때 무조건 공식처럼 외우시는 게 아니라 '이게 결국 화자의 뜻을 보다 수월하게 표현하기 위한 하나의 기법이고 이런 그림을 갖는구나.' '실제 내가 이걸 사용하고 이런 문장을 보고 듣고 이해하려면 이 전체 그림을 이해해야 하는구나.' 이것을 얻어 가신다면 저는 저의 임무를 완수했다고 생각합니다.

다음 주어진 단어를 뜻에 맞추어 배열하시오.

1. 개를 산책시키다가, 그는 그의 오랜 친구를 우연히 마주쳤다.
   dog / the park / walking / in / his / ran into / of / he / an old friend / his

   _____

2. 숙제를 끝내서/끝냈기 때문에, 그는 밖에 나가고 싶어 한다.
   homework / finished / having / his / go out / wants / he / to

   _____

3. 나는 강을 따라 뛰다가, 내 이웃을 만났다.
   neighbor / my / met / I / along / the river / running

   _____

4. 나는 매일 운동을 한다, 음악을 들으면서.
   to / exercise / I / every day / music / listening

   _____

5. 도시 중앙에 위치해 있어서, 시청을 찾기가 쉽다.
   the city / located / in the middle of / easy / the city hall / is / find / to

   _____

6. 통제되지 않으면, 자연의 힘은 위험할 수 있다.
   the forces / nature / of / uncontrolled / dangerous / be / may

   _____

7. 기름값이 치솟아서 나는 약간 불안하다.
   soaring / with / the gas price / anxious / a little / am / I

   _____

정답 ▶▶
1. Walking his dog in the park, he ran into an old friend of his.
2. Having finished his homework, he wants to go out.
3. I met my neighbor, running along the river.
4. I exercise every day, listening to music.
5. Located in the middle of the city, the city hall is easy to find.
6. Uncontrolled, the forces of nature may be dangerous.
7. With the gas price soaring, I am a little anxious.

Lesson

6

조동사

영어라는 언어는 우리에게 늘 어렵습니다만 그중에 특히 '아 정말 얘네들 때문에 힘들어요.'라는 말이 나오는 일종의 빌런들이 있습니다. 그중 가장 많은 혼란을 초래하고 각종 영어 커뮤니티 등에서 '논란의 소재'가 되기도 하는 '조동사'에 대해서 살펴보도록 하겠습니다.

저도 처음 영어를 배울 때 조동사만큼은 정말 이를 갈고 증오(?)했었던 기억이 나는데요. 그래서 원어민들은 과연 초중고 과정에서 조동사를 어떻게 배울까? 이 생각을 가지고 접근을 해서 결국에는 습득을 했던 기억이 납니다. 제가 그렇게 깨닫게 된 것들을 저의 언어로 다시 풀어서 여러분께 전달 드리겠습니다.

지금부터 나오는 내용은 모두 영문법 원서들을 참고하여 만든 것으로 학계의 '정론'만을 담았으며 저의 개인적 의견은 전혀 들어가 있지 않음을 알려드립니다.

시작하겠습니다!

012

지후쌤 강의보기

지금까지 일반동사와 be동사를 통해서 어떻게 영어의 그 표현기법들이 생겨나는지를 보았습니다. 여기서부터는 또 우리를 조금 머리 아프게 하는 존재들 있죠? 바로 '조동사'에 대해서 알아보도록 하겠습니다.

먼저, 대표적인 영어의 조동사들을 소개합니다.

will / can / may / shall / must

조동사의 뜻을 딱 한 마디로 정의하기는 어렵지만, 편의를 위해서 단순하게 한번 해본다면 각각의 뜻은 이렇습니다

will   ~할 것이다
can   ~할 수 있다
may   ~해도 된다
shall   ~해야 한다
must   ~하지 않으면 안 된다

지금 보신 조동사들은 문법적으로 '현재형'이라고 하죠? 이 조동사들은 각각 또 '과거형'이 있습니다. (가끔 조동사는 과거형이 없다는 주장을 하시는 분들이 있는데 여기에 대해서는 다음 장에서 정확하게 설명 드리도록 하겠습니다.)

조동사 정리

would / could / might / should (참고: must는 과거형이 없습니다. 그래서 뜻이 가장 유사한 have to의 과거 had to를 쓰는 경우가 많습니다.)

조동사의 과거형이란 현재에서 멀어져서 '정도, 가능성'을 약화시키는 역할을 합니다

현재에서 멀어지는 그림을 한번 그려보세요. 물리적으로도 어떤 둘 사이에 거리가 가까우면 서로 작용하는 힘이 세지고 거리가 멀면 그 힘이 약해지는데 심리적, 추상적 거리도 마찬가지입니다. 가까우면 세지고 멀면 약해집니다. 따라서 조동사의 과거형은 화자와 청자 사이에 심리적 거리를 두어 정도를 약하게 만들고 이를 통해 보다 공손하고 확신을 낮추어 얘기할 때 쓰입니다.

Would you open the window? 창문 좀 열어주시겠어요?
(will you보다 약한 표현)

Could you open the window? 창문 좀 열어주실 수 있어요?
(can you보다 약한 표현)

You might be right. 네가 옳을 수도 있겠다.
(네가 틀릴 가능성도 있고 확실치 않음)

We should leave now. 우리는 지금 떠나는 게 좋겠다.
(그게 옳은 판단이다)

물론 우리말 해석으로 이 영어 문장들을 100% 옮기기는 힘듭니다. 그래

서 어느 정도는 사람마다 우리말 표현은 다르게 할 수도 있습니다. 그것
보다 중요한 것은 조동사들이 가지고 있는 어감 자체를 익히는 것이죠.

지금부터 조동사를 여러 가지 각도에서 분석해 보도록 하겠습니다.

1. 가능성

가능성의 정도에 따라서 조금 전까지 나왔던 조동사들을 배열하면 다음
과 같습니다.

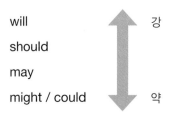

한번 예문을 통해서 그 정도를 느껴볼까요? 만약 오늘 밤에 눈이 오기로
되어있다고 생각해 봅시다. 물론 기상청을 통해서 확인했겠죠. 누군가가
이렇게 이야기합니다.

It will snow tonight! 오늘 밤에 눈이 올 거야!

이렇게 얘기하는 사람은 눈이 올 것이 거의 확실하다는 생각을 가지고
있습니다. will은 가능성이 아주 높죠. 이것보다 확실하게 못을 박는 표

현 방법은 'It is going to snow tonight.'나 'It is snowing tonight.' 정도 가 있습니다. 왜 이런 표현들이 '못을 박는' 표현이 되는지는 '시제' 편에 서 보여드리도록 하겠습니다.

다음으로는 will 대신에 should를 넣어 볼까요?

It should snow tonight! 오늘 밤에 눈이 올 거야!

우리 말로 will과 should의 가능성 차이를 표현할 수 있는 방법은 사실상 없는 것 같습니다. 번역의 한계라고 할까요? 그러나 영어에서는 보통 이 두 가지 중 will이 더 높은 확률이고 should가 그 다음으로 높은 확률이 라고 여깁니다. 우리가 영어 시제를 배울 때 '미래'형에 will을 쓰는 이유 는 '가능성이 가장 높기' 때문입니다. 앞으로 분명히 발생할 일이 거의 확 실하기에 '시제'라는 카테고리에 이 녀석이 들어가 있죠.

그럼 may는 어떨까요? may는 원어민들이 half and half라고 여기는 경 향이 있습니다.

It may snow tonight. 오늘 밤에 눈이 올 수도 있어.

이제 확률은 반반입니다. 안 와도 딱히 실망할 것은 없습니다. 올 수도 안 올 수도 있습니다.

It might snow tonight.
It could snow tonight.

여기서부터는 사실 눈이 안 올 확률이 더 높습니다. 그러나 100% 안 온 다고 장담할 수 있는 것은 아니라서 '그럴지도 몰라… 혹시라도…'라는 의미로 이야기한 것에 가깝습니다.

이 느낌을 정확히 이해하시려면

You might be right. / You could be right.

라는 말을 생각해 보시면 됩니다. 미드나 영화 등에서 원어민들이 그냥 침착한 표정으로 (전혀 상기된 얼굴이 아니고 약~간 미간을 찌푸리면서) 뭐… (어깨 으쓱~) 네 말이 아주 틀린 건 아니니까 일리는 있어. 아주 아니라고는 볼 수 없어. 혹시 그럴 수도 있겠군. 정도의 의미를 담아 이야기할 때 이런 표현을 쓰는 것을 보실 수 있습니다.

2. 추측

추측의 강도에 따라서 조동사를 배열하면 다음과 같습니다.

will		강
should	↑	
may	↓	
might / could		약

음… 추측이라? 정확히 무엇을 얘기하는 걸까요? 여기서 말하는 추측은 화자의 주관적 판단입니다. 이런저런 것을 근거로 했을 때 아마 내 생각에는 이럴 것이다! 이 판단에 대한 것입니다.

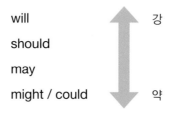

예시를 들어 설명해 드리겠습니다. 나는 지후라는 사람을 알고 있는데 지후가 나에게 마침 전화할 일이 있고 딱 어떤 시간대에 지후가 전화를 할 수 있는 시간이 납니다. 그런데 마침! 이때 전화벨이 울리는 겁니다. 그러면 그 전화를 받으러 가면서 내가 할 수 있는 말은 바로

That must be Jihu!

이렇게 말씀하시면 '지후가 전화한 것이 틀림없다!'가 됩니다. 우리말로 '틀림없다'라고 번역하는 것이 어감이 가장 잘 통하는 것 같습니다. 우리도 거의 확신할 때 이 표현을 쓰죠? 지후가 전화할 일이 분명히 있었고 이 시간쯤에 전화할 것을 내가 이미 알고 있었기 때문에 이렇게 표현했습니다.

이것보다는 조금 약한 표현이

That should be Jihu!

아까 must를 썼을 때만큼은 아니지만, 꽤 확신하고 있습니다.

That may be Jihu.

이제 이 전화를 한 것은 지후일 수도 있고 아닐 수도 있습니다 반반이라고 보시면 됩니다.

That might be Jihu. / That could be Jihu.

이제는 혹시나 하는 추측입니다. 아닐 가능성이 더 높습니다. 이렇게 얘기하는 경우는 지후에게서 전화가 올 가능성이 지금 많이 없지만 혹시나 하는 마음에 기대를 해 보는 상황일 가능성이 높습니다.

3. 요청

모두에 말씀드렸다시피 조동사의 과거형이란 현재에서 멀어져서 '정도, 가능성'을 약화시키는 역할을 합니다. (조동사의 과거형에 대한 설명은 13과를 참조하세요.) 상대방과 심리적으로 거리를 두기 때문에 정도가 약해져서 보다 공손하게 말할 때 쓰이고 가능성이 떨어져서 보다 자신의 확신을 낮추어 얘기할 때 쓰입니다. 이 중 '공손한 표현'에 쓰이는 경우를 보여드리겠습니다.

Would you hold this for me?
이것 좀 잡아 주실래요?

Could you give me a hand with this box?
이 박스 옮기는 것 좀 도와 주실 수 있을까요?

이렇게 상대에게 부탁을 할 때 will보다는 would, 그리고 can보다는 could를 쓰는 것이 상대로부터 '거리'를 두고 (현재형이 아닌 과거형을 썼기 때문에 심리적 거리감이 생기죠.) 그렇기 때문에 더 공손한 표현으로 간주됩니다.

아! 그러다 보니 영어에는 이런 현상이 있습니다.

상대가 과거형으로 부탁을 했지만 내가 과거형으로 대답을 하면 좀 싸가지 없게(?) 들릴 수 있습니다.

Yes, I would.

Yes, I could.

이렇게 대답하면 내가 '그래 줄 수도 있다.'는 말처럼 들립니다. (뭐 그럴 수도~) 해 주겠다고 말할 때는 상대방으로부터 심리적 거리가 먼 것이 좋을까요? 아니죠! 심리적으로 가까운 상태로 대답해야 흔쾌히 해 주겠

다는 말이기 때문에 더 존중하는 표현이 됩니다. 그래서

Yes, I will!

Yes, I can!

이라는 말을 쓰는 것이 일반적입니다. 물론 여러분께서 정 싫으시다면 과거형으로 해보세요. 상대방 반응 관찰하는 재미가 있을 것입니다. (책임은 지지 않습니다.)

4. 조언/의무

조언/의무를 표현할 때 쓰는 조동사를 정리해 보겠습니다. '강한 조언'과 '약한 조언'으로 구분하여 대략적인 표를 만들면

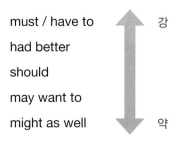

정도가 됩니다. 이 중 must는 정말 강한 조언이죠. 의무(obligation)를 부과하는 말입니다. have to도 비슷하게 쓰이죠. 둘의 차이가 있다면 must는 화자의 개인적 판단에서 나오는 의무에 가깝고 have to는 어떤 규칙에 의해서 해야 하는 의무에 가깝습니다.

예컨대, 'You must see a doctor.'라고 한다면 내가 보기에 네가 분명 아파 보이니 반드시 의사에게 진료를 받으라는 말을 표현할 수 있고 'You have to see a doctor.'라고 하면 네가 이런 저런 이유로 의사 선생님을 만나기로 되어 있는데 절대 어기지 말고 가서 진료를 받으라는 말에 가깝

습니다. 약간 감이 오시죠? 주관적 판단에서냐 아니면 객관적 판단이냐!

사실 이 두 가지보다 제가 더 자세히 볼 것은 바로 had better인데 had better는 뉘앙스가 상당히 강합니다. 그런데 대부분의 영어 학습자들이 이것을 잘 모르는 것 같습니다. 심지어 유학생들도 이 표현에서 실수하는 경우가 있는데 You'd better…라고 시작하는 '조언'은 '조언'이라기보다는 '훈계'나 '협박'에 가깝습니다. 우리말로 의역하면 '~하는 게 좋을 걸…' 정도 됩니다.

힙합 뮤지션 에미넴의 최고 히트곡 중의 하나인 *Lose Yourself*를 아시나요? (영화 〈8 miles〉의 OST죠.) 거기에 나오는 가사 중 이런 게 있죠 'You'd better lose yourself in the music!' 음악에 너 자신을 던져 버려! 정도로 의역할 수 있는데 에미넴이 자신의 언더그라운드 시절을 배경으로 다시는 기회가 오지 않을 수도 있는 한방에 운명이 결정되는 랩 배틀에 대해 하는 말입니다. 그렇게 하지 않으면 다시는 기회가 없어! 넌 영원히 가난하게 살 거야! 래퍼로 성공할 있는 기회는 단 한 번뿐! 놓치지 않는 게 좋을 거야! 정도의 의미죠. 무진장 강한 '조언!'입니다.

가장 일반적인 '조언'은 should를 쓰는 경우가 많습니다. should를 써서 조언을 할 때는 그렇게 하는 것이 '옳다'라는 의미를 내포하는 경우가 많습니다.

You should help him.
너는 그를 도와야 해.
(상대가 전에 너를 도와준 적이 있잖아. 도의적으로 도와야지.)

You shouldn't do that to him.
너 걔한테 그러면 안 돼.
(인간적으로 그런 짓을 걔한테 하면 안 돼.)

그래서 should의 경우 영영사전에서는 'moral rightness(도덕적 올바름)'이라는 말이 꼭 붙어 있습니다. 물론 항상 그런 것은 아니지만 다른 '조언, 의무'보다 더 '가치 판단'이 들어가 있다고 보시면 됩니다. (여기에 대해서 must가 그 역할이고 should는 다른 것이라고 주장하는 경우도 있는데 이것은 '주관적 판단'과 '도덕적 올바름'이 같은 것이라고 착각하는 데서 비롯합니다. 주관적 판단이란 말 그대로 내 심증을 근거로 하여 판단하는 것이고 도덕적 올바름과는 다릅니다. 항상 '근거'를 통해 설명하는 것이 가르치는 사람의 의무입니다. (영영사전보다 정확한 개인이란 존재하지 않습니다.)

may as well이나 might as well은 조언 중에서 가장 약한 조언입니다. 일상적으로는 might as well이 좀 더 자주 쓰이는데… 사실 조언이라고 하기 민망할 정도로 약한 뜻이라 정말 그냥 '던져보는' 정도로 쓸 수 있습니다.

You might as well read some books.
책이나 읽어보지 그래.

하든 말든… 크게 내가 개의치 않는 조언입니다.

다음 주어진 단어를 뜻에 맞추어 배열하시오.

1. 오늘 밤에 눈이 올 거야! - 확실하다
   tonight / will / it / snow

   _____

2. 오늘 밤에 눈이 올 거야! - 거의 확실하다
   tonight / should / snow / it

   _____

3. 오늘 밤에 눈이 올 수도 있어. - 반반의 확률
   snow / may / it / tonight

   _____

4. 눈이 올지도 몰라. - 낮은 확률
   might / snow / it / tonight

   _____

5. 눈이 올지도 몰라. - 낮은 확률
   could / snow / it / tonight

   _____

6. 지후임에 틀림없다! - 확신
   be / Jihu / that / must

   _____

7. 지후임에 틀림없다! - 거의 확신
   be / Jihu / that / should

   _____

8. 지후일 수도 있어. - 아닐 가능성 높음
   Jihu / be / might / that

   _____

9. 지후일 수도 있어. - 아닐 가능성 높음
   Jihu / be / could / that

   _____

10. 저 대신 이것 좀 잡아주실래요? – will 보다 공손하게

for / hold / this / me / you / would

_____

11. 너는 반드시 의사에게 진료를 받아야 한다. – 내가 보기에 네가 분명 아파 보이니

a doctor / see / must / you

_____

12. 너는 반드시 의사에게 진료를 받아야 한다. – 네가 만나기로 되어 있는데 절대 어기지 말고

a doctor / see / have to / you

_____

13. 너는 그를 도와야 해. – 도의적으로 도와야지

him / should / help / you

_____

14. 너 걔한테 그러면 안돼. – 인간적으로 그런 짓을 걔한테 하면 안돼

him / shouldn't / do / that / you / to

_____

정답 ▶▶

1. It will snow tonight!
2. It should snow tonight!
3. It may snow tonight.
4. It might snow tonight.
5. It could snow tonight.
6. That must be Jihu!
7. That should be Jihu!
8. That might be Jihu
9. That could be Jihu
10. Would you hold this for me?
11. You must see a doctor.
12. You have to see a doctor.
13. You should help him.
14. You shouldn't do that to him.

013

지후쌤 강의보기

가끔 조동사는 '과거형'이 없다는 오해를 하시는 분들이 있습니다. 이는 현대영어에서 조동사의 과거형들이 워낙 다양한 뜻을 갖기 때문에 실제 과거의 뜻으로 쓰이지 않는 경우가 많아서 생긴 오해인데요. 사실 오히려 조동사의 과거형이 영어에서 무엇을 의미하는지를 보셔야 영어를 제대로 이해하실 수 있습니다. 그래서 여기에 하나의 예시로 could를 보여드립니다.

영어의 역사를 거슬러 올라가면 can의 예전 모양은 cunnan이었습니다. 뜻은 to be able to/to know 정도입니다. 우리가 지금 알고 있는 '할 수 있다'와 더불어 '알다'는 뜻도 내포하고 있었습니다. 그리고 이 cunnan의 과거형이 cuðe였습니다.

cunnan(지금의 can)은 현대영어의 'know/be able to' 정도의 뜻에 해당하는 단어로 '조동사'가 아닌 '동사'로 많이 쓰였습니다. '조동사'와 '동사'라는 것이 예전부터 완전히 구분되어 있지는 않았습니다. 영문법의 역사는 생각보다 짧습니다. 이 cunnan의 과거형이 cuðe였고 cuðe는 세월이 지남에 따라 모양이 서서히 바뀌어 could가 됩니다.

이렇게 말씀드리면 '아니 뭐 그리 옛날 이야기를 하시나요?'라고 생각하실 수도 있는데 사실 그리 오래된 일도 아닙니다. 셰익스피어 시대(16~17세기) 까지도 can을 본동사로 썼죠.

조동사의 과거형과 가정법
– 심화

Cannst thou ride a horse?

라고 말을 하면 '너 말 탈 줄 아니?' 정도의 뜻입니다. 현대영어의 'Can you ride a horse?'죠.

할 수 있다(can) + 알다(know) = '할 줄 알다' 이렇게 합쳐진 느낌이라는 것이 이해가 가시죠?

어쨌든 이 can은 원래 동사로 쓰였기 때문에 당연히 시제를 가질 수가 있었습니다. can의 과거형은 could였고요.

그런데 현대 영어에서는 could가 꼭 can의 과거만을 뜻하지는 않습니다. 여기에 대한 '오해' 때문에 극단적인 주장이 나오기도 하고 조동사는 과거형이 없다는 과격한 주장을 하는 경우가 있습니다. 하지만 그건 단순히 영어라는 언어를 제대로 이해하지 못 한데서 온 실수에 불과합니다. 독자 여러분께서는 지금부터만 집중해서 읽어 가시면 조동사의 활용뿐만이 아니라 영어의 '가정법' 원리까지 한꺼번에 이해하실 수 있습니다.

먼저, 잠시 가정법의 원리를 살펴봅시다. '가정'이라는 것은 국어사전에 '사실이 아니거나 또는 사실인지 아닌지 분명하지 않은 것을 임시로 인정함.'이라고 정의되어 있습니다. 영어로는 가정법을 the subjunctive mood라고 하는데 subjunctive라는 말을 영영사전에서 찾아보면 'the mood(= form) of a verb used to refer to actions that are possibilities rather than facts'라고 되어 있습니다. 번역을 하자면 어떤 행위가 '사실'보다는 '가능성'인 경우에 사용하는 동사의 한 형태를 의미합니다.

여기서 다들 눈치를 채셨겠지만 '가정법'이라는 것은 '사실이 아닌 것'을 표현하기 위해 '동사'의 형태를 바꾸는 것이 핵심 원리입니다.

여기서 잠시 학창 시절로 돌아가서 '가정법'에 대해서 우리가 배웠던 것들을 살펴보겠습니다. 혹시 '가정법' 하면 바로 'If'가 떠오르시지 않나요?

If he has enough money
그가 충분한 돈이 있다면

대부분 이 문장을 보시면 '어? If 가 있으니까 이건 가정법이네요!' 이렇게 반응을 하십니다. 그러나 엄밀히 말씀드리면 이건 가정법이 아닙니다. 이 문장의 경우는 영화로 치면 마치 '열린 결말'과 같습니다. 그가 돈이 충분히 있는지 없는지는 솔직히 모르거나 중요하지 않습니다. 그냥 '그런 조건이라면'이라는 뜻이죠. 뒤에다가 한번 이런 말을 넣어 볼게요.

If he has enough money, he will definitely buy the car.
그가 충분한 돈이 있다면, 그는 분명히 그 차를 살 것이다.

이건 마치 'A가 B이면 B는 C이다'처럼 단순한 수학 공식 같은 말입니다. '현재는 사실이 아니지만 만약에 사실이라면'이라는 것이 '가정법'인데 이 문장은 그런 게 아닙니다. 그냥 '이런 조건이라면 이럴 것'이라는 단순한

'조건'을 나타냅니다.

여기서 우리가 하고 싶은 표현은 바로 이것입니다.

그가 충분한 돈이 있다면 (현재는 없지만…)

자, 이 말을 영어로 할 때 '현재는 없지만'이라는 것을 어떻게 표현할까요? 'He doesn't have money right now but…'이라고 말을 시작해야 할까요?

이 표현을 굳이 '현재는 없지만'이라는 말을 하지 않고 '동사의 형태'만 살짝 바꿔서 할 수 있는 방법이 있습니다.

If he had enough money
그가 만약 충분한 돈이 있다면 (현재는 없지만)

가만히 보시면 have의 현재형, 여기서는 주어가 he니까 has가 원래 나와야 하는데 뜬금없이 이게 'had' 즉, 과거형으로 바뀌어 있죠? 이게 바로 '나는 현재 그가 돈이 없음을 알고 있지만 만약에 그가 돈이 있다면'이라는 '가정'을 하는 방법입니다. has가 왜 had로 바뀌어 있을까요? 영어는 이렇게 현재는 그렇지 않음을 나타내기 위해 독특하게 '의도적 불일치'를 씁니다. 즉, 현재는 사실이 아니라는 말을 하고 싶어서 시제를 하나 과거로 내려 버리는 것이죠. 참 재밌죠? (이것을 전문용어로는 Backshifting 또는 Distancing이라고 합니다. 편의상 이 책에서는 '거리 두기'라고 하겠습니다.) 언어는 인간의 생각을 표현하는 도구인데 원어민들이 역사적으로 이 도구를 이런 식으로 기가 막히게 써 온 역사가 그대로 현대 영어에 담겨 있습니다.

그래서 문법책에 있는 가정법 공식을 그대로 활용하면 바로 이런 문장이 만들어집니다.

If he had enough money, he would definitely buy the car.
그가 (현재 없지만) 돈이 충분히 있다면, 그 차를 분명히 살 텐데.

어라? 두 번째 절에 he will이 아니라 he would로 will이 would로 바뀌어 있네요? 눈치 빠른 분들은 지금 딱 감이 왔을 것입니다. will이라고 확신을 주지 않고 '그 차를 분명히 살 수도 있어…'라는 가정을 하고 있는 것이죠! 그래서 will을 would로 바꾸어 '심리적 거리'를 두고 있습니다.

'살 수 있을 텐데'라고 어감을 조금 바꾸어 볼까요?

If he had enough money, he could buy the car.
그가 (현재 없지만) 돈이 충분히 있다면, 그 차를 살 수 있을 텐데.

여기도 마찬가지로 두 번째 절에 he can이 아니라 he could로 can의 형태가 '과거형'으로 바뀌어 있네요?

정리하자면, if 절 뿐만이 아니라 다음 절에도 will이나 can이 아니라 would와 could 즉, 과거형으로 바꾸어 쓴 것을 확인할 수 있습니다. 왜 그럴까요? 간단합니다. 현재 실제로 will 하거나 can 할 수 없음을 표현하기 위해서 의도적으로 과거형을 쓴 것입니다. 그래야 '현재 실제로는 그렇지 않은 것이' 되거든요.

If I had enough money, I could buy a new car.
내가 (현재 없지만) 돈이 충분히 있다면, 새 차를 살 수 있을 텐데.

이런 말을 할 때 원어민들이 머릿 속에 그리는 그림은 '내가 돈이 현재 없음'이고 현재 살 수 없음이죠. 그러나 만약에 있다면 살 수도 있음을 '상상'을 하는 중입니다.

우리가 알고 있는 조동사의 과거형들의 수많은 뜻과 용법들은 모두 이 간단한 원리에서 출발했습니다. 원래 세상의 모든 것은 '거리가 멀어지면 힘이 약해지기' 마련입니다.

영어 조동사도 마찬가지입니다. 조동사를 현재 기준으로 과거로 시점을 옮겨 버리면 원래보다 뜻이 약해집니다. 그래서 will보다는 would가 can보다는 could가 '가능성이 떨어지는' 즉, '덜 직접적인 표현'을 할 수 있습니다.

여기서 드디어 우리가 학창 시절 '조동사의 과거형'에 대해서 배웠던 그 모든 것들이 하나의 끈으로 연결되어 있다는 것을 깨닫게 됩니다.

가능성이 떨어졌다 = 현실적이지 않다 = 가정
약한 표현 = 덜 직접적인 표현 = 공손한 표현

딱 이 단순한 공식으로 움직이는 것입니다.

한번 예를 들어볼까요?

Can you come to the party tomorrow?
너 내일 파티에 올 수 있어?

Could you come to the party tomorrow?
너 내일 파티에 와줄 수 있어?

둘 중 덜 직접적이고 조심스러운 부탁은 후자입니다. 바로 이해되시죠?

원어민들은 이런 식으로 옛날부터 조동사의 시제를 틀어서 아주 미묘한 어감 차이를 만들어내는 기술을 고도화시켜왔습니다

이 문장은 어떤가요?

I can go there. 나는 거기 갈 수 있어. (강한 표현)
I could go there. 나는 거기 갈 수도 있어. (약한 표현)

바로 느낌이 오시죠?

그런데 여기서 이런 의문이 듭니다. 가만히 생각해보면 could는 can의 과거니까

I could go there. 나는 거기 갈 수도 있어.
I could go there. 나는 거기 갈 수 (갈 수 있는 능력, 갈 가능성이) 있었어.

이렇게 두 가지로 해석할 수 있잖아요? 그래서 이렇게 'I could go there.' 까지만 써 버리고 시점 표현이 없으면 이게 미래를 얘기하는 건지 아니면 과거를 얘기하는 건지 어떻게 알 수 있을까? 이렇게 혼선이 생기죠.

바로 이런 의미의 모호함 때문에 'I could go there.' 대신에 원어민들은 대부분 내가 실제 그걸 했다고 말할 때는 'I was able to go there.'이나 'I managed to go there.'이라고 표현합니다. 그러나 이런 현상을 보고 '봐라! could는 can의 과거형이 아니다!'라고 오해를 하면 곤란합니다.

다음 예문을 보시죠.

I can eat a whole pizza by myself.
나 피자 한 판 혼자 다 먹을 수 있어.

When I was in high school, I could eat a whole pizza by myself.
나 고등학교 다닐 때 피자 한 판 혼자 다 먹을 수 있었어.

아니 이걸 보니 분명히 could가 can의 과거로 쓰였네요?

네, 맞습니다. 진짜 그 뜻입니다. can이 가지고 있는 '가능하다' 즉 '현재 가지고 있는 능력/가능성'을 과거로 바꾸어 '과거의 능력/가능성'에 대한 말로 썼는데 그 말 자체가 자연스러우면 그냥 이렇게 당연히 쓸 수 있습니다. 특히 '나 고등학교 다닐 때'라고 시점이 명시되어 있으니 저걸 'I could eat a whole pizza by myself. (나 피자 한 판 혼자 다 먹을 수도 있어)' 이렇게 오해할 여지가 전혀 없잖아요? 이런 경우는 당연히 could를 쓸 수 있습니다.

We enjoyed our stay! We could see the ocean from our bed!
숙박 정말 좋았어요! 침대에서 바다를 볼 수 있더라고요!

여기서도 could는 그냥 과거로 쓰였습니다. 앞에 이미 enjoyed(즐겼다)라고 과거임을 명시했고 'see(보다)'라는 동사는 실제 내가 신체 기관 중의 하나인 '눈'을 이용해서 무언가를 볼 수 있는 '능력'을 나타내는 뜻이 강하기 때문에 could see라고 표현하면 잘 보이더라는 뜻이 됩니다. '내가 보았다, 보는 것을 해냈다'라는 표현이 더 어색하죠.

지금 보신 대로 오히려 could가 can의 과거형이기 때문에 '거리 두기' 기법이 가능하고 그것을 통해 다양한 어감을 표현할 수 있습니다.

그러나 이렇게 조동사의 과거형을 썼을 때 워낙 다양한 뜻을 표현할 수 있다 보니 오히려 '과거'의 뜻으로 해석하기 모호한 경우가 생겼고 그래서 대부분의 경우 could를 was able to나 managed to라고 바꾸어 쓰기 시작하면서 이것이 자연스러운 표현으로 굳어졌을 뿐입니다. 때에 따서는 could를 써야 더 자연스러운 경우도 있고요.

따라서 여러분께서는 자신감을 가지시고 최대한 많이 영어 문장을 접하시고 많이 말하고 쓰시기 바랍니다. 뜻이 어색한 경우는 다른 표현으로 대체하면 되고 어색하지 않은 경우는 그대로 쓰면 됩니다. 이렇게 잘 다듬어 가시면 될 부분이지 마치 여러분께서 엄청난 실수를 하고 있다는 두려움을 가지시면 안 됩니다.

다음 주어진 단어를 뜻에 맞추어 배열하시오.

1. 그가 충분한 돈이 있다면, 그는 분명히 그 차를 살 것이다. – 단순한 가정
   enough / has / he / money / if / definitely / the car / buy / will / he

   _____

2. 그가 (현재 없지만) 돈이 충분히 있다면, 그 차를 분명히 살 텐데.
   enough / had / he / money / if / definitely / the car / buy / would / he

   _____

3. 그가 (현재 없지만) 돈이 충분히 있다면, 그 차를 살 수 있을 텐데.
   enough / had / he / money / if / the car / buy / could / he

   _____

4. 너 내일 파티에 올 수 있어? – 더 직접적인 부탁
   you / tomorrow / the party / to / come / can

   _____

5. 너 내일 파티에 와줄 수 있어? – 덜 직접적인 부탁
   you / tomorrow / the party / to / come / could

   _____

6. 나는 거기 갈 수 있어. – 강한 표현
   there / go / can / I

   _____

7. 나는 거기 갈 수도 있어. – 약한 표현
   there / go / could / I

   _____

8. 나 고등학교 다닐 때 피자 한 판 혼자 다 먹을 수 있었어.
   high school / in / was / when / I / eat / I / a whole pizza / could / by myself

   _____

정답 ▶▶

1. If he has enough money, he will definitely buy the car.
2. If he had enough money, he would definitely buy the car.
3. If he had enough money, he could buy the car.   4. Can you come to the party tomorrow?
5. Could you come to the party tomorrow?   6. I can go there.
7. I could go there.
8. When I was in high school, I could eat a whole pizza by myself.

014

조 동사의 과거형으로 잠시 살펴본 '가정법'은 생각보다 그 원리가 단순합니다. '가정법' 하면 머릿속에 딱 떠오르는 게 혹시 이런 것들 아닌가요?

지후쌤 강의보기

could/would/should + have + p.p.

아… 손발이 떨리고 가슴이 쿵쾅대지 않습니까? 저… 악독한 놈들… 제가 이 장에서 이 녀석들이 얼마나 별거 아닌지 다 까발리도록 하겠습니다.

이전 장에서 말씀드린 대로 '시제가 멀어지면 심리적 거리가 생깁니다.' 이런 이유 때문에 대부분의 제안, 요청문에서 조동사의 과거형을 쓰면 더 공손한 표현이라고 여기는 것이죠.

이 '심리적 거리'가 바로 가정법의 원리입니다. 다음 문장을 보실까요?

I study hard. 나는 공부를 열심히 한다.

이 문장은 '사실'을 의미합니다. 나는 공부를 열심히 한다. 항상 그러하다. 이건 '팩트'죠.

If I study hard 내가 만약 공부를 열심히 하면

이 문장은 '조건'을 의미합니다. 내가 공부를 열심히 하는지 안 하는지는 상관이 없습니다. 내가 공부를 열심히 하면 ~한 결과가 나온다는 식의 단순한 '조건'입니다. 예를 들면,

If I study hard, I can pass the exam.
내가 공부를 열심히 하면 나는 시험을 통과할 수 있다.

마치 '1+1은 2이다.'와 같은 것이죠.

자, 그런데 If I study hard에서 study의 과거형 studied를 쓰는 순간 놀라운 일이 벌어집니다.

If I studied hard

갑자기 현재에서 멀어져 버렸습니다. '멀다'라는 것은 사실보다는 상상, 가능성에 가깝습니다. 그래서 이렇게 시제를 하나 내려버리면 '현재 그것은 사실이 아님'을 표현할 수 있습니다.

If I studied hard
내가 (현재 그렇지 않지만) 만약 공부를 열심히 한다면

즉, 저 시제 변화 하나로 '현재 그렇지 않지만'이라는 말을 함의할 수 있게 되는 것이죠. 이제부터는 '상상'입니다. 내가 (현재 그렇지 않지만) 만

약 공부를 열심히 한다면…

이제 뒷부분을 써야 하는데 앞을 이렇게 study가 아닌 studied로 바꾸었으므로 뒤도 I can pass the exam이 아니라 I could pass the exam이라고 can을 한 시제 내려서 이야기합니다. 그러면,

If I studied hard, I could pass the exam.
내가 (현재 그렇지 않지만) 만약 공부를 열심히 한다면, 나는 시험을 통과할 수도 있다.

이렇게 '현재 사실에 대한 반대의 가정'이 됩니다. 이해되시죠?

그런데 문법 용어라는 것을 만들 때 이걸 '현재 사실에 대한 반대의 가정'이라고 하면 참 좋았을 것을… study를 studied로 can을 could로 즉, '과거'형으로 바꾼 것을 보고 '가정법 과거'라고 이름을 붙였습니다. 이러다 보니 학창 시절 우리는 이 '용어' 때문에 참 고생을 많이 했습니다. 가정법 과거라는 말과 저 문장이 실제 의미하는 바가 제대로 연결이 안 되고 무슨 원리인지 헷갈리는 것이죠. 이제라도 속이 시원하셨으면 좋겠습니다.

자, 그런데 만약 여기서 한발 더 나아가서

I studied hard. 나는 공부를 열심히 했다.

이런 '과거의 사실'을 '과거에 실제로는 그렇지 않았지만, 만약 그랬다면'이라는 가정으로 바꾸고 싶다면 어떻게 해야 할까요?

아시다시피 studied보다 하나 더 과거인 동사의 형태는 없습니다. 따라서 우리가 '과거완료(대과거)'라고 부르는 『had p.p.』를 쓰는 수밖에 없습니다. 그러면,

If I had studied hard

이렇게 되면 과거로부터 한 번 더 그 이전 시점으로 도망을 갑니다. 즉, '심리적 거리감'이 생겨 과거에도 이것이 사실은 아니었던 것이 됩니다.

자, 그런데 여기서 문제가 생깁니다. 뒤에 나올 I could pass the exam의 시제를 하나 더 내려야 하는데 could보다 하나 더 과거인 형태는 없습니다. 그렇다고 pass를 과거형 passed로 쓰자니 could와 같은 '조동사 뒤에 동사 원형'을 쓴다는 영문법의 기본 원칙에 어긋납니다.

그래서 원어민들이 고민 끝에 생각해 낸 것이 바로 '조동사 have'입니다.

자, 아까 If I had studied hard와 같은 표현을 해서 '과거보다 하나 더 과거로' 도망가는 데 성공했으니 I could pass the exam도 이렇게 바꿔보자!

I could had passed the exam!

자! 그런데 여기서 원어민들은 정말 예상하지 못했던 난관에 부딪히게 됩니다!

'I could + had passed the exam'이라고 해서 '과거에 결국 passed 못했지만 그럴 수도 있었을 텐데'라는 말을 하고 싶은데 이놈의 could가 '조동사'라서 뒤에 조동사 뒤에는 동사 원형이 와야 하는 이 영문법의 대원칙 때문에 had가 have로 바뀌어 버립니다.

I could have passed the exam!
나는 시험을 통과할 수도 있었을 텐데!

If I had studied hard, I could have passed the exam!
내가 (과거에 그렇지 않았지만) 만약 공부를 열심히 했다면,
나는 시험을 통과할 수도 있었을 텐데!

이런 어이없고 허접한(?) 원리로 만들어진 시리즈가

could have p.p.
would have p.p.
should have p.p.

입니다. 탄생 배경을 알고 나면… 약간 이런 생각이 듭니다.

"뭐야? 이게 다야?"

『could have p.p.』는 could가 원래 '~할 수도 있다'라는 can의 약한 버전이므로 '~할 수 있었을 텐데'라는 표현이 됩니다.

『would have p.p.』는 would가 원래 '~할 것이다'라는 will의 약한 버전이므로 '~했을 텐데'라는 표현이 됩니다.

『should have p.p.』는 should가 원래 '~해야 한다'라는 의무나 추천, 권고의 의미이므로 '~했었어야 했는데'라는 표현이 되고요.

그리고 여기서 문법 용어 만드시는 분들이 우리의 뺨을 때리는 일이 또 한번 발생하니…!

문법 용어라는 것을 만들 때 이걸 '과거 사실에 대한 반대의 가정'이라고 하면 참 좋았을 것을 studied를 had studied로 passed를 had passed로 (결국, 앞의 could에 의해서 have passed가 되었지만) 즉, '과거완료'형으로 바꾼 것을 보고 '가정법 과거완료'라고 이름을 붙였습니다.

이게 바로 이 가정법 용어들의 탄생 비화입니다. 여러분! 부디 이번 장을 읽으시고 속이 시원하셨으면 좋겠습니다!

다음 주어진 단어를 뜻에 맞추어 배열하시오.

1. 내가 공부를 열심히 하면 나는 시험을 통과할 수 있다. – 단순한 조건
   hard / study / I / if / the exam / pass / can / I

   _____

2. 내가 (현재 그렇지 않지만) 만약 공부를 열심히 한다면, 나는 시험을 통과할 수도 있다.
   hard / studied / I / if / the exam / pass / could / I

   _____

3. 내가 (과거에 그렇지 않았지만) 만약 공부를 열심히 했다면, 나는 시험을 통과할 수도 있었을
   텐데.
   hard / studied / had / I / if / the exam / passed / could / I / have

   _____

정답 ▶▶

1. If I study hard, I can pass the exam.
2. If I studied hard, I could pass the exam.
3. If I had studied hard, I could have passed the exam.

Lesson

7

시제

시제의 변화로 정말 다양한 표현을 할 수 있는 것을 보니 문득 영어 시제에 대해서 더 알고 싶어집니다. 현재와 현재완료, 과거와 과거 완료, 그리고 조동사의 과거형과 가정법까지 다루어 보았는데 아직 하나 이야기하지 않은 것이 있죠? 바로 '미래'입니다.

015

지후쌤 강의보기

영문법에서 '시제' 부분을 보면 상당히 흥미로운 사실이 있습니다. '현재'와 '과거'는 동사의 모양을 바꾸어서… 즉, '형태 변화'를 통해 표현을 하는 반면 '미래'를 표현할 때는 동사의 모양이 바뀌지 않습니다. 대신에 will이나 be going to 같은 말들이 추가되어 이것이 미래임을 나타냅니다.

이런 이유 때문에 영어학자들 중에는 '영어에는 미래 시제가 없다.'라고 말씀하시는 분들도 꽤 많습니다. 물론 우리가 그런 학술적인 질문에 대해 답을 할 필요까지는 없지만, 영어 시제를 공부하면서 그동안 마주쳐 왔던 여러 궁금증들이 이 사안과 긴밀히 연결되어 있는 만큼 이번 장에서 제가 약간의 전문 지식을 곁들여 여러분께 '미래시제'에 대해서 상세히 설명해 드리도록 하겠습니다. 잘 따라오세요!

영어에서 정말 눈으로 정확히 볼 수 있는 명확한 시제는 두 가지 뿐입니다. 동사의 모양이 바뀌어 나타낼 수 있는 것은 '현재', 그리고 '과거'밖에 없습니다.

study를 과거로 바꾸면 studied가 되지만 이걸 모양을 다시 한번 바꾸어 '미래형'이라는 것을 만들 수는 없습니다. 사전을 찾아보아도 study의 미래형이 따로 존재하지 않습니다. 그래서 미래를 표현하려면 반드시 '조동사'의 도움을 받아야 합니다.

현재와 미래는 하나다?
– 시제 궁금증 풀기

지금으로서는 상상하기 힘들지만, 고대영어에는 미래시제가 없어서 현재 시제가 항상 이를 대신했다고 합니다. 고대 영어에서 미래를 나타내기 위한 방법으로 주로 sculan과 willan이라는 동사를 사용했다고 하는데 뜻은 sculan은 '의무적으로 ~을 하다(be obliged to)' 그리고 willan은 '소망하다, 바라다(wish/desire)'에 가깝습니다. 사실상 'have to'와 'want'에 가까운 단어들이죠.

즉, 지금으로 치면 미래를 이렇게 표현했던 겁니다.

I have to go there tomorrow.
나는 내일 거기 가야 한다.

I want to go there tomorrow.
나는 내일 거기 가고 싶다.

그런데 이렇게 sculan과 willan을 다른 동사와 붙여서 앞으로의 일을 표현하던 중 원어민들에게 한 가지 혼란이 옵니다. 이건 그냥 동사라기 보다는 미래를 표현하기 위한 조동사의 개념에 가까운 것 아닌가? 이렇게 sculan과 willan이라는 두 단어는 동사인지 조동사인지 그 정체가 점점 모호해지기 시작했고 세월이 지나면서 형태도 변하여 현대영어에 shall과 will이라는 모습으로 남게 되었습니다.

저희가 이전에도 봤지만, 조동사의 역사는 참으로 흥미롭습니다. 고대 영어에서 셰익스피어 시대에 이르기까지 영어의 조동사는 사실 그냥 동사와 명확히 분리되지 않았습니다. 그걸 완전히 분리하고자 하는 연구도 딱히 없었고요. 영어라는 언어가 제대로 분석, 정리되기 시작한 것은 비교적 최근에 와서입니다. 중세시대까지만 해도 영어는 라틴어처럼 학술적이고 연구 대상인 언어가 아니라 그냥 서민들이 생활 속에서 쓰는 언어였습니다.

현대 영어에서 미래시제를 표현할 때 가장 흔히 쓰이는 will을 한번 들여다 보겠습니다. 이 녀석은 원래 그냥 동사로서 고유의 뜻을 가지고 있었죠? 'wish/desire' 이런 뜻으로 출발했잖아요?

그래서 will은 비교적 최근까지 본동사 자리에 쓰이기도 했습니다.

예컨대 왕이 신하에게 '어명이다!'라고 할 때 쓰던 말이 'I will it!'이라고 보시면 됩니다. 직역하면 '그것은 짐의 의지이니라' 정도 될 것 같네요.

그리고 역사적 배경은 현대 영어에 고스란히 남아 있습니다. 다음 문장을 보시죠.

I will call you when he comes back.
그가 돌아오면 내가 너에게 전화를 하겠다.

혹시 이 문장을 보시고 이런 생각이 드시지 않나요? 앞에는 'I will call you' 이렇게 '미래'인데 왜 뒤에는 'he comes back' 이렇게 '현재'로 표현하지?'

사실 대부분의 영어 학습자들이 제대로 이해하지 못하고 억지로 외워야 하는 부분 중의 하나가 바로 이것입니다. 문법책에는 '시간의 조건절에서는 현재시제가 미래시제를 대신한다'라는 무서운 말로 정리되어 있죠.

이 현상에 대한 설명해 드리면 일단 첫째, 영어의 현재시제는 우리말의 현재시제와 조금 개념이 다릅니다. 원래 미래시제라는 것이 없었던 고대 영어에서는 앞으로의 일도 현재시제로 표현했습니다. 그런데 이 유산이 현대영어에도 고스란히 남아 영어의 현재 시제는 '앞으로의 가능성을 모두 열어둔 개념'으로 발달했습니다.

예컨대 '나는 이번 주말에 축구를 한다.'라는 표현을 할 때 영어 원어민들은 'I play soccer this weekend.'라고 현재시제로 말하기도 합니다. 이 때는 나의 'wish/desire(의지/소망)'가 들어간 미래가 아니라 '이미 확정된' 미래 즉 '일정'에 가깝습니다. 정확하게 고대 영어의 표현 방식을 그대로 따르고 있는 것이죠.

그래서 'I will call you when he comes back.'이라는 문장을 보시면 앞

부분에 'I will call you'라고 will을 넣어서 내가 전화'할게'라고 나의 '의지/소망'을 표현한 것이 보이시죠? 반면에 when 이하에 나온 'he comes back'은 그가 돌아오기를 '원하고/소망하는' 것과는 관련이 없습니다. 내가 call you를 하기 위해 필요한 단순한 조건은 '그가 돌아오는 것'입니다. 그의 '의지/소망'이 들어갈 일이 없는 것이죠. 그래서 will과 같은 다른 단어가 들어갈 수 없습니다.

Please let me know when you arrive.
네가 도착하면 나에게 꼭 알려줘.

이 문장도 마찬가지입니다. 네가 도착하기를 '원하고/소망하는' 것이 아니라 네가 도착을 한다는 '조건'을 표현할 뿐입니다. 그렇기 때문에 will을 넣지 않는 것이 당연합니다.

그래서 우리가 모든 문법책에서 '시제' 파트를 보면 꼭 시간의 조건절에서는 현재시제가 미래를 대신한다는 말이 쓰여있었던 것입니다. 이것을 그냥 '법'으로 묶어버린 것이죠.

제가 이것을 보다 이해하기 쉽게 풀어낸다면 다음과 같이 정리할 것 같습니다.

원래 영어의 미래시제는 따로 동사의 형태를 바꾸어 쓰는 기법이 없다.

그래서 동사에 조동사를 붙여서 표현하는 식으로 발달했는데

조동사는 역사적으로 그 고유의 의미가 있다.

그래서 조동사가 동사에 붙는 순간 '단순한 조건과 정해진 일정'이 아니라

'원하고, 소망하는' 미래의 행위, 상태가 되어 버리므로

단순한 조건을 나타낼 때는 이를 빼는 것이 옳다.

어떤가요? 조금 명쾌한가요?

아! 그리고 꼭 시간의 조건절에서만 현재시제가 미래시제를 대신하는 것이 아닙니다. 영어는 상당 부분 이미 현재시제가 미래를 표현하고 있습니다. 미래시제가 존재하지 않았던 고대영어의 유산이죠!

The train departs at 8 p.m.
그 기차는 8시에 출발합니다.

만약 지금이 아침이라면 오후 8시는 엄연한 미래입니다. 그러나 실제 이렇게 현재시제를 쓰는 것이 흔한 일이죠. 현재형을 쓰되 시점만 명시하여 현재가 아니라 미래임을 나타내는 고대영어의 표현 방식이 놀랍게도 현대영어에 그대로 남아있는 것입니다.

I am leaving for Busan next week.
나는 다음 주에 부산으로 떠난다.

현재 진행형으로 써서 '내가 그런 상태로 존재한다.'라고 보다 적극적으

로 표현했지만, 여전히 미래를 나타내는 것은 next week이라는 한 단어뿐입니다.

이보다 더 진보한 표현이 바로

I am going to leave for Busan next week.
나는 다음 주에 부산으로 떠난다.

이렇게 be going to를 사용한 경우입니다.

be going to라는 표현은 원래 to 이하의 장소/행동으로 내가 '가고 있다'라는 뜻으로 출발했습니다. 즉, be going to의 'go'는 진짜 '가다'라는 뜻이었던 것이죠. 문법적으로는 엄연한 현재형이지만 to 이하로 '가는 중'이기 때문에 전체 시간 속에서 나라는 존재가 미래를 향해 움직이고 있음을 기가 막히게 표현한 것입니다.

그래서 같은 미래 표현이라도 어떤 말을 쓰냐에 따라서 다 뉘앙스가 다를 수밖에 없습니다.

will을 써서 미래를 표현할 때는 주어가 그것을 원한다는 뉘앙스가 들어갑니다.

I will have pizza for lunch.
나는 점심으로 피자를 먹겠다.

이렇게 will이 들어간 경우 이 사람은 사실상 pizza가 '먹고 싶다'는 말을 한 것입니다. 이미 정해진 앞으로의 일정 같은 것이 아닙니다. 주어의 '의지/소망' 표현이죠.

그런데

I'm having pizza for lunch.
I'm going to have pizza for lunch.

이 표현들은 모두 '현재' 진행형으로 미래를 표현하고 있습니다. 이렇게 되면 현재와 미래가 연결됩니다. 즉, '이미 그러기로 되어있다.'라는 말에 가까워지는 것입니다.

그래서 이런 문장들의 뉘앙스를 우리말로 굳이 표현하자면 '~할 작정이다' 정도 됩니다.

그래서 우리는 will과 be going to를 이렇게 구분할 수 있습니다.

will은 화자의 의지가 담긴 미래에 쓰고
be going to는 이미 그러기로 확정된 미래에 쓴다.

지금까지 설명해 드린 내용을 이해하시고 나면 영어의 시제를 보는 눈이 탁 트입니다. 문법 공부를 한다기보다는 그들의 사고방식을 이해한다는 느낌을 받으실 겁니다. 이것을 한번 경험하고 나면 영어라는 언어가 절대 그 이전과 똑같이 보이지 않습니다. 여러분께서는 지금 큰 산을 하나 넘으셨습니다.

다음 주어진 단어를 뜻에 맞추어 배열하시오.

1. 그가 돌아오면 내가 너에게 전화를 하겠다.
   you / call / will / I / he / when / back / comes

   _____

2. 네가 도착하면 나에게 꼭 알려줘.
   me / know / please / let / you / when / arrive

   _____

3. 그 기차는 8시에 출발합니다. – 정해진 일정
   at / departs / the train / 8 p.m.

   _____

4. 나는 다음 주에 부산으로 떠난다. – 가기로 되어 있다.
   for / Busan / am / leaving / I / next week

   _____

5. 나는 다음 주에 부산으로 떠난다. – 가기로 되어 있다.
   for / Busan / am / leave / going to / I / next week

   _____

6. 나는 점심으로 피자를 먹겠다. – 의지
   pizza / have / I / lunch / will / for

   _____

7. 나는 점심으로 피자를 먹을 것이다. – 그러기로 되어 있다, 그럴 작정이다.
   pizza / I / lunch / having / am / for

   _____

8. 나는 점심으로 피자를 먹을 것이다. – 그러기로 되어 있다, 그럴 작정이다.
   pizza / have / I / lunch / going to / am / for

   _____

정답 ▶▶

1. I will call you when he comes back.
2. Please let me know when you arrive.
3. The train departs at 8 p.m.
4. I am leaving for Busan next week.
5. I am going to leave for Busan next week.
6. I will have pizza for lunch.
7. I am having pizza for lunch.
8. I am going to have pizza for lunch.

Lesson

8

관계사

영어 문장이 길어지는 원리는 크게 보아 두 가지가 있습니다. 첫 번째는 문장 뒤에 계속 to나 기타 전치사를 통해서 단어를 붙이는 것이고 두 번째는 여러 문장을 하나로 합치는 것입니다. 우리가 이미 살펴본 가주어, to부정사, 동명사… 말고 문장을 길게 만드는 요소 중에는 바로 '관계사'가 있습니다.

관계대명사, 관계부사, 주격, 목적격… 듣기만 해도 머리가 아프시죠? 저도 학창 시절 이런 용어 때문에 참 고생했던 기억이 납니다. 지금부터 제가 겨우겨우 이해했던 이 관계사에 대해서 제가 할 수 있는 한 가장 쉽고 정확하게 설명해 드리려 합니다.

016

지후쌤 강의보기

우리가 학창 시절 많이 들었던 영어 문법 용어 중에 관계대명사, 관계부사, 관계형용사… 뭐 이런 것들이 있죠? 벌써 온몸이 뻣뻣해지고 숨이 확 막히시는 분들께서 계실 텐데요. 저는 일단 이런 '용어'들을 최대한 배제하고 '원리' 중심으로 이 녀석들은 왜 있고 대체 어떻게 쓰는 지 살펴보려고 합니다.

관계사를 사용하여 관계절을 만든다!

이 말을 제대로 이해하기 위해서는 먼저 각각의 용어에 대한 정확한 정의를 알아야 합니다.

관계절이란 무엇일까요? 관계절은 영어로 relative clause라고 하는데, 이것을 영영사전에서 찾아보면 다음과 같은 정의가 나와 있습니다.

관계사와 관계절

Relative clauses give us more information
about someone or something.
We can use relative clauses to combine clauses
without repeating information.
관계절은 누군가 또는 무언가에 대해서 더 많은 정보를 제공한다.
정보를 반복하지 않고 절들을 합치는 데에 관계절을 사용할 수 있다.

쉽게 말하면 괜히 말을 여러 번 나누어서 하지 않고 하나로 합치는 것이
라고 생각하시면 됩니다.

관계절을 만들려면 '관계사'라는 것이 필요한데 뭐 관계대명사, 관계부
사… 등등 이런 용어를 들어보셨죠? 일단 머리 아프게 한꺼번에 알아보
지 말고 하나씩 보도록 합시다. 저는 '관계대명사(relative pronoun)'를
영영사전에서 찾아보았습니다.

Relative pronouns introduce relative clauses.
The most common relative pronouns are
who, whom, whose, which, that.
The relative pronoun we use depends on
what we are referring to and the type of relative clause.
관계대명사들은 관계절을 이끈다.
가장 흔히 쓰이는 관계대명사들은 who, whom, whose, which, that이다.
어떤 관계대명사를 쓰는지는 우리가 무엇을 지칭하느냐
그리고 관계절의 종류가 무엇이냐에 따라 다르다.

아, 정말 사전적인 설명이네요. 이제 이걸 우리가 알아듣기 쉽게 제가 풀어나가 보겠습니다. 아, 혹시 다들 집에 영어 문법서 한 권씩 있으시죠?

어떤 문법서의 관계절 챕터를 펴도 항상 똑같이 쓰여 있는 서두가 있습니다. 선행사가 사람이면 관계대명사 who, 선행사가 사물이나 동물이면 which, 사람, 사물이나 동물에 모두 쓸 수 있는 것이 that이다. 아, 문제는 이걸 그냥 '아하!' 이러고 넘어가면 이건 그냥 추억으로 남는다는 거죠! 내 눈으로 적극적으로 확인하고 내 손과 입으로 적극적으로 만들어 봐야 내 것이 됩니다.

모든 것은 '왜? Why?'라는 질문을 던지면 본질적인 접근을 할 수 있습니다. 그래서 저는 영어 원어민들은 관계사를 왜 쓸까? 라는 질문을 던져 보겠습니다.

자, 다음 두 문장을 보시죠

The woman is my mother.
그 여자분께서는 제 어머니이십니다.

The woman is using a vacuum cleaner.
그 여자분께서는 진공청소기를 사용하시는 중입니다.

근데 이 'the woman'이 같은 사람인 경우에 우리가 이렇게 두 번에 나눠서 말할 필요 없이 하나로 합칠 수 있지 않을까요? 그러면…

The woman is my mother +

The woman is using a vacuum cleaner.

생각 같아서는 이렇게 합치고 싶은데⋯ 이게 무슨 레고도 아니고 이러면 안 됩니다.

그럼 말 순서를 어떻게 잡아야 할까요? 먼저 내가 내고 싶은 결론을 하나 준비합니다. 저는 저 여자분께서 제 어머니라는 것이 중요해서 'The woman is my mother'에서 'The woman'을 설명해 주는 말로 '진공청소기를 사용하시는 중'이라는 말을 삽입하겠습니다.

그러면 The woman은 사람이니까 바로 뒤에 who가 들어가서 The woman who⋯. 이렇게 문장을 시작하면 되겠네요. 딱 여기까지 보면 원어민들이 문장을 인식하는 기초 단위가 보입니다. The woman who에서 who 이하에 나올 내용이 The woman의 특징, 정체⋯ 등이기 때문에 원어민들은 이 말 덩어리를 보거나 들으면 "여자분인데 이분은⋯" 이런 느낌으로 의미를 인식하죠.

그리고 뒤에는 사용하고 있는 중이니까 현재 진행형으로

The woman who is using⋯ 이라고 이어주고요.

거기에 진공청소기를 더해주면

'The woman who is using a vacuum cleaner'라는 덩어리가 만들어집니다. 제가 방금 뭐라고 했죠? '덩어리'라고 했죠? 지금 이 덩어리를 우리말로 번역하자면

The woman who is using a vacuum cleaner
진공청소기를 사용하시는 중인 그 여자분

이 정도가 됩니다. 이 하나의 덩어리가 가만히 보면 하나의 단어 같은 역할을 하죠?

예컨대, the beautiful woman이라고 하면 그 아름다운 여자분이라는 뜻인데 이건 한 단어로 많이 인식을 하실 텐데요, the woman who is using a vacuum cleaner와 같은 이런 덩어리가 나오면 바로 한 단어로 인식을 못 하시는 분들이 많습니다. 그런데 이걸 우리 머리 탓을 하면 안됩니다. 어색하고 못 알아 보는 게 당연한 것입니다.

우리말은 보통 꾸미는 말이 앞에 나오고 영어는 꾸미는 말이 뒤로 갑니다. 이것이 일반적입니다. 물론 한 단어짜리 꾸미는 말들 예를 들면, pretty, happy와 같은 이런 건 앞에 오지만 이 꾸미는 말이 길어지면 일단 뒤로 보내버리는 것이 영어의 특징입니다.

그래서 지금도 번역된 우리말을 보면

[(진공청소기를 사용하시는 중인) 그 여자분]

이렇게 꾸미는 말이 앞으로 가 있죠? 같은 뜻인데 영어로 하면

[The woman (who is using a vacuum cleaner)]

이렇게 꾸미는 말이 뒤로 갑니다.

이런 특성 때문에 거꾸로 한국어를 배우는 영어 원어민들은 우리와 반대의 고통을 겪습니다. 앞에만 듣고 있으면 지금 이게 정확히 누구를 또는 무엇을 꾸미는 말인지 몰라서 이 말을 계속 기억하면서 그다음 말을 기다려야 합니다. '그 여자분'이라는 말까지 듣고 나면 영어 원어민들의 머릿속에서는 거꾸로 혼란이 일어나죠. 아 그러니까… 'The woman who…' 이런 말이구나.

the woman who is using a vacuum cleaner

이게 사실 하나의 '명사 덩어리'가 되었기 때문에 이제 이것을 문장의 주어로 쓸 수 있습니다.

자 그러면 이제 the woman who is using a vacuum cleaner는 어떤 사람인지 그 정체를 밝혀주기 위해서 뒤에 be동사를 붙여봅시다 그러면…

The woman who is using a vacuum cleaner is…

이렇게 되겠죠? 마지막 is 앞에 있는 저 긴 게 하나의 '명사 덩어리'이고 이 문장의 '주어'입니다.

The woman who is using a vacuum cleaner is my mother.
진공청소기를 사용하는 중이신 그 여자분께서는 제 어머니이십니다.

이렇게 마지막 단어를 붙여주시면 성공! 두 문장을 하나로 합치는 데에 성공했습니다.

다시 한번 보자면 이런 원리죠.

The woman is my mother +
The woman is using a vacuum cleaner

여기에서 The woman이 두 번 나오는데 굳이 이러지 말고 하나는 생략을 하는 것입니다. 그러면

The woman is my mother + is using a vacuum cleaner.

이렇게 되겠죠? 내가 내고자 하는 결론이 '우리 엄마이다'였으므로 저는

앞부분의 The woman을 살려놓고 뒤에 vacuum cleaner를 쓰고 있는 중인 The woman에서 The woman을 생략했습니다.

그리고 The woman 뒤에 who라는 다리를 놓고 이 사람에 대한 설명을 덧붙입니다.

The woman who is using a vacuum cleaner

그리고 결론을 지어줍니다.

The woman who is using a vacuum cleaner is my mother.

지금 보시면 아시겠지만 이런 who와 같은 단어들을 '관계대명사'로 부르는 이유는 한편으로는 앞에 나온 the woman을 '대'신하고 또 한편으로는 두 문장을 '관계' 지어주는 역할을 하는 명사이기 때문입니다. 그래서 '관계대명사'입니다.

who에 이어서 이번에는 which를 한번 보도록 합시다. 일단 문법서에는 which는 사물이나 동물을 선행사로 취한다는 말이 나와 있습니다.

I have a cat. 나는 고양이를 한 마리 키운다.
The cat/It is very cute. 그 고양이는/그것은 매우 귀엽다.

예컨대 이런 말을 합칠 때 쓸 수 있는 것이 which 라는 것이죠.

I have a cat + It is very cute

이 말을 합치고 싶은데 뒤에 나온 It이 앞에 있는 a cat이기 때문에 생략을 하고

I have a cat(나는 고양이를 한 마리 키운다)이라는 말을 먼저 한 뒤

I have a cat which… 이렇게 뒤에 뭐가 나온다는 신호를 주고

I have a cat which is very cute.
나는 매우 귀여운 고양이를 한 마리 키운다.

이렇게 마무리를 지어주시면 됩니다.

다른 문장으로도 해볼까요?

The cat is mine. 그 고양이는 내 것이다.
The cat is very smart. 그 고양이는 매우 영리하다.

여기서 저는 '내 것이다'라는 것을 결론으로 내도록 하겠습니다. 그러면
부가적인 설명으로 들어가는 게 그 고양이가 '영리하다'라는 정보죠? 그
러면

The cat which…

이렇게 뒤에 뭐가 나온다는 긴장감을 주고

The cat which is very smart라고 해서 '매우 영리한 그 고양이'라는 하나
의 덩어리를 만들어 줍니다. 그리고

The cat which is very smart is mine.
매우 영리한 그 고양이는 나의 것이다.

이렇게 하나의 문장으로 합칠 수 있습니다.

하나 더 해볼까요?

I have a cat. 나는 고양이를 한 마리 키운다.
I love the cat so much. 나는 그 고양이를 매우 사랑한다.

이런 경우에 어떻게 합치면 될까요?

I have a cat + I love the cat so much

규칙은 동일합니다. 일단 앞에 있는 a cat이 뒤에 있는 the cat이기 때문에 한쪽은 생략을 합니다. 가끔 여기서 "앞쪽에 있는 걸 생략하면 안되나요?"라고 물으시는 분들이 계시는데요. 여기서 앞에 있는 a cat을 생략해 버리면 문장이 완성이 안 되잖아요. 앞에 있는 a cat을 없애 버리면 이 문장은 I have까지만 있고 바로 I love가 또 나오는 코미디가 벌어집니다.

I have a cat + I love so much

이렇게 앞에 있는 a cat은 살려 놓고 문법을 유지하면서 뒤에 저 말을 처리해야 전체 문장이 깔끔하게 완성이 되겠죠.

이제 우리가 할 일은 앞에 있는 a cat 뒤에 which를 붙여주는 것뿐입니다.

I have a cat which I love so much.
나는 내가 정말 사랑하는 고양이가 한 마리 있다.

와~ 이렇게 보니까 엄청 쉽네요? 아, 여기서 잠시만 중요한 포인트!

아까 보셨던 다른 문장을 잠시 불러오겠습니다.

The cat which is very smart is mine.
매우 영리한 그 고양이는 나의 것이다.

이 문장과

I have a cat which I love so much.
나는 내가 정말 사랑하는 고양이가 한 마리 있다.

이 문장의 차이는 뭘까요? 당연히 뜻 차이도 있지만 더 본질적인 차이가 있습니다.

The cat which is very smart is mine.
매우 영리한 그 고양이는 나의 것이다.

이 문장을 보시면 the cat이 뒤에 나오는 is의 주어죠? 그런데

I have a cat which I love so much.
나는 내가 정말 사랑하는 고양이가 한 마리 있다.

이 문장에서는 a cat이 뒤에 나오는 love의 목적어입니다.

그래서 같은 which라도 이것을 따로따로 구분해서 전자는 주격, 후자는 목적격이라고 부릅니다.

The cat which (관계대명사 주격) is very smart is mine.

매우 영리한 그 고양이는 나의 것이다.

I have a cat which (관계대명사 목적격) I love so much.

나는 내가 정말 사랑하는 고양이가 한 마리 있다.

이게 바로 '주격 관계대명사, 목적격 관계대명사'라는 용어의 정체고요.

영어에는 또 이런 규칙이 있습니다. '목적격 관계대명사'는 생략이 가능하다.

그래서 두 번째 문장은 'I have a cat I love so much.'라고만 써도 맞는 문장이 되죠.

왜 주격은 생략을 못 하냐고 궁금해하실 텐데 만약 한다면…

The cat is very smart is mine.

이렇게 되잖아요? 그럼 원래는 'The cat is very smart.'라고 '그 고양이는 영리하다.'로 문장이 끝나는 것으로 인식을 해야 하는데 뜬금없이 뒤에 is라고 또 동사가 나오는 겁니다. 이러면 문장이 인식이 어렵죠. '이건 뭐야?' 이런 생각이 들거든요.

그런데 'I have a cat I love so much.'와 같은 경우는 I have a cat에서 하나의 뜻을 인식하고 I love… 이렇게 뒤에 말이 이어지는 것을 보면 다시 주어 동사가 나와서 새롭게 의미 단위를 잡을 수 있습니다. 'I have a cat I love so much.'이라고 하면 원어민들에게는 이게

I have a cat (← I love so much)

이렇게 인식이 됩니다. 그래서 의미를 명확히 하고 의사소통에 지장이

없게 아주 오랜 시간에 걸쳐서 생략해도 되는 것은 하고 생략하면 이해가 어렵고 혼동이 오는 것은 생략하지 않는 식으로 영어는 발달해 왔고 후세에 문법으로 이를 정리하면서 '관계대명사 주격' 그리고 '관계대명사 목적격'이라는 용어와 함께 '목적격은 생략이 가능하다' 이렇게 써넣은 것입니다.

아, 참고로 요즘은 워낙 반려동물을 많이 키우고 인간과 가깝기 때문에 동물에도 who를 쓰기도 합니다. 물론 구어체에서요. 'I have a dog who is part of our family.' 이런 식이죠.

다음은 that을 살펴볼게요! 문법서에 따르면 관계대명사 that은 사람, 사물, 동물을 선행사로 취합니다.

I know some people that are professors
나는 교수인 사람들을 몇몇 알고 있다.

I know some houses that are for sale.
나는 매물로 나와 있는 집들을 몇몇 알고 있다.

I know some dogs that are aggressive.
나는 공격적인 개들을 몇몇 알고 있다.

뭐 이렇게 사람, 사물, 동물에 다 쓸 수 있어서 편하다. 이런 장점이 있습니다.

그러다 보니 주어가 한 단어 이상인데 사람, 동물, 사물이 섞여 있는 경우 that을 쓰면 고민이 딱 해결되죠!

I know a guy and his dog + They live in a studio.

→ I know a guy and his dog that live in a studio.
나는 원룸에 사는 한 남자와 그의 개를 알고 있다.

동물 애호가라면 여기에 who를 써도 되겠네요.

I know a guy and his dog who live in a studio.

뭐 이런 식으로요. 언어는 늘 세상이 변함에 따라 함께 변하는 것이니까요.

아! 여기서 중요한 포인트! 시험 문제로도 많이 출제되고 영어로 글을 쓸 때 자주 신경 쓰이는 that에 대한 설명이 있습니다. 이런 말 들어 보셨나요?

that은 who, whom, which를 대신할 수 있으나,
계속적 용법으로 쓰인 관계대명사와 전치사 뒤에서는 that을 사용하지 못한다.

이게 대체 무슨 말일까요? 일단 이걸 한 번에 격파하려면 힘드니 하나 하나씩 건드려 보도록 합시다.

다음 주어진 단어를 뜻에 맞추어 배열하시오.

1. 진공청소기를 사용하는 중이신 그 여자분께서는 제 어머니 이십니다.
   who / is / the woman / a vacuum cleaner / using / my mother / is

   _____

2. 나는 매우 귀여운 고양이를 한 마리 키운다.
   a cat / have / I / which / very cute / is

   _____

3. 매우 영리한 그 고양이는 나의 것이다.
   the cat / is / very / which / smart / is / mine

   _____

4. 나는 내가 정말 사랑하는 고양이가 한 마리 있다.
   which / a cat / have / I / so much / love / I

   _____

5. 나는 교수인 사람들을 몇몇 알고 있다.
   professors / are / I / some / know / people / that

   _____

6. 나는 매물로 나와 있는 집들을 몇몇 알고 있다.
   know / I / houses / some / for / sale / are / that

   _____

7. 나는 공격적인 개들을 몇몇 알고 있다.
   some / know / I / dogs / that / aggressive / are

   _____

8. 나는 원룸에 사는 한 남자와 그의 개를 알고 있다.
   I / and / live / a guy / in a studio / know / that / his dog

   _____

정답 ▶▶

1. The woman who is using a vacuum cleaner is my mother.
2. I have a cat which is very cute.   3. The cat which is very smart is mine.
4. I have a cat which I love so much.   5. I know some people that are professors.
6. I know some houses that are for sale.   7. I know some dogs that are aggressive.
8. I know a guy and his dog that live in a studio.

017

일단, 계속적 용법이라는 것은 관계대명사 앞에 콤마를 삽입함으로써 『접속사 + 대명사』 정도의 구문처럼 생각의 흐름을 차례대로 풀어가는 의미를 지닌 구문을 뜻하는데요.

예를 들면,

I have a dog and the dog is chubby.
나는 개를 한 마리 키우는데 그 개는 통통하다.

이와 같이 접속사를 넣어서 두 문장으로 말할 것을

I have a dog, which is chubby.
나는 개를 한 마리 키우는데 그 개는 통통하다.

이런 식으로 한 문장으로 이어주되 원래 접속사가 있었던 것처럼 내려가면서 이해하는 구문이라는 것입니다.

그런데 다음과 같은 표현은 어법에 맞지 않는다는 것이죠.

I have a dog, that is chubby. (X)

이렇게 콤마를 써서 그런데 그 개는… 이라는 식으로 내려가면서 이해하는 구문은 콤마를 찍고 that을 쓸 수 없다고 합니다. 이럴 때는 which를 써야 합니다.

계속적 용법(nonrestrictive)

I have a dog, which is chubby. (O)
나는 개를 한 마리 키우는데 이 녀석이 통통하다.

요즘은 반려동물에 대한 애정이 아주 강하기 때문에

I have a dog, who is chubby.
나는 개를 한 마리 키우는데 이 녀석이 통통하다.

이렇게 써도 구어체 기준으로는 별문제가 없습니다.

사실 제가 학창 시절 가장 이해하기 어려웠던 게 이 계속적 용법이었는
데요. 당시에는 영어를 못 해서 이걸 그냥 이렇게 외우라고 하니 그냥
답답했던 기억이 납니다. 후에 제가 미국에서 영어 전공을 하면서 영어
로 글을 정말 많이 쓰게 되었어요(당연히 학교를 졸업해야 하니까). 그
리고 교수님들의 가차 없는 참교육을 통해 이후에 이 계속적 용법을 겨
우 익혔습니다.

저는 예전에는

I have a dog that is chubby.

I have a dog, which is chubby.

이런 한정적 용법(restrictive)과 계속적 용법(nonrestrictive) 사이에 정확히 어떤 뜻 차이가 있는지 몰랐어요. 그런데 나중에 제대로 배우고 나니 사실 한정적 용법과 계속적 용법은 의미상 아주 뚜렷한 차이가 나는 경우가 있더라고요.

She has two sisters who became accountants.

그녀는 회계사가 된 두 명의 자매가 있다.

She has two sisters, who became accountants.

그녀는 두 명의 자매가 있는데, 그들은 회계사가 되었다.

이렇게 두 문장을 원어민들에게 보여주면 의미가 조금 다르다고 느낍니다.

She has two sisters who became accountants.

그녀는 회계사가 된 두 명의 자매가 있다.

이 문장은

She has [two sisters (who became accountants)]

이런 식으로 원어민들 머리에 인식이 되어 '아! 이 사람은 회계사가 아닌 다른 자매들도 있을 가능성이 있겠구나.'라고 생각합니다. 즉,

She has [two sisters (who became accountants)] and one sister who became a police officer.
그녀는 회계사가 된 자매 둘 그리고 경찰관이 된 자매가 하나 있다.

이렇게 자매가 둘 뿐이라는 말보다는 회계사가 된 자매가 둘이라는 말에 가깝다는 얘기죠. 또 다른 자매가 있는데 그 친구는 경찰이 되었을 수도 있습니다.

그런데!

She has two sisters, who became accountants.
그녀는 두 명의 자매가 있는데, 그들은 회계사가 되었다.

이런 경우는 이 여자의 자매가 두 명뿐이라는 뉘앙스에 가깝습니다. 일단 'She has two sisters'에서 자매의 숫자를 못 박아 버렸고 사실상 그 다음은 'and they became accountants'라는 말인데 이것을 하나의 문장으로 합친 것이거든요.

그런데 보시면 아시겠지만, 실제 회화에서는

She has two sisters, who became accountants.
그녀는 두 명의 자매가 있는데, 그들은 회계사가 되었다.

에서 저 콤마 부분에서 말로 '콤마!' 이러지는 않기 때문에 당연히 글이 아닌 경우는 이런 뜻 파악이 어렵습니다. 그래서 원어민들도 이런 경우는 독립된 두 문장을 써서 뜻을 분명히 해주는 경우가 많죠.

She has two sisters. They became accountants.

또 다른 예시입니다.

My brother who lives in Seoul is a doctor.
My brother, who lives in Seoul, is a doctor.

전자는 '서울에 사는'으로 나의 형 한 명을 제한하고 있습니다. 그러므로 나에게는 서울이 아닌 다른 곳에서 살고 있는 형이 또 있을 수 있죠. 그러나 후자는 '나의 형은 의사이다'라는 문장에 '그런데 그는 서울에 산다' 라는 문장이 삽입된 경우로, 나에게는 다른 형이 더 없다는 뉘앙스가 됩니다.

문장의 뜻이 달라지는 것이 보이시죠? 이렇게 계속적 용법(nonrestrictive)은 한정적 용법(restrictive)과 다른 의미를 전달할 수 있습니다.

제가 찾아보니 원래 영어의 관계대명사는 þæt이라는 녀석 혼자 that/who/which의 역할을 하고 있었는데 여기서 who와 which라는 관계대명사를 독립적으로 쓰게 된 것은 한참 후의 일입니다. 그래서 원래 þæt의 직계 후손인 that이 가장 관계대명사의 본분에 충실하고 나머지는 자유로운 역할을 맡지 않았나 하는 생각이 듭니다. 뭐 여기에 대한 아주 정확한 설명은 없지만요.

다음 주어진 단어를 뜻에 맞추어 배열하시오.

1. 나는 개를 한 마리 키우는데 그 개는 통통하다.
   have / which / a dog / chubby / I / is

   _____

2. 그녀는 회계사가 된 두 명의 자매가 있다.
   She / who / two sisters / accountants / has / became

   _____

3. 그녀는 두 명의 자매가 있는데, 그들은 회계사가 되었다.
   She / who / accountants / has / two sisters / became

   _____

4. 서울에 사는 내 형은 의사이다.
   a doctor / who / in Seoul / is / my brother / lives

   _____

5. 내 형은 서울에 살고 있는데 의사이다.
   my brother / lives / in Seoul / a doctor / who / is

정답 ▶▶

1. I have a dog, which is chubby.　　　　2. She has two sisters who became accountants.
3. She has two sisters, who became accountants.　4. My brother who lives in Seoul is a doctor.
5. My brother, who lives in Seoul, is a doctor.

018

현대 영어에서 가장 다양한 역할을 동시에 수행하는 관계대명사 which에 대해서 잠시 살펴보도록 하겠습니다. which는 사람을 제외한 사물, 동물 등에 모두 쓸 수 있다고 했죠? 그리고 그보다 더 큰 범위도 커버 가능합니다.

He is smart, which I am not.
그는 똑똑한데 나는 그렇지 않다.

이런 식으로 선행한 문장의 보어 즉, 여기서는 smart를 받아서 이어 주기도 하고.

The event was cancelled,
which was exactly what we expected.
그 행사는 취소되었다. 그런데 그것은 정확히 우리가 예상한 것이었다.

이런 식으로 앞에 나온 문장 전체를 받을 수도 있습니다.

이런 편리함 때문에 일반 회화에서 이 which를 아주 신박하게 활용합니다. 상대방이 한 말을 잘 이해하지 못했을 때 'Which means?'라고 묻고, 상대방은 'Which means…'라고 설명해 주기도 하는 것은 which가 앞에 나온 내용 전체를 받을 수 있기 때문에 가능합니다.

아, 여기서 잠시

The event was cancelled,
which was exactly **what** we expected.
그 행사는 취소되었다. 그런데 그것은 정확히 우리가 예상한 것이었다.

여기에서 what은 어떤 특징을 가지고 있을까요? 일반 문법서에서 가장 먼저 나오는 설명은 바로 what은 선행사를 포함하는 관계대명사다. what은 the thing which라는 말입니다.

여기까지만 들으셔도 아! 안돼! 하시는 분들께서 계실 것 같지만 그래도 한번 정면승부해 보겠습니다.

The event was cancelled,
which was exactly what we expected.
그 행사는 취소되었다. 그런데 그것은 정확히 우리가 예상한 것이었다.

이 문장은

The event was cancelled,
which was exactly the thing which we expected.
그 행사는 취소되었다. 그런데 그것은 정확히 우리가 예상한 것이었다.

이렇게 풀어서 쓸 수 있습니다.

오히려 이렇게 풀어 놓으니까 더 이해가 쉽네요? 이렇게 그 자체에 선행사와 관계사를 모두 가지고 있는 특성 때문에 what은 다음과 같은 표현들을 만들어 낼 수 있습니다. 실제로 저도 자주 쓰는 표현들입니다.

What I'm trying to say is…
What counts is…
What matters is…

이런 식으로 첫 단어에 what을 넣고

What I'm trying to say 내가 이야기하려는 것
What counts 중요한 것
What matters 문제가 되는 것

'~이 ~이다'라고 뒤에 is를 붙여서 '앞으로 나올 내용의 성격이 이렇다.'라고 운을 뗄 수 있죠.

실전 회화에 써먹으면 매~우 좋습니다. 강추!

다음 주어진 단어를 뜻에 맞추어 배열하시오.

1. 그는 똑똑한데 나는 그렇지 않다.
   smart / is / he / am / which / not / I

   _____

2. 그 행사는 취소되었다, 그런데 그것은 정확히 우리가 예상한 것이었다.
   was / the event / cancelled / exactly / which / what / was / expected / we

   _____

1. He is smart, which I am not.
2. The event was cancelled, which was exactly what we expected.

019

지후쌤 강의보기

제가 언급한 관계사의 규칙 중 'that은 who, whom, which를 대신할 수 있으나, 계속적 용법으로 쓰인 관계대명사와 전치사 뒤에서는 that을 사용하지 못합니다.'라는 말에서 '전치사 뒤에서는 that'을 사용하지 못한다는 것은 정확하게 무슨 뜻일까요?

먼저 우리가 문장을 만들 때 간혹 전치사가 애매하게 남는 경우가 있습니다. 일단 다음 두 문장을 보시죠.

I have another phone.
나는 또 다른 휴대폰이 하나 있다.

I do my business with the phone.
나는 그 휴대폰으로 일을 한다.

요즘 개인 휴대폰과 사무용 휴대폰을 나누어 쓰시는 분들이 많더라고요. 그래서 이런 문장을 만들어 봤는데요.

이걸 한번 한 문장으로 합쳐봅시다.

I have another phone + I do my business with the phone.

여기에서 앞에 나온 another phone이 바로 뒤에 나온 the phone과 동일하죠? 그래서 굳이 반복할 필요가 없으므로 뒤에 있는 the phone을 지우겠습니다.

전치사가 관계대명사와
만날 때

I have another phone + I do my business with.

여기서 another phone 뒤에 이을 수 있는 관계대명사는 무엇이 있을까
요? that과 which가 있죠?

I have another phone that I do my business with.
I have another phone which I do my business with.

즉, 합치면 이런 문장이 만들어지는데 문장 끝에 with가 대롱대롱 매달
려 있네요? 전통 영문법에서는 이렇게 전치사가 문장 끝에 매달리는 것

을 싫어합니다. (원어민들끼리 이걸 가지고 그게 뭐가 그렇게 싫으냐, 그냥 놔둬라, 안된다… 막 이런 논쟁도 하고 그러는데 그런 꿀잼 얘기는 나중에 하도록 하고요.) 일단 여기서 문장 끝 전치사는 관계사 바로 앞으로 끌어올 수 있습니다.

I have another phone **with that** I do my business.
I have another phone **with which** I do my business.

그런데 이 중 어법에 맞는 것은 두 번째라는 것이죠!

I have another phone **with that** I do my business. (X)
I have another phone **with which** I do my business. (O)

첫 번째 문장은 쓰지 않습니다.

다른 예를 들어볼게요. 사람, 동물, 사물 모두 that을 쓸 수 있다고 했죠? 그러면

I know some people that are diligent.
나는 부지런한 사람들을 좀 안다.

이런 식으로 사람을 묘사할 때도 that을 쓸 수 있습니다. 물론 사람 뒤에 that을 넣는 것은 상당히 formal(격식 있는)한 표현으로 여겨집니다만 공부할 때 쓰는 예문이라도 격식이 있으면 좋죠!

자, 그런데 이놈의 '전치사'가 들어있는 경우가 늘 문제가 됩니다. 잘 보세요.

I know some people + I want to work **with the people**
나는 사람들을 좀 안다 + 나는 그 사람들과 함께 일하고 싶다.

전치사 with 보이시죠?

제가 이제 이 두 문장을 합치려고 하는데요. 뒤에 나온 The people이 앞에 이미 언급된 some people이기 때문에 뒤에 있는 the people은 생략하도록 하겠습니다. 그러면

I know some people + **관계사** + I want to work **with**.

이렇게 바꿀 수 있습니다. 자, 그러면 여기에다가는 어떤 관계대명사를 넣어야 할까요? '사람'에 쓸 수 있는 관계대명사는 who도 있고 that도 있죠? 그럼 이렇게 해볼까요?

I know some people **that** I want to work **with**.
I know some people **who** I want to work **with**.
나는 함께 일하고 싶은 사람들을 몇몇 알고 있다.

이렇게 동일한 의미를 가진 두 문장을 만들었습니다. 여기까지는 아무런 문제가 없습니다! 자, 그런데 전통 영문법의 프로 불편러들이 싫어하는 것이 뭐였죠? 바로 문장 끝 전치사죠? 그러면 이제 with를 앞으로 옮겨와 볼까요?

I know some people **with that** I want to work.
I know some people **with who** I want to work.

그럼 이렇게 되는데요.

I know some people **with that** I want to work. (X)
I know some people **with who** I want to work. (O)

이 중 첫 번째는 쓸 수 없다는 룰이 있는 것입니다. 전치사 뒤에는 관계사 that을 쓰지 않는다! 이것이 영문법의 원칙입니다.

자, 그런데 여기서 주의해야 할 것은 'I know some people **with who** I want to work.'라는 이 두 번째 문장도 이 상태로는 사실 어색합니다.

원래 전치사 뒤에 나오는 녀석을 '전치사의 목적어'라고 하는데 이런 경우 목적격을 써 주어야 합니다. (우리가 '나에게' 라고 할 때 'to me'라고 하지 'to I'라고는 하지 않죠? me가 바로 목적격입니다.) 다른 관계대명사들과는 달리 who는 목적격의 모양이 따로 있습니다 바로 whom입니다. 그래서

I know some people **with whom** I want to work.
나는 함께 일하고 싶은 사람들을 몇몇 알고 있다.

이런 문장이 완성됩니다. 이게 바로 여러분께서 가장 싫어하는(?) with whom, to whom… 등등 괴상한 덩어리들의 탄생 비화입니다.

조금 전 만들었던 문장이 전통 문법의 관점에서 보았을 때 가장 이상적

입니다. 하지만 현대 영어, 특히 미국영어는 점점 구어체에서 자연스럽게 굳어진 단어의 조합을 최대한 깨뜨리지 않는 쪽으로 가고 있습니다. 그래서

I know some people whom I want to work with.

이 표현이 더 대중적이고 사실 whom도 거의 who로 대체해서 쓰는 편입니다.

그래서

I know some people who I want to work with.

이게 보통 사람들의 문장이라고 할 수 있습니다. 학자나 작가가 아니라면 대부분 말은 이렇게 한다는 것이죠.

아 참! 이전 장에서 말씀 드렸지만 목적격 관계대명사는 생략이 가능하죠? 그래서

I know some people I want to work with.

이렇게 바꾸면 진~짜 일반 구어체에 가장 가깝습니다. 원어민들이 회화할 때 말하는 문장은 이런 형태가 대부분입니다.

비록 말을 할 때는 with whom이라고 하는 경우가 거의 없지만 글을 읽을 때는 [전치사+관계대명사] 조합을 상당히 많이 접하게 되기 때문에 우리가 이것을 보고 이해는 할 수 있어야 합니다. 또 영어로 글을 쓰거나 격식 있는 말을 하게 될 경우도 마찬가지로 이런 조합을 만들 수 있어야 하겠죠.

자, 그러니 이 조합에 대해서 조금 더 배워보도록 합시다.

아! 관계대명사 앞에 어떤 전치사가 오는지는 관계대명사에 의해서 결정되는 것이 아닙니다. 전치사는 늘 가장 잘 어울리는 동사 또는 명사 짝이 있습니다. 물론 이 짝을 다 외울 수는 없지만 그래도 자주 쓰는 짝을 알수록 영어가 한결 수월해집니다.

The reason for which we do this
우리가 이것을 하는 이유

이렇게 reason이라는 단어는 for와 어울리는 편입니다 그래서 The reason for which라는 조합은 여기 저기서 많이 보시게 될 겁니다.

The candidate for whom the man has desperately looked
그 남자가 필사적으로 찾던 후보

이런 경우는 뒤에 look과 for가 자주 쓰는 조합이라서 whom 앞에 for가 나온 것인데요, 이렇게 '무언가를 찾다, 물색하다'라는 의미의 동사들은 for와 짝을 이루는 경우가 많습니다.

The candidate for whom the man has desperately searched

그 남자가 필사적으로 찾던 후보

이렇게도 search도 for이 짝입니다.

The theory on which everyone has an opinion

모두가 하나씩 의견이 있는 그 이론

여기서 on은 opinion이라는 명사와 짝입니다. '~에 대한 의견'이라는 말을 할 때 주로 on을 씁니다.

The issue on which no one can agree

아무도 동의할 수 없는 그 사안

이렇게 '동의하다'라는 의미의 동사도 '~에 동의하는 의견을 갖다'라는 의미를 품고 있기 때문에 마찬가지로 on을 쓰는 편입니다.

　　조금 전 보신 문장들에서 관계대명사 앞에 있던 전치사를 모두 문장 끝으로 보내보겠습니다.

The reason which we do this **for**

우리가 이것을 하는 이유

The candidate whom the man has desperately **looked for**

그 남자가 필사적으로 찾던 후보

The theory which everyone has an **opinion on**

모두가 하나씩 의견이 있는 그 이론

The issue which no one can **agree on**

아무도 동의할 수 없는 그 사안

이렇게 전치사를 문장 끝으로 보냈을 때 그 표현이 구어에서 많이 쓰면 그대로 두고 구어에서 많이 쓰는 표현이 아니면 앞으로 보내는 것이 규칙이라면 규칙입니다.

저는 이 문장들 모두 자연스럽다고 생각합니다. 세 번째는 좀 여지가 있지만요. 이건 사람 스타일마다 다를 것 같아요. 아, 가만히 보니 모두 관계대명사가 목적격이네요 그럼 관계대명사 다 빼고 말하는 게 더 편하죠.

The reason we do this for
우리가 이것을 하는 이유

The candidate the man has desperately looked for
그 남자가 필사적으로 찾던 후보

The theory everyone has an opinion on
모두가 하나씩 의견이 있는 그 이론

The issue no one can agree on
아무도 동의할 수 없는 그 사안

이렇게 되면 가장 '말'에 가까워집니다. 보시다시피 전치사를 관계대명사 앞으로 보낼지 문장 끝에 둘지는 순전히 '그 조합이 굳어진 표현인지 아닌지'가 결정합니다.

그러다 보니 당연히 우리가 '숙어'로 많이 외우는 표현들 중 전치사를 포함하고 있는 것들은 대부분 문장 끝에 전치사가 와야 더 자연스럽습니다. 숙어라는 게 원래 그게 자연스러운 조합이라는 거잖아요.

look for ～를 찾다

rely on ～에 의지하다

believe in ～를 믿다

예를 들면 이런 표현들을 가지고 문장을 만들 때는

'This is the house for which I have been looking.'보다는 'This is the house which I have been looking for.'가 더 자연스럽습니다. 아, 여기서 which까지 빼버리면 제일 구어체에 가까워지죠!

This is the house I have been looking for!
이게 내가 찾고 있었던 그 집이다!

마찬가지 이유로 the system on which we rely보다는 the system which we rely on이 더 자연스럽습니다. 아, 여기서 which까지 빼버리면 제일 구어체에 가까워지죠!

The system we rely on
우리가 의존하고 있는 시스템

마찬가지 이유로 'He is the man in whom I believe.'보다는 'He is the man whom I believe in.'이 더 자연스럽습니다. 아, 여기서 whom을 who로 바꾸면 구어체에 가까워지죠!

He is the man who I believe in.
그가 내가 믿는 그 남자다.

여기서 who까지 빼버리면 진짜 진짜~ 구어체에 가까워지죠!

He is the man I believe in.

그래서 영문법 학자들의 성향에 따라 이런 전치사의 위치에 대한 의견이 조금 갈립니다. 굳이 따지면 저는 전통 규정 문법보다는 말의 실제 사용을 더 중시하는 편이라 그 쪽에서 나온 설명을 좋아합니다.

그래서 오늘의 정리로 이 말을 쓰고 싶네요.

입에 밴 숙어 구조의 전치사는

관계사 앞으로 데려오지 않고 원래의 위치에 둔다.

쉽게 말하면 뭘 굳이 멋 부리려고 괜히 그걸 앞으로 데려오냐는 얘기죠.

다음 주어진 단어를 뜻에 맞추어 배열하시오.

1. 나는 함께 일하고 싶은 사람들을 몇몇 알고 있다. – 가장 격식 있게
   people / know / I / some / whom / to / work / want / with / I

   _____

2. 나는 함께 일하고 싶은 사람들을 몇몇 알고 있다. – 전치사를 뒤로 보내서
   people / know / I / some / whom / to / work / want / with / I

   _____

3. 나는 함께 일하고 싶은 사람들을 몇몇 알고 있다. – whom 을 who 로 바꾸어서
   people / know / I / some / who / to / work / want / with / I

   _____

4. 나는 함께 일하고 싶은 사람들을 몇몇 알고 있다. – 목적격 관계대명사를 생략하여
   people / know / I / some / to / work / want / with / I

   _____

5. 이게 내가 찾고 있었던 그 집이다! – 가장 격식 있게
   the house / is / this / which / I / for / have / looking / been

   _____

6. 이게 내가 찾고 있었던 그 집이다! – 전치사를 뒤로 보내서
   the house / is / this / which / I / for / have / looking / been

   _____

7. 이게 내가 찾고 있었던 그 집이다! – 목적격 관계대명사를 생략하여
   the house / is / this / I / for / have / looking / been

   _____

정답 ▶▶

1. I know some people with whom I want to work.
2. I know some people whom I want to work with.
3. I know some people who I want to work with.
4. I know some people I want to work with.
5. This is the house for which I have been looking.
6. This is the house which I have been looking for.
7. This is the house I have been looking for.

020

지후쌤 강의보기

저는 늘 언어라는 것을 '인간의 표현 욕구'에 의해 만들어지고 변화하는 하나의 '유기체'로 봅니다. 언어는 살아있고 살아 있기 때문에 끊임없이 변합니다.

제가 미국에 있을 때 친하게 지내던 친구 중에 정말 공부를 열심히 하는 녀석이 하나 있었는데요. 이름은 '에디'였습니다. 이 친구는 소위 우리말로 '책이 너덜너덜해질 때'까지 공부를 하는 성격이었습니다.

에세이를 제출할 때도 얼마나 완벽주의자인지 최소 30번은 고쳐 쓰는 경우가 허다했습니다. 정말 원어민급으로 영어를 잘했는데 (이 친구는 태국 출신입니다.) 자신이 쓴 에세이를 항상 원어민 친구들에게 가져가 일일이 다 피드백을 받고 고치고 또 고치고… 대단한 친구였어요.

저도 나름 공부를 열심히 하는 축에 속한다고 생각했는데 솔직히 이 친구 앞에서는 스스로에게 부끄러워지는 경우가 많았습니다.

한 번은 제가 도서관에서 기말고사 시험을 위해서 공부를 하고 있는데 같은 과 친구 하나가 (저는 영어교육과를 나왔습니다.) 옆에 털썩 앉더니 한숨을 쉬더군요. 그래서 제가 'What's up? (뭔 일이야?)'라고 물어봤죠. 그랬더니 이 녀석이 이러더군요. 'This paper is going to take forever! (이 에세이는 절대 끝이 안 날 거야!)'라고 하면서 가지고 있던 노트북을 탁 닫아 버리더군요.

whose라는 단어는
언제 어떻게 쓰는 것일까?

아마 2층에서 에세이를 쓰다가 지칠 대로 지쳐서 저한테 위로의 말이라도 들으려고 내려온 것 같았습니다. 심정은 이해하지만 거기서 괜히 어설프게 공감을 해주면 이 녀석 멘탈이 더 약해질 것 같아서 저는 그냥 돌직구를 날렸습니다.

You know Eddie, right?
He got his paper edited again this morning!
너 에디 알지? 이 녀석 에세이 오늘 아침에 또 첨삭 받았더라고!

이 말을 들은 친구 눈이 휘둥그레 지더군요. 분명 이미 30번은 고친 것 같은데 오늘 아침에 또?! 라는 표정을 지으며

You're kidding, right?
너 장난이지?

라고 되묻는 녀석에게 제가 단호하게 이렇게 말했습니다.

**We must be aware that there is a guy
whose paper always gets edited millions of times.**

항상 수십 수만 번 자신의 에세이를 첨삭 받는 녀석이 있다는 걸 우리 모두 알아야 해.

자, 제가 당시 썼던 문장 중에 잠시 이 부분만 떼어내서 볼게요.

There is a guy whose paper always gets edited millions of times.

여기서 a guy 뒤에 나오는 whose는 정확히 어떤 기능을 하고 있을까요?

사실 제가 저 문장을 썼을 때는 이미 3학년이어서 영어를 꽤 할 때였습니다. 만약 제가 1학년으로 돌아가서 저 표현을 했다고 가정하면 아마 이랬을 겁니다.

There is a guy and his paper always gets edited many times.

일단 whose를 말할 때 쓴다는 건 상상도 못 했고 millions of times 같은 과장법을 쓸 줄은 더더욱 몰랐을 겁니다.

자, 제가 1학년 때 했었을 만한 문장을 다시 한번 보시면 이렇게 시작하죠?

'**There is a guy and his paper…** 어떤 녀석이 있는데 이 녀석의 에세이가…'

지금 보니 and라는 접속사가 들어가서 There is a guy라는 말이 끝나고 his paper라는 주어로 시작하는 또 다른 절이 붙는군요. 자, 여기서 중요한 점!

언어의 '경제성' 면에서 봤을 때 이것은 좋지 않은 표현 방식입니다. 인간은 본능적으로 이왕이면 줄이고 하나로 합치는 것을 추구합니다.

그러면 여기서 There is a guy 뒤에 who를 붙여 볼까요?

'There is a guy who…'

자, 이렇게 되면 우리가 이전 관계사 장에서 배운 '어떤 녀석이 있다 그런데 그 녀석은…' 정도의 뜻을 갖는 '앞에 나온 사람을 설명해 주기 위한 관계사 who가 들어간 문장'이 됩니다. 이 who라는 단어가 앞에 있는 a guy에 대한 부연 설명을 위해서 판을 깔아주는 도구가 되는 것이죠.

There is a guy who always edits his paper millions of times.
항상 자신의 에세이를 수없이 고치는 녀석이 하나 있어.
= a guy가 edit 한다! 이렇게 a guy에 대한 직접적인 설명입니다.

그런데 여기서 만약에 a guy를 설명하는 것이 아니라 이 사람의 소유물 즉, 'his paper'를 부연 설명한다고 해 봅시다.

'소유물' 하니까 떠오르는 것이 혹시 '소유격'인가요? 자, 우리가 흔히 '소유격'을 표현할 때 쓰는 것이 『단어's』 이렇게 뒤에 '와 s를 붙여주는 것입니다.

There is a guy who's…

이렇게 되면 바로 '어떤 녀석이 있는데 그 녀석의…'라는 말을 '어떤 녀석이 있는데 그 녀석의…'

'~인데/~한데'라는 '접속사'를 굳이 넣지 않아도

'어떤 녀석이 있다 그 녀석의…'

이런 식으로 바로 이어줄 수 있죠. 물론 우리말로 표현을 하자니 조금 어색하지만 영어의 'and'를 없애는 과정인 것이 이해되시죠?

지금 제가 말씀드린 이런 표현 욕구에 의해서 탄생한 것이 바로 whose입니다. 아, 물론 처음부터 먼 옛날 어떤 원어민이 '자~ 여러분, 오늘부터 whose라는 단어를 쓰도록 합시다~ 오늘부터 1일~!' 뭐 이런 식으로 선언해서 쓰기 시작한 것은 아닙니다.

일단 경제적인 표현을 하고 싶은데 이걸 말로 어떻게 표현해야 하나 고심을 하던 많은 사람들이 갖가지 묘수를 만들어서 쓰기 시작하다가 이런 말 쓰임이 세월을 겪으면서 계속 변화하여 현대영어의 whose가 되었습니다.

중세영어를 찾아보면 당시에는 이걸 이렇게 한 번에 쓰지 않고 þat이라는 단어, 지금으로 치면 that/who/which를 모두 대신하는 단어와 소유격 my/his/her… 등의 단어를 한 문장에 합쳐서 썼다고 합니다.

예컨대 'There is a guy whose paper gets edited millions of times.'라는 표현을 하려면 'There is a guy þat edited gets millions of times his paper.' 이런 식으로 풀어서 썼었는데 (어순도 지금과 아주 달라서 이게 뭔 소린가 싶죠? 굳이 이해하려 하지 마세요.) 어쨌든 þat과 his를 동시에 써서 지금의 'whose'를 표현했습니다.

현대영어가 더 괜찮은 것 같습니다. 어쨌든 두 단어짜리를 하나로 줄여놓았으니… 아! 그런데 여기서 흥미로운 점!

관계사 중에 사람한테만 쓴다고 알고 있는 who는 사실 16세기나 되어서 보편적으로 쓰기 시작했다고 해요. 그런데 whose는 그보다 더 일찍 쓰였습니다. 철자만 whos로 지금과 살짝 달랐고요.

그러니까 사람, 사물에 따라서 관계사를 구분해서 쓰기 시작한 시기보다 whos라는 단어가 쓰인 시기가 더 빠릅니다.

아까 제가 þat이라는 단어가 that/who/which의 역할을 혼자 다 했다고 했죠? 그걸 응용해서 만들어 낸 것이 whos였기 때문에 사람뿐만 아니라, 사물에도 다 쓸 수 있었고 그 쓰임은 그대로 현대영어로도 넘어옵니다.

I know a person whose car is for sale.
나는 차를 팔려고 내놓은 사람을 안다.

이게 현대영어 문법인데요. 한국 사람들에게 좀 이해하기가 어렵죠? 우리말은 저런 구조가 없거든요. 제가 우리말로 써 놓은 해석은 상당히 의역한 것입니다.

보통 이런 문장을 만나면 '나는 안다. 어떤 사람을…' 하고 whose에서 턱 ~ 막히는 경우가 많습니다. Whose car…여기서부터 한국말로 뭐라고 해야 하지? 라는 생각이 들죠. 근데 여기서는 우리말로 바로 내려가면서 해석할 방법이 없습니다. 우리말에 아예 없는 표현 방식이거든요.

자, 그런데 여기서 하나 주목해야 할 것은 원어민들 중 상당수가 이 whose를 who's로 잘못 쓴다는 것입니다.

아니 원어민이 그런다고?

이렇게 놀라시는 분들이 계실 것 같은데 실제로 원어민들이 잘못 쓰는 게 한둘이 아닙니다.

우리도 우리말 실제로 많이 틀리잖아요? '돼/되' 하나만 가지고도 얼마나 맞춤법 때문에 골머리를 앓습니까? 그들도 마찬가지입니다.

원어민들도 철자로 고통받는 일이 많아요. whose를 who's로 쓴 경우는 원어민들이 쓴 인터넷 댓글만 뒤져봐도 수도 없이 나옵니다.

언어라는 것은 '말'이 먼저 있고 그다음에 '글'이 있습니다. 따라서 정말 흥미롭게도! 철자 실수를 보면 그 언어를 사용하는 사람들이 실제 이것을 듣고 말할 때 어떤 단어로 인식하고 있는지 알 수 있습니다.

whose를 who's로 잘못 쓴다는 것은 사실 저런 문장을 발화하거나 들을 때 상당수의 원어민들이 'I know a person who's car is for sale.' 이런 식으로 머리로 이해하고 있다는 증거입니다.

잠깐만… 그런데 오히려 지금 이렇게 whose를 who's로 바꾼 것을 보니까 더 이해하기 쉽죠? '나는 안다. 어떤 사람을 + 그 사람의 차는 판매 중이다.' 이걸 중간에 and 같은 접속사 없이 한 문장으로 합친 것입니다. 이 문장을 풀어서 보자면

I know a person and his/her car is for sale.

정도가 되겠죠?

다른 예문 하나 볼까요?

There is a house whose door is painted yellow.
노란색으로 칠해진 문이 있는 집이 하나 있다.

아까 말씀드렸다시피 꼭 사람한테만 쓰는 것이 아니라 이렇게 a house 같은 단어에도 쓸 수 있습니다. 영어의 역사가 빚어낸 코미디라고 보셔도 좋습니다. 아무튼 이 문장을 풀어서 보면

There is a house and its door is painted yellow.

이 말이죠. 이 whose는 의문문에서도 빈번하게 쓰입니다. whose라는 말이 가지고 있는 '누구의'라는 그림을 이용해서 질문을 할 때 '누구의'라는 뜻으로 whose가 뒤에 오는 단어와 붙어서 '누구의 무엇'이라는 덩어리를 표현할 수 있습니다. 예컨대

whose ice-cream

이라고 하면 '누구의 아이스크림'이 되겠죠.

실제로 제가 미국에 처음 갔을 때 이 질문 하나를 하려고 엄청나게 고생했던 기억이 납니다. 냉장고에 있는 아이스크림이 누구의 것인지 물어봐야 하는 데 당시 제가 "Is this ice-cream who's?"라든가 "Ice-cream who's?"이랬던 기억이 나네요.

우리말로 '아이스크림 누구 거?'를 그대로 영어 단어로 바꿔서 말도 안되는 영어를 한 것이죠. (그걸 알아들어 준 당시 하우스 메이트들에게 감사를…)

'Whose ice-cream is this?' 이것이 딱 '이건 누구의 아이스크림이냐?'라는 말이 됩니다. whose ice-cream이 하나의 유닛으로 움직이죠.

또한 whose는 '누구의 것'이라는 뜻을 가진 '명사' 역할을 할 수도 있습니다. 제가 아이스크림을 들고 친구들을 쳐다보며 'Whose is this?'라고 한다면 '이거 누구 거니?'라고 'ice-cream'이라는 단어를 생략할 수 있죠.

자, 한번 정리해볼까요?

Whose car is this?
이건 누구의 차냐?
(whose가 뒤에 나오는 car를 꾸며주는 형용사 역할)

Whose is this?
이건 누구의 것이냐?
(whose 자체가 명사 역할)

지금까지 보신 것이 whose의 쓰임새입니다. 정리하자면 총 세 가지 역할을 하죠?

1. 어떤 단어 뒤에 붙어서 '앞에 있는 것의'이라는 뜻으로 쓰이기도 하고

2. 어떤 단어 앞에 쓰여서 '누구의 무엇 (whose ice-cream처럼)'이라는 뜻으로 쓰이기도 하고

3. 그 자체로 '누구의 것'이라는 뜻으로 쓰이기도 하고요.

이 세 가지 경우를 모두 문장을 직접 만들어 정리해 보겠습니다.

This is the man whose book is on the market.

이 남자가 시중에 있는 그 책의 (책을 쓴) 남자이다.

This is the book whose content is good.

이 책이 내용이 좋은 그 책이다.

이 두 가지가 1번 역할이죠?

Whose book is this?

이건 누구 책이냐?

이것이 2번 역할이고요.

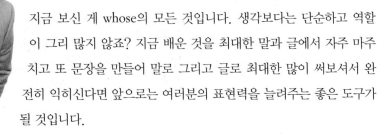

Whose is this?
이건 누구의 것이냐?

이게 3번 역할입니다.

지금 보신 게 whose의 모든 것입니다. 생각보다는 단순하고 역할이 그리 많지 않죠? 지금 배운 것을 최대한 말과 글에서 자주 마주치고 또 문장을 만들어 말로 그리고 글로 최대한 많이 써보셔서 완전히 익히신다면 앞으로는 여러분의 표현력을 늘려주는 좋은 도구가 될 것입니다.

다음 주어진 단어를 뜻에 맞추어 배열하시오.

1. 나는 차를 팔려고 내놓은 사람을 안다.
   a person / know / I / whose / for sale / is / car

   _____

2. 노란색으로 칠해진 문이 있는 집이 하나 있다.
   a house / is / there / whose / painted / door / yellow / is

   _____

3. 이건 누구의 차냐?
   this / whose / is / car

   _____

4. 이건 누구의 것이냐?
   this / whose / is

   _____

5. 이 남자가 시중에 있는 그 책의 (책을 쓴) 남자다.
   the man / this / is / book / whose / on the market / is

   _____

6. 이 책이 내용이 좋은 그 책이다.
   the book / this / is / whose / good / is / content

   _____

7. 이건 누구 책이냐?
   this / whose / book / is

   _____

정답 ▶▶

1. I know a person whose car is for sale.
2. There is a house whose door is painted yellow.
3. Whose car is this?
4. Whose is this?
5. This is the man whose book is on the market.
6. This is the book whose content is good.
7. Whose book is this?

Lesson

9

사역동사

이제 우리를 괴롭히는 영문법의 빌런들 중에 아직까지 정말 제대로 된 설명이 거의 없는 이 녀석을 건드릴 차례가 왔습니다. 강력한 녀석인 만큼 저도 정말 칼을 갈고 이 장을 썼습니다. 여러분께서는 저만 잘 따라오시면 됩니다. 마치 지하실에 있는 미노타우르스처럼 공포의 대상인 '사역동사'를 오늘 무찌르겠습니다.

021

지후쌤 강의보기

공교육이 대대적으로 확대된 20세기가 도래하기 전까지 일반 대중들은 자신들이 쓰는 말의 '어법'을 배울 기회가 거의 없었습니다. 말이란 먹고 살기 위해 하는 것이었고 문맹도 정말 많았죠.

20세기가 되어 모두가 학교를 다니게 되는 신기한 일이 벌어지기 전까지는 영어 원어민들의 대부분은 '전치사 to와 to부정사'를 의식적으로 구분하지 못했습니다. (뭐 사실 모국어 사용 시에 자신이 쓰는 언어의 법칙을 다 생각해서 하고 말을 하는 사람이 거의 없기도 하죠.)

또한 영어는 14세기까지 그리 힘 있는 언어가 아니었습니다. 라틴어와 프랑스어가 연구할 가치가 있는 언어로 여겨졌고 '영어'는 사실 체계적으로 연구하는 일도 거의 없었고 '영어'의 법칙을 정리하고자 하는 노력도 시도도 거의 없었습니다. 영어는 그저 일반 백성들이 쓰는 말이고 식자층과 귀족들 그리고 왕실은 프랑스어와 라틴어를 쓰는 것이 당연시되었죠.

사역동사의 탄생과 그 원리

영어라는 언어에 '표준'이라는 개념이 생긴 것도 15세기 후반에 접어들면서입니다.

제가 이런 말씀을 드리는 이유는 '사역동사'라는 것도 예전부터 사람들이 써 오던 말을 수집해서 모아보니 특이하게 쓰는 조합이 있어서 이걸 연구하던 끝에 따로 이름을 붙인 것이지 처음부터 이런 법칙이 있고 말을 거기에 맞추어 한 것이 아니라는 것을 기억하자는 것입니다. 이것이 바로 이 장을 이해하시는 데 가장 중요한 부분입니다.

이제부터 '사역동사'라는 이름은 왜 붙었는지 그리고 이 녀석들은 왜, 그리고 어떻게 쓰고 어떤 '느낌'을 갖는지까지 속 시원히 풀어드리도록 하겠습니다.

to의 본질적 그림은 전치사로 쓸 때나 to부정사로 쓸 때나 사실 같습니다. to의 '~로/~를 하려고'라는 그림을 이용하여 원어민들이 표현하고자 하는 공통적인 뉘앙스는 바로 '~로 향함'입니다. 이 '~로 향함'이라는 그림을 잘 이해하시면 이것이 결국 어떤 '결과'로 이어진다는 것을 직관적으로 이해하실 수 있습니다. 어떤 지점에서 다른 지점으로 '향하여' 그 뒤에 나오는 '결과'에 도달하는 것이 바로 to라는 단어의 본질이죠.

그래서 통상 '앞으로'라는 그림이 알게 모르게 들어있는 동사들은 그 뒤에 거의 to가 붙고 동사원형이 붙습니다. (V는 Verb 즉, '동사'를 의미)

promise + to V

plan + to V

schedule + to V

expect + to V

자, 그런데 바로 여기가 '사역동사'에 대한 거대한 의문이 풀리기 시작하는 지점입니다.

'사역동사'를 영어로 causative verb라고 하는데 이 causative라는 단어는 'cause(~를 야기하다, 초래하다)'에서 출발했습니다. 즉, '어떠한 일을 일으키고 야기하는 동사이다'라고 번역하는 것이 causative verb라는 단어의 정확한 뜻을 전달할 수 있을 것이라 봅니다.

사역(使役)이라는 번역어는 남을 부려 일을 시킨다는 뜻인데 썩 좋은 번역은 아닙니다. 이 번역어 때문에 대부분 사역동사를 '시키다'라는 뜻으로 생각하시거든요. 그런데 무조건 '시키다'라고만 해서는 절대 사역동사를 이해할 수 없습니다.

문법책에 대표적인 사역동사로 정리되어 있는 have/make/let을 각각 자세히 살펴보겠습니다.

make는 그 어원이 macian이라는 단어인데 뜻은 '~한 모양으로 만들다, ~한 것을 만들어 내다'에 가깝습니다. 즉, make 뒤에 나오는 목적어가 주어가 만들어낸 결과물이거나 또는 make 뒤에 나오는 목적어를 '~하도록 만들다, 만들어내다'라는 그림을 가지고 있죠.

let은 그 어원이 lætan이라는 단어인데 뜻은 '~를 허락하다'에 가깝습니다. 목적어가 어떤 행동을 할 수 있도록 '허락한다' 즉, 일반적으로 목적어가 그 행동을 원하는 경우에 let을 씁니다.

정리하자면

make: ～하게 만들다 = ～하도록 만드는 사람의 '의지'가 강함

let: ～하도록 하다, ～하게 내버려 두다 = 허락의 의미가 강함

이런 차이가 있습니다.

I'm going to make him work hard from now on.

I'm going to let him do whatever he wants to.

이 두 문장을 보시면 그 차이가 바로 느껴질 겁니다.

I'm going to make him work hard from now on.
나는 지금부터 그를 열심히 일하도록 만들겠다.

이건 '나의 의지'가 강한 표현이죠.

I'm going to let him do whatever he wants to.
나는 그가 원하는 것은 무엇이든 하도록 허락하겠다.

이건 '그의 의지'에 따라 그렇게 하도록 내가 '허락'하는 표현이고요.

그리고 남은 하나 have의 경우 굳이 따지자면 make와 let의 중간 정도에 해당합니다. 우리말 번역을 똑 부러지게 하기는 좀 어렵습니다.

여기서부터 이 세 단어로 문장을 만들어 보면

I make him fix my car.

I let him fix my car.

I have him fix my car.

이렇게 '같은 뜻'이라고 착각하기 쉬운 문장이 나오는데

I make him fix my car.
→ 나는 그에게 내 차를 수리하도록 만든다.

I let him fix my car.
→ 나는 그에게 내 차를 수리하도록 허락한다.

I have him fix my car.
→ 나는 그가 내 차를 수리하도록 한다.
(편의상 '한다'로 번역하겠습니다)

사실은 이렇게 뉘앙스가 다 다릅니다.

이 사역동사들 causative verbs의 특징은 바로 뒤 목적어(위 예문에서는 him)가 그 뒤에 나오는 것 쪽으로 '가도록' 만드는 것이 아니라 '바로 어떤 행위를 즉각 하게 하거나 어떤 상태가 즉각 되게 하는 것'입니다.

'~쪽으로 가는' 그림은 to가 가지고 있다고 했죠? 그러면 그런 게 아니라 '바로, 즉각 하게 만든다면? 네, to가 들어가면 안 됩니다!

이 셋 중에 가장 쓰임새가 화려한(?) have를 좀 더 살펴보도록 하겠습니다.

Have him come here.
I had the machine working.
I had my car fixed.

전통문법에서 '사역동사 뒤에는 목적어 그리고 동사원형이 와야 한다'고 나오는 대로 외우셨던 분들은 이 세 문장을 보시고 크게 놀라실 수도 있습니다. 그러나 이 녀석들은 원어민들이 정말 자주 쉽게 사용하는 문형들입니다.

전통문법이 아닌 '인지 문법(언어를 구조적 특징보다는 '생각'에 초점을 두어 분석한 문법 이론)'에서는 have라는 단어 자체의 '가지다'라는 의미가 바로 이 표현들의 비밀이라고 설명합니다. 즉, 각각의 문장을 직역하자면

Have him come here.
→ 여기로 오는 그를 갖게 하라

I had the machine working.
→ 나는 working 하는 상태의 machine을 가졌다.

I had my car fixed.
→ 나는 fixed 된 my car를 가졌다.

이를 각각 의역하면

그를 여기에 오게 하라.

나는 기계를 작동되게 했다.

나는 차를 수리했다.

가 되는 것입니다.

사역동사에서 우리가 가장 궁금해했던 것 중 하나가 '왜 목적어 뒤에 to 없이 바로 동사원형이 붙느냐' 하는 것일 텐데요. 제가 아까

"이 사역동사들(causative verbs)의 특징은 바로 뒤 목적어(위 예문에서는 him)가 그 뒤에 나오는 것 쪽으로 '가도록' 만드는 것이 아니라 '바로 어떤 행위를 즉각 하게 하거나 어떤 상태가 즉각 되게 하는 것'이다 그래서 '~쪽으로 가는' 그림을 가지고 있는 to는 들어가면 안 된다."

라고 말씀드렸죠?

즉, '목적어가 ~한 결과를 낳을 수 있도록 하다'라는 것이 일반적인 『동사 + 목적어 + to V』 구조라면 '사역동사'는 이 to라는 여유가 없이

바로 목적어를 V하게 만드는 것을 표현하기 위한 하나의 '기법'에 불과합니다.

그래서 to라고 '~로 향할' 여유를 주지 않고 목적어를 콱! 묶어 버리는 것이죠.

재미있는 것은 이런 규칙이 원래 완전히 정립되어 있었던 것이 아니라는 것입니다. 문헌에 따르면 이런 쓰임이 완전히 자리 잡은 것은 중세가 지나서입니다

Makie to cwakien heovene

지금 이 문장은 중세 영어로 쓴 것인데요. 현대 영어로 번역하면 make heaven to quake입니다. 당연히 현대 영어에서는 to quake가 아니라 quake, 이렇게 동사 원형을 써야 맞죠. 하지만 중세영어까지는 to가 들어가기도 하고 안 들어가기도 했습니다. 이때까지도 통일된 규칙이 없었다는 얘기죠.

영어가 지금처럼 하나의 규칙으로 정리된 것은 중세를 거쳐서 근대로 들어오면서입니다. 긴 역사로 보았을 때 사실상 정말 최근이라고 봐야죠. 이는 '글'과 깊은 관련이 있습니다. 영어로 된 문헌이 쏟아져 나오기 시작한 것은 15세기 이후부터인데 이때부터 인쇄술의 발달과 영어의 지위 상승으로 소위 말해 배운 사람들이 영어로 글을 쓰기 시작했습니다. 우리가 알고 있는 셰익스피어도 이때 사람이죠. 말이란 것은 글로 남겨지기 시작하면 상당히 표준화가 빨리 진행됩니다. 이때부터 소위 배운 사람들이 사역동사 뒤에 to를 쓰기도 하고 안 쓰기도 하다가 점점 쓰지 않는 방향으로 갔죠. 그게 현대영어로 넘어왔습니다. (특히 작가들은 언어에 굉장히 민감한 사람들이기 때문에 이 사역동사의 어감 자체를 살리는데 to를 쓰는 게 맞는지 아니면 생략하는 게 맞는지 많이 고민한 흔적이 보입니다. 그래서 처음에는 혼용하다가 나중에는 결국 생략하는 쪽으로

기울었죠. 셰익스피어의 작품들도 문법만 보면 정말 일관성이 없습니다. 물론 작품성은 최고죠!

이것을 알고 사역동사들을 다시 보면 매우 재미있는 현상을 발견할 수 있습니다. 전통문법에서는 'get'을 '준사역동사'라고 부릅니다. '사역동사는 아니지만, 그에 준하는 것'이라는 말인데요. 선뜻 이해가 가지 않습니다.

이 말의 의미는

have the car repaired 차를 고치다
get the car repaired 차를 고치다

이런 식으로 사역동사처럼 쓸 수 있는데

have him come here 그를 여기로 오게 하다
get him to come here 그를 여기로 오게 하다

이렇게 get은 목적어 뒤에 to가 나오기 때문에 이것은 완전히 사역동사는 아니고 '준'사역동사라는 말입니다.

우리가 답답한 것은 '그래서… 그럼 그냥 외우란 말인가?'라는 것이죠!

제가 여기서 get은 왜 이런 특징이 있는지 속 시원히 풀어드리도록 하겠습니다.

get은 원래 geta라는 단어에서 기원했는데요, geta는 'obtain(얻다), reach(도달하다), beget(야기하다)' 정도의 뜻을 가지고 있습니다. 여기서 주목할 것은 '도달하다'와 '야기하다'입니다. 즉 원래 어떤 '출발점'이 있고 어떠한 '결과'라는 점이 있는데 이 '결과' 지점으로 '도달하고' 그것을 '야기한다'는 뜻을 가지고 있는 것이 get입니다.

그래서 『get + 목적어 + 그러한 결과로 향하게 하는 to』 이렇게 to가 붙는 것이 더 자연스러운 것이죠. 이것이 구어체에서 굳어지면서 현재 get의 용법을 만들어 냈다고 보시면 됩니다. 반면 have는 말 그대로 'own, possess'의 뜻만 가지고 있습니다. get처럼 '~에 도달하다, 야기하다'라는 뜻이 아니죠.

그래서 목적어 뒤에 '~로 향함'을 나타내는 to를 쓰기가 힘듭니다. 마찬가지로 이것이 구어체에서 굳어지면서 현재 have의 용법을 만들어 냈다고 보시면 됩니다.

이 두 차이를 극명하게 보여주는 예를 하나 소개하겠습니다.

어떤 사람이 중요한 사건에 연루되어 잡혀 왔는데 이 사람이 입을 열지 않습니다. 그래서 정말 속이 답답하던 차에 평소 다혈질이고 '하면 된다'는 마인드를 가진 부하가 하나 와서 이렇게 말을 합니다.

I will make him talk!
I will have him talk!

자, 이 부하는 그자를 어떻게 하려는 셈일까요? 네, 맞습니다. 무슨 수를 써서라도 '강제로 말을 하게 만들겠다, 하겠다'라는 말을 하는 것이죠.

그 녀석이 말을 하게 만들겠습니다.

그런데 이때 또 다른 부하가 다가옵니다. 이 친구는 평소 남을 설득하는데 소질이 있고 말솜씨가 정말 좋습니다. 살짝 안경을 들어 올리며 반짝거리는 눈으로 저를 보며 말하는군요.

I can get him to talk.

이제 이 부하는 그를 어떻게 할까요? 맞습니다. 그를 '설득하여' talk라는 행위 쪽으로(to) 보낼 수 있다는 말입니다.

그 녀석이 말을 하도록 해볼 수 있습니다. (설득을 해서요.)

라는 뉘앙스가 들어가 있는 것이죠.

여기까지 이해하시면 또 다른 준 사역동사인 help에 대한 의문까지 풀립니다. help는 목적어 뒤에 to가 나오기도 하고 안 나오기도 하는데요, 이것은 help라는 단어의 특성 때문입니다.

도움을 준다는 것은 '간접적인' 도움을 주어가 목적어가 무언가를 할 수 있도록 '밀어주는' 것을 의미하기도 하고, 직접 내가 팔을 걷어붙이고 그것을 같이 해주는 경우를 의미하기도 하죠?

이 중에 '간접적인' 도움을 주어 이 목적어가 무언가를 할 수 있도록 '밀어주는' 것을 의미하는 경우라면 to가 들어갑니다.

He helped me to write the book.
그는 내가 그 책을 쓰도록 도와주었다.

내가 write라는 행위를 할 수 있도록 밀어준 그림을 그려 보시면 됩니다.

그런데 '직접적이고 적극적인' 도움인 경우는 그 행위를 진짜 같이 하는 것입니다. 그래서 나를 밀어주는 그림을 그려주는 to가 없어집니다.

He helped me write the book.
그는 내가 그 책을 쓰는 것을 도왔다.

즉, 이 경우는 그가 나와 함께 책을 썼다는 말에 가깝습니다.

이 마지막 예시는 원어민들도 정말 언어 감각이 뛰어나고 글을 잘 쓰는 사람이 아니면 쉽게 구분하지 못합니다. 이걸 설명하기도 굉장히 힘들어 하고요. 그러나 여러분들께서는 이제 정확한 원리를 아셨습니다. 그리고 생각보다 그 원리가 그리 복잡하지 않다는 것도 알게 되셨습니다. 어떠세요?

여러분 스스로가 자랑스럽지 않습니까?

다음 주어진 단어를 뜻에 맞추어 배열하시오.

1. 나는 지금부터 그를 열심히 일하도록 만들겠다.
   going to / him / am / I / make / hard / work / from now on

   _____

2. 나는 그가 원하는 것은 무엇이든 하도록 허락하겠다.
   let / going to / am / him / I / do / he / whatever / to / wants

   _____

3. 나는 기계를 작동되게 했다.
   working / had / I / the machine

   _____

4. 나는 차를 수리했다
   had / fixed / I / my car

   _____

5. 그 녀석이 말을 하게 만들겠습니다.
   will / I / talk / him / make

   _____

6. 그 녀석이 말을 하도록 해볼 수 있습니다. (설득을 해서요.)
   get / I / can / talk / him / to

   _____

7. 그는 내가 그 책을 쓰는 것을 도왔다.
   me / helped / he / the book / write

   _____

8. 그는 내가 그 책을 쓰도록 도와주었다.
   me / helped / he / the book / write / to

   _____

정답 ▶▶

1. I am going to make him work hard from now on. 2. I am going to let him do whatever he wants to.
3. I had the machine working. 4. I had my car fixed.
5. I will make him talk. 6. I can get him to talk.
7. He helped me write the book. 8. He helped me to write the book.

Lesson

10

관사

'관사'는 우리말에 없는 개념입니다. 많은 학자들의 의견에 따르면 인간은 자신의 언어에 존재하는 개념까지만 제대로 이해할 수 있다고 합니다. 자신이 쓰는 언어로 '표현할 수 없는 것'을 '이해'하기는 힘들다는 말이죠. 그래서 외국어를 배워야 하는 이유 중의 하나가 새로운 언어 체계를 배움으로써 세상을 보는 또 다른 눈을 갖는 것이라고 말하기도 합니다.

022

지후쌤 강의보기

제가 영어를 배우고 가르치고 이 녀석과 씨름을 시작한 지 벌써 15년이 넘은 것 같은데요. 아직도 가끔은 참 '어색하다, 생경하다' 라는 느낌이 드는 것이 바로 '관사'입니다. 우리말에 아예 없는 개념, 그래서 철저히 그들의 시각에서 이해해야 하는 것이죠.

그래서 관사는 암기의 대상이 아니라 철저한 이해의 대상이 되어야 합니다. 그들의 세계관과 그들의 사고체계를 이해해야 비로소 이 관사를 이해하고 쓸 수 있습니다.

대부분의 문법책에서 '관사' 파트를 열면 일단 a, an, the 등을 보게 됩니다. 거의 대부분 여기까지가 '관사'라고 생각하실 텐데요 사실 관사라는 것을 제대로 이해하려면 아예 아무런 단어도 붙지 않는 '무관사'에 대해서 제대로 이해해야 합니다.

제가 지금부터 여러분께 상황을 하나 설명해 드리면서 영어 원어민들이 세상을 어떻게 보고 인식하는지 직접 보여드리도록 하겠습니다.

다음 한국어 문장들을 먼저 보시죠.
1. 나는 바나나를 살 것이다.
2. 당신 손에 있는 바나나가 맛있어 보인다.
3. 바나나는 과일이다.
4. 이 주스 안에 바나나가 들어있다.

관사의 모든 것

이 문장들을 영어로 옮겨보자면 대략 다음과 같습니다.

1. I will buy a banana. 또는 I will buy bananas.
2. The banana in your hand looks yummy.
3. Bananas are fruit.
4. There is banana in this juice.

여기서 질문!

왜 우리말을 영어로 옮겼을 때 어떤 문장에서는 banana 뒤에 s가 붙고 어떤 문장에는 banana 앞에 a가 붙고 어떤 문장에서는 banana 앞에 the 가 붙는 것일까요?

이 현상을 이해하시려면 철저히 그들의 머릿속으로 들어가서 따져보아야합니다.

banana

그냥 이렇게 써 놓으면 이것은 그들에게 '바나나라는 것'입니다. 세상에는 많은 바나나들이 있습니다. 그들은 제각기 다르게 생겼고 어떤 것은 덜 익었고 어떤 것은 너무 익었고 어떤 것은 크고 어떤 것은 작습니다.

그런데 그 모든 것들을 묶는 하나의 개념! 즉, '바나나'라고 우리가 머릿속에 가지고 있는 개념 자체를 banana라고 하는 것입니다.

지금부터 저와 함께 잠시 과일 가게로 들어가시죠.

제가 과일 가게에 가서 과일들을 둘러보던 중, 문득 바나나를 하나 사야겠다는 생각이 들었습니다. 저쪽에 보니 가게 주인께서 계시네요. 제가 손을 흔들며 이렇게 말합니다.

I will buy a banana.
바나나를 하나 살게요.

이때, a banana는 우리 머릿속에 있는 banana라는 개념의 구체화된 하나입니다. 실제로 만질 수 있고 먹을 수 있는 '어떤 한 바나나' 말입니다. 그래서 이 'a'를 우리말로 번역할 때는 주로 '한, 어떤' 등의 단어를 씁니다. 이것이 그나마 'a'의 의미를 가장 잘 나타낸다고 생각합니다.

그런데 이때 저는 가게 주인 손에 바나나 하나가 있는 것을 보게 됩니다. 그런데 그 바나나가 진짜 맛있게 생겼네요. 저는 주인에게 무심코 이런 말을 던집니다.

The banana in your hand looks yummy.
당신 손에 있는 그 바나나 맛있어 보이는군요.

여기서는 왜 'the'를 썼을까요?

the는 '특정된 무엇'을 나타낼 때 씁니다. 처음 이야기할 때 'I will have a banana.'라고 한 것은 이 가게에 있는 수많은 바나나 중 무작위의 하나를 사고 싶다는 의미이므로 우리 머릿속에 있는 바나나라는 개념에 '한, 어떤'에 해당하는 'a'를 붙여서 실제 세상에 존재하는 바나나로 만들었습니다.

그런데 지금은 주인이 손에 바나나를 들고 있는 것이 제 눈에 보입니다. 주인도 제가 그 바나나를 보고 있는 것을 압니다. 그렇다면 이 바나나는 이제 불특정한 것이 아니라 저도, 주인도 함께 인식하고 있는 특정한 바나나인 것이죠. 이럴 때 바로 'the'를 씁니다.

The banana in your hand looks yummy.
당신 손에 있는 그 바나나 맛있어 보이는군요.

그래서 이런 말이 나온 것이죠.

자, 저는 이제 그 바나나를 사서 집에 갑니다.

집에 오니 이제 갓 말을 떼기 시작한 딸과 아들이 저에게 다가옵니다. 그러더니 바나나가 신기해 보였는지 자꾸 만져보고 입을 갖다 댑니다.

음… 이참에 과일에 대해서 알려줘야겠다는 마음에 백과사전을 꺼내서 바나나 사진을 보여줍니다. 그리고 사진 바로 아래 쓰여 있는 바나나에 대한 설명 첫 문장을 읽어줍니다.

Bananas are fruit.
바나나는 과일이다.

여기에는 왜 뒤에 s가 붙었을까요? 가만히 생각해보시면 세상에 있는 셀 수없이 많은 바나나들은 모두 과일입니다. 지금 제가 사 온 바나나만 과일인 것이 아니고 백과사전에 사진 찍힌 그 바나나만 과일인 것도 아닙니다. 바나나라고 우리가 인식하는 모든 것들은 다 과일입니다. 그래서 굳이 우리말로 번역하면 조금 어색하지만 '바나나들은 과일이다.'라고 말을 한 것이죠.

눈치 빠르신 분들은 여기서 무언가 이상하다는 생각이 드실 겁니다. 왜 우리말은 바나나 하나를 가지고도 '바나나는'이라고 하고 바나나 여러 개를 가지고도 '바나나는'이라고 할까?

우리말은 '단/복수'의 개념이 강하지 않습니다. 만약 여러분께서 바나나를 사서 집에 오시는데 바나나를 하나 샀을 때는 '바나나 한 개 사 왔다'라고 하고 바나나를 여러 개 샀을 때는 '바나나들을 사 왔다'라고 한다고 생각해 보세요. 아무리 들어도 어색하죠? 우리는 바나나가 한 개이든 두 개이든 한 상자이든 굳이 강조할 게 아니면 '바나나를 사왔다'고 합니다.

이렇게 때문에 한국인들에게 banana와 a banana, 그리고 bananas는 크게 차이가 없어 보입니다. 영어 시간에 그래도 배운 바에 따르면 저게 한 개이고 여러 개이고 뭐 그렇다는 것은 알겠는데 솔직히 관사가 안 붙어 있어도 어색하지 않고 앞에 a가 붙든, 뒤에 s가 붙든 우리말로 해석할 때는 별 차이도 없습니다. 그러다 보니 영어로 말을 하거나 글을 쓸 때 이 단수, 복수 그리고 관사가 정말 헷갈리고 답답하죠.

이런 언어 차이 때문에 관사가 특히 우리에게 어려운 것입니다.

자, 이제 저는 백과사전을 덮고 아이들에게 바나나주스를 만들어 주려고 합니다. 바나나를 믹서기에 넣고 갈았습니다. 이제 바나나의 형체는 없어지고 바나나 향과 맛만 남은 걸쭉한 무엇이 되었습니다. 그리고 아이들을 보며 이렇게 말합니다.

There is banana in this juice.
이 주스 안에는 바나나가 들어있어.

이때는 banana 앞에 아무것도 붙어있지 않습니다. 이건 또 왜 이럴까요?

이때는 바나나가 주스의 재료로 쓰였기 때문입니다. 이럴 때는 '어떤 바나나', '특정 바나나', '바나나들'이 중요한 것이 아니라 '바나나라는 성분'으로 만든 주스라는 표현이기 때문에 관사가 붙지 않습니다.

만약 제가 'There is a banana in this juice.'라고 하면 이 주스는 바나나 '한 개!'로 만들었다고 강조하는 말이거나 주스이긴 한데 그 안에 바나나

한 개가 퐁당 들어가서 둥둥 떠 있다는 말이 됩니다.

자, 여기서 한발 더 나아가서 제가 아이들에게 '나랑 너희들이 아까 만졌던 그 바나나가 여기에 들어있어.'라는 말을 하려면 어떻게 해야 할까요?

The banana is in here.
그 바나나는 이 안에 들어있다.

바로 이렇게 banana 앞에 the를 붙여야 합니다.

아… 지금 딱 느낌이 온 분들… 있죠?

한번 관사에 대해서 이해하기 시작하면 정말 흥미롭습니다.

Do you drink coffee?

이렇게 coffee 앞에 관사를 붙이지 않고 물어보면 '커피라는 것'을 원래 마시냐는 질문입니다. 커피를 원래 못 마시는 사람도 있는데 너는 커피 마시는 사람이냐는 말에 가깝죠. 그래서 '커피나 한잔할까?'라는 운을 떼기 전에 던지는 질문으로 좋습니다.

Do you drink the coffee?

이렇게 coffee 앞에 the가 붙으면 '너와 내가 인식하고 있는 그 특정한 종류의 커피'를 마시냐는 질문에 가깝습니다. 예를 들어 조금 전까지 저와 어떤 사람이 어느 커피숍에서 파는 새로 나온 커피에 관해서 이야기하고 있었다고 칩시다. 그러면 이미 저와 이 사람 머릿속에는 그 특정 종류의 커피에 대한 그림이 공유되어 있죠? 이때 제가 '그 커피 너는 마시니?'라고 물어보면 'Do you drink the coffee?'가 됩니다.

다음 문장을 보시죠.

I will have a coffee.

어라? 분명히 문법책에서 coffee는 셀 수 없는 명사여서 앞에 a 같은 게 붙을 수 없다고 배웠는데? 이런 생각하시는 분들 많으실 것 같은데요. 지금처럼 a가 붙으면 문법상은 틀린 말이지만 실제 영어권 커피숍에서는 흔하게 쓰는 '커피 한 잔 주세요.'가 됩니다.

굳이 'I will have a cup of coffee.'라고 이야기하기 귀찮을 때 'I will have a coffee.'라고 말하면 자동으로 원어민들은 커피가 담긴 컵 같은 것 하나가 딱 떠오르면서 바로 알아듣는 것입니다.

흥미롭지 않습니까? 관사에 따라서 문장 전체의 뜻이 달라지고 또 우리가 흔히 '셀 수 없는 명사'라고 배운 것들 앞에도 실생활에서는 저렇게 a가 들어가기도 한다는 것이?

그래서 저는 여러분께서 늘 궁금해하셨으면 좋겠습니다. 이치를 깨닫는 것보다 더 기쁨을 줄 수 있는 것은 없다고 생각합니다. 늘 즐겁게 배우시고 계속 궁금해하십시오. 저는 늘 답을 드리기 위해 기다리고 있겠습니다.

감사합니다.

다음 주어진 단어를 뜻에 맞추어 배열하시오.

1. 나는 바나나를 살 것이다.
   banana / buy / will / I / a

   _____

2. 나는 바나나를 살 것이다.
   bananas / buy / will / I

   _____

3. 당신 손에 있는 바나나가 맛있어 보인다.
   yummy / banana / in / the / hand / your / looks

   _____

4. 바나나는 과일이다.
   fruit / bananas / are

   _____

5. 이 주스 안에 바나나가 들어있다.
   in / banana / there / this juice / is

   _____

정답 ▶▶
1. I will buy a banana.   2. I will buy bananas.
3. The banana in your hand looks yummy.   4. Bananas are fruit.
5. There is banana in this juice.

Lesson

11

전치사

영어에서 가장 불친절한 녀석들을 고르라면 원어민이든 비원어민이든 주저 없이 꼽는 것이 바로 '전치사'입니다. 전치사는 워낙 다양한 뜻을 가지고 있고 또 생각보다 딱 떨어지는 규칙이 없습니다.

그래서 지금부터는 영어 전치사들을 원어민들은 머릿속에 어떤 '그림'으로 가지고 있는지 보여드리려 합니다. 이 '그림'을 이해하시고 그들이 쓰는 표현을 보시면 그들이 나름 합리적으로 그림을 적용한다는 것을 깨닫게 되실 겁니다.

023

On이라는 단어의 그림을 한마디로 정의하자면 '접촉'이라고 할 수 있습니다.

on = 접촉

우리가 건전지를 양극과 음극에 정확하게 '접촉'시키면 전기가 들어오죠? 이것이 on의 그림이고 건전지를 여기서 '떼면' 전기가 나갑니다. 이렇게 떼는 것을 off로 표현합니다.

power on
power off

그래서 이렇게 두 가지고 각각 '켜다, *끄다*'라는 뜻이 됩니다.

이런 그림을 바탕으로 '접촉'이라는 그림을 통해 on이 어떻게 뜻을 만들어 내는지 자세히 살펴보도록 하겠습니다.

on의 정확한 그림은
바로 이것!

There are a lot of leaves on the street.

나뭇잎들이 길 위에 많이 있다.

(길 표면에 나뭇잎들이 접촉해 닿아 있음을 표현)

There are some people on the soccer field.

몇몇 사람들이 축구장 위에 있다.

(축구장 표면에 사람들이 발을 '딛고' 서 있음을 표현)

이 '접촉해 닿아있는' 그림을 잘 이해하면

Some paintings are hanging on the wall.

그림들이 벽에 걸려있다.

There is a note on the bulletin board.

게시판에 메모가 붙어있다.

라는 정도는 어렵지 않게 이해할 수 있습니다.

가장 많이 하는 실수 중 하나는 on을 그냥 '~위에'라고 외우는 것입니다. 물론 '~위에'가 틀린 말은 아니지만 그렇게 단순히 암기해서는 다음과 같은 표현들을 이해할 수 없습니다.

Look! There is a mosquito on the ceiling!

저것 봐! 모기가 천장 '위에(?)' 있어!

천장 위에(?) 모기가 있다는 말 자체가 어색하죠? 우리말로는 '천장에 모

기가 있어'라고 말해야 자연스러운데 이 '～에'에 대항하는 단어가 여기
서는 on입니다. 모기가 발을 천장에 붙이고 있기 때문에 '접촉'의 그림을
가진 on이 오는 것이죠.

2000년대 초, 중반 정말 인기가 많았던 미드 중에 '프리즌 브레이크'라는
작품이 있습니다. 여기 주인공은 억울하게 감옥에 갇힌 형을 위해서 형
을 데리고 탈옥을 하려는 시도하는데요. 그래서 자신의 몸에 감옥의 설
계도를 문신으로 새긴 후 일부러 투옥됩니다.

이 작품 시즌 1에서 석호필드가 했던 유명한 대사가 있습니다.

감옥에서 만난 형이 '설계도가 있어? 그게 어디 있는데?'라고 묻자 상의
를 탈의하고

I got it on me!
내 몸에 그걸 그렸어!

라는 엄청난 대사를 하죠.

나의 피부에 잉크가 닿아서 접촉하여 그림이 붙어 있으므로 감옥 설계도

가 엉덩이에 있든 발바닥에 있든 등에 있든 내 피부에 딱 붙어 있다는 것을 표현하기 위해 on을 썼습니다. 발바닥에 있다고 under my foot이라고 생각한다면 오산입니다! on my foot!이라고 표현합니다. (발에 그림이 접촉해 닿아 있어야 하므로)

요즘에 제가 가끔 방문하는 음식점 중에 On The Border라는 체인점이 있는데 (멕시코 음식을 파는 곳) 여기서 이 on이 바로 '접촉하여 닿아 있는' 그림입니다. 즉, 국경선에 접한… 정도의 뜻으로 보시면 됩니다.

제가 미국에 있을 때 멕시코 친구들과 농담으로 '미국에는 멕시코 음식은 없지. 미국 사람이 먹는 멕시코 음식 빼고'라는 말을 종종 했는데 (미친 듯이 맛있다는 게 함정) On The Border라는 이름을 보고 딱 생각난 맛이 바로 그것이었습니다. '미국화된 멕시코 음식!' 타코벨 같은 느낌을 생각하시면 됩니다.

이 '접촉하여 닿아 있는'의 그림을 확장해보면

A on B

이런 관계를 보았을 때 on 뒤에 오는 B에 앞에 있는 A가 기대고/의지하고 있는 그림을 그려볼 수 있습니다. (거기에 딱 붙어있는 것이니! 우리도 가장 기대고 의지하는 사람이 있으면 그 사람에게 붙어서 떨어지지 않죠.) 이 그림을 그대로 이용한 것이 바로 이런 표현들입니다.

I'm counting on you.
난 너를 믿고 있어. (나는 너에게 심적으로 의존하고 있다.)

It's on me!
이건 내가 살게! (이것의 지불 의무는 나에게 달려있다.)

You can't rely on him!
걔를 믿으면 안 돼! (그 사람에게 네가 기대면 안 된다.)

이 때문에 어떠한 '주제, 근거, 이유'에도 전치사 on이 쓰입니다.

A book on global warming
지구 온난화에 관한 책 (on 뒤에 온 것이 책의 '주제')

We congratulate on your success!
당신의 성공을 축하합니다! (on 뒤에 온 것이 축하의 '이유')

This movie is based on a true story.
이 영화는 실화를 바탕으로 합니다. (on 뒤에 온 것이 '원천'이자 '근거')

자! 이제 on에 대한 그림이 슬슬 그려지시죠? 꼭 전치사가 아니라 부사로 쓰여도 on의 그림은 변하지 않는데요. 예를 들면 유명한 퀸의 노래 'Show must go on.' 같은 경우를 보시면 우리말로는 '쇼는 계속되어야 한다.' 라고 하는데 왜 '계속'이라는 말로 번역했을까요?

'접촉하여 닿아 있는' 그림은 '떨어져 나간' 즉 '끝난' 이 아닌 딱 달라붙어 '계속되는'이라는 그림을 만들어 내기 때문입니다!

Show must go on!
쇼는 계속되어야 한다!

미국 서부의 전설적인 힙합 뮤지션 Tupac도 이렇게 말했습니다!

Life goes on!
삶은 계속된다!

이야! 바로 이런 느낌으로 한 얘기였군요!

제가 개인적으로 존경하는 인물은 세종대왕입니다. 미국에서 전공 시간에 언어학 수업을 듣던 중 '세계에서 유일하게 창제 시기와 창제자가 밝혀져 있는 문자'라고 우리 한글을 묘사한 부분을 배우다가 정말 감격의 눈물을 흘렸던 기억이 납니다. 향수병에 시달리던 그때 이 수업에서 '한글'에 대한 이야기로 교수님의 강의가 두 시간이 진행 되자 많은 한국 학생들은 수업 후 한인 식당에 가서 감격의 먹방을 했다는 후문을 전해드립니다.

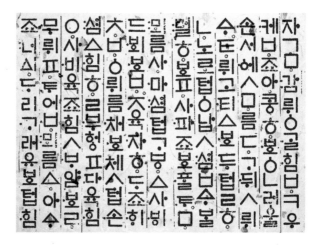

그때 저희끼리 이런 얘기를 했어요. 마침 스마트폰이라는 게 세상에 처음 나왔을 시기인데 '한글 참 편하다! 과학적이다! 이렇게 디지털에 최적화된 문자가 또 어디 있을까?' 이런 얘기를 하면서

그분의 정신은 살아 있다!

라고 누군가가 말했죠. 즉, 지금도 계속되고 있다는 말로

His spirit lives on!
그의 정신은 살아 있다!

이렇게 영어로 옮겨봅니다.

여러분들! 절대 어렵고 힘들어도 영어 공부를 중도 포기하지 마시고 Carry on~ Carry on~! 하세요!

Learning must go on.
배움은 계속되어야 한다.

다음 주어진 단어를 뜻에 맞추어 배열하시오.

1. 나뭇잎들이 길 위에 많이 있다. (길 표면에 나뭇잎들이 접촉해 닿아 있음을 표현)
   a lot of / are / there / leaves / the street / on
   _____

2. 몇몇 사람들이 축구장 위에 있다. (축구장 표면에 사람들이 발을 '딛고' 서 있음을 표현)
   some / are / people / there / on / the soccer field
   _____

3. 모기가 천장에 (발을 붙이고) 있어!
   is / a mosquito / there / the ceiling / on
   _____

4. 난 너를 믿고 있어 (나는 너에게 심적으로 의존하고 있다.)
   counting / am / I / you / on
   _____

5. 이건 내가 살게! (이것의 지불 의무는 나에게 달려있다.)
   me / is / it / on
   _____

6. 걔를 믿으면 안 돼! (그 사람에게 네가 기대면 안 된다.)
   on / you / can't / him / rely
   _____

7. 지구 온난화에 관한 책 (on 뒤에 온 것이 책의 '주제')
   global warming / on / a book
   _____

8. 당신의 성공을 축하합니다! (on 뒤에 온 것이 축하의 '이유')
   your / we / on / success / congratulate
   _____

9. 이 영화는 실화를 바탕으로 합니다. (on 뒤에 온 것이 '원천'이자 '근거')
   on / based / this movie / is / a true story
   _____

정답 ▶▶

1. There are a lot of leaves on the street.
2. There are some people on the soccer field.
3. There is a mosquito on the ceiling!
4. I am counting on you.
5. It is on me!
6. You can't rely on him!
7. A book on global warming
8. We congratulate on your success!
9. This movie is based on a true story.

024

지후쌤 강의보기

바로 이전에 나왔던 on과 정확히 반대되는 것이 바로 off입니다. 따라서 off는 '떨어짐'으로 풀이할 수 있습니다. 몇 가지 카테고리로 나누어 살펴보도록 하겠습니다.

off = 떨어짐

1. 실제 물질적인 떨어짐

He got off the car.

그는 차에서 내렸다. (he가 car에서 떨어져 간격이 생김을 표현합니다.)

A button has come off my shirt.

단추 하나가 내 셔츠에서 떨어졌다. (button이 shirt에서 떨어져 간격이 생김을 표현합니다.)

He took his hand off the handrail.

그는 난간에서 손을 뗐다. (his hand가 the handrail에서 떨어져 간격이 생김을 표현합니다.)

off의 정확한 그림은 바로 이것!

2. 추상적인 떨어짐

I am off duty.
나는 비번이다. (내가 duty라는 어떠한 '임무, 과정'에서 떨어져 간격이 생김을 뜻합니다.)

I have to stay off the sweets.
나는 단 것을 삼가야 한다.
(내가 sweets에 해당하는 '음식들'에 입을 대지 않고 떨어져 있음을 뜻합니다.)

The company laid off the employees. (부사로 쓰인 경우)
그 회사는 그 직원들을 해고했다. (바로 회사에서 직원들이 off 되어 떨어짐을 표현합니다.)

lay off가 이렇게 해서 '해고하다'라는 뜻을 가진 구동사가 되는 것이죠. off 의 '떨어짐'이라는 그림을 이용하여 다음과 같은 표현도 가능합니다.

I want to take tomorrow off.
저는 내일 쉬고 싶어요.

여기서 off는 내가 내일 일하는 일정에서 간격을 두고 떨어져 나가는 그림, 나의 근무가 내일이라는 시간표에서 떨어져 나가는 그림 등으로 생각해 볼 수 있습니다.

이런 off의 그림을 이용해서 '휴가'를 영어로 이렇게 잘 표현하죠.

day-off

week-off

month-off

year-off

얼마나 쉬느냐에 그 기간을 써주고 바로 뒤에 off를 붙이는 기법입니다. 원래 일에 붙어있어야 할 내가 일에서 떨어져 간격이 생기는 것인데요. 또는 그 기간만큼이 내 근무 일정에서 떨어져 나오는 것을 의미할 수도 있습니다.

영어에서 '미루다'라는 뜻으로 자주 쓰이는 말이 있습니다 바로 put off입니다. 왜 off가 들어갔을까요?

We've decided to put off the meeting.
우리는 회의를 연기하기로 결정했습니다.

우리 머릿속에 그림을 그려보면 어느 날에 어떤 행사를 하려고 하는 것은 그 행사가 어느 날짜에 딱 붙어 있는 것이죠? 그렇다면 이것을 연기한다는 것은 원래 정해진 날짜에서 떼어 다른 날짜로 옮기는 것을 뜻합니다. 그래서 off의 그림이 필요한 것입니다.

마찬가지로 이 off의 '떨어짐' 표현을 사용하여 '정상/표준'에서 이탈함을 나타낼 수도 있습니다.

I think he is a little off.

나는 그가 좀 이상하다고 생각해.

이 말은 'he'가 우리가 생각하는 '평범'의 범주에서 떨어져 있음을 뜻합니다. (사실 제가 학창 시절에 많이 들었던 말입니다)

The milk went off.

우유가 상했다.

이 말은 'milk'가 '정상'에서 이탈했다고 받아들일 수 있죠?

마찬가지로

The gun went off by accident.

실수로 총이 발사되었다.

The alarm suddenly went off.

갑자기 경보가 울렸다.

이렇게 off를 써서 '정적인 상태'에서 갑자기 '동적인 상태로' 이탈했음을 나타냅니다.

다음 주어진 단어를 뜻에 맞추어 배열하시오.

1. 그는 차에서 내렸다.
   the car / he / got off

   _____

2. 단추 하나가 내 셔츠에서 떨어졌다.
   has / a button / my shirt / come off

3. 그는 난간에서 손을 뗐다.
   took / he / off / the handrail / his hand

   _____

4. 나는 비번이다.
   off / am / duty / I

   _____

5. 나는 단 것을 삼가야 한다.
   the sweets / I / stay off / have to

   _____

6. 그 회사는 그 직원들을 해고했다.
   laid off / the company / the employees

   _____

7. 저는 내일 쉬고 싶어요.
   want / I / to / off / tomorrow / take

   _____

8. 우리는 회의를 연기하기로 결정했습니다.
   have / put off / decided / we / the meeting / to

   _____

9. 나는 그가 좀 이상하다고 생각해.
   think / I / a little / he / off / is

   _____

10. 우유가 상했다.
went / the milk / off

_____

11. 실수로 총이 발사되었다.
went off / by accident / the gun

_____

12. 갑자기 경보가 울렸다.
suddenly / went off / the alarm

_____

정답 ▶▶

1. He got off the car.
2. A button has come off my shirt.
3. He took his hand off the handrail.
4. I am off duty.
5. I have to stay off the sweets.
6. The company laid off the employees.
7. I want to take tomorrow off.
8. We have decided to put off the meeting.
9. I think he is a little off.
10. The milk went off.
11. The gun went off by accident.
12. The alarm suddenly went off.

025

지후쌤 강의보기

우리가 막연하게 '안에'라고 알고 있는 in은 정확히 '어떠한 경계를 가진 곳에 들어가 있음'으로 풀이할 수 있습니다. 이를 물리적, 추상적인 그림으로 각각 살펴보겠습니다.

in = 들어가 있음

1. 입체적인 공간에 들어있을 경우

이 경우는 다들 직관적으로 이해를 하실 텐데요.

I study in the library. 나는 도서관에서 공부한다.

The man is in this building. 그 남자는 이 건물 안에 있다.

He has a gun in his hand. 그는 손에 총을 가지고 있다.

총을 가지고 있으면 내가 손으로 총을 쥐고 있겠죠. 그러면 나의 손안에 하나의 공간이 생기는데 그 공간이 경계를 가진 어떠한 곳이 되므로 in

in의 정확한 그림은
바로 이것!

one's hand라는 말을 씁니다.

만약 내가 손에 책이 있다면

I have a book in my hand. 나는 손에 책을 들고 있다.

I hold a book in my hand. 나는 손에 책을 쥐고 있다.

I carry a book in my hand. 나는 손에 책을 쥐고 가고 있다.

이런 식으로 동사는 조금씩 바뀔지언정 in은 그대로 유지됩니다.

2. 평면적인 곳에 들어있는 경우

There are a lot of cars in the street.
많은 차들이 거리에 서 있다.

'거리는 공간이 아니라 면인데 왜 in이 오지?'라고 생각하시는 분들이 많습니다. 그러나 원어민들은 '거리'라는 것을 다른 곳과 분리된 하나의 구역으로 보는 경향이 있습니다. 그래서 in the street와 on the street를 둘다 쓰는 것을 보실 수 있는데 딱히 어떤 표현이 맞고 틀리고의 문제가 아니라 이 '거리'를 전체 구역으로 보는가, 아니면 면으로 보는가에 따라 달라진다고 보시면 됩니다.

I punched him in his face.
나는 그 녀석의 얼굴에 주먹을 꽂았다.
(내 주먹이 face 안에 한정되어 들어갔음을 표현)

이런 표현들은 어떤 것의 힘이 정확히 어떤 구역 안에 들어가는 것을 뜻합니다. 그래서 물리적 힘이 특정 경계선 안에 집중될 때 in을 쓰는 편입니다.

I was shot in the leg.
나는 다리에 총을 맞았다.
(총알이 내 leg 안에 한정되어 꽂혔음을 표현)

in의 그림을 활용한 정말 직관적인 표현 중에는 이런 것이 있습니다.

Who is that woman in red dress?
저기 빨간 드레스를 입고 있는 여자분은 누구인가?

이 경우 '몸'이 '옷'에 쏙 들어갔다고 생각되어 in을 썼습니다. 이 표현이 막상 써 보니까 정말 편리했는지 원어민들은 옷을 색까지만 표현하여 이런 식으로 자주 씁니다.

You look great in white!
너는 하얀 옷이 잘 받아!

그래서 우리가 알고 있는 『Men In Black』이라는 영화 제목은 굳이 번역을 하면 '검은 옷을 입은 남자들'에 가깝습니다.

이 in 뒤에 추상적인 '개념'이 오면 'in 바로 앞에 오는 것이 그 상태이다'라는 뜻이 됩니다!

She is in a bad mood today.
그녀는 오늘 기분이 언짢다.

I am in love with you.

나는 너를 사랑한다. (너와 사랑에 빠졌다.)

이런 표현을 보면 인간 언어의 은유는 확실히 보편성이 있는 것 같습니다. 예를 들면,

He has been in education for 30 years.

그는 30년 동안 교육에 몸담아 왔다.

우리말의 몸'담아'라는 부분과 영어의 in이 매우 흡사한 그림을 가지고 있죠? education이라는 것이 어떠한 경계가 있는 하나의 '분야' 개념이고 그 안에 그가 30년간 들어와 있음을 의미합니다.

조금 더 나아가 보면,

You should take in protein after your workout.

운동 후에는 단백질을 먹어야 합니다.

여기서 take in의 그림을 생각해 보면 내가 무엇을 집어서 내 몸 '안'에 넣는 그림입니다. 그래서 '먹다, 섭취하다' 등의 뜻으로 take in을 많이 쓰죠.

마찬가지로,

We bought ramen in before the price rose.

우리는 값이 오르기 전에 라면을 사들였다.

이렇게 무언가를 '구매하는' 그림보다 구매하여 나의 소유 범위 안으로 집어넣는 그림을 강조할 때 in을 쓸 수 있습니다.

생각해보니 우리말로도 사'들였'다고 표현하죠? 이렇게 영어 전치사는 직관적입니다. 직관적이라는 것은 그림에 가깝다는 것이고 언어는 달라도 인간이 세상을 인식하는 그림은 비슷한 것이 많다고 보면 이런 표현

들은 바로 이해가 가실 겁니다.

제가 유튜브 채널을 운영하면서 댓글로 정말 많이 받았던 질문 중의 하나가 바로,

She speaks English.
She speaks in English.

이런 두 문장의 차이가 무엇이냐는 것인데요. 아주 좋은 질문이라고 생각합니다. 이 두 문장의 뜻 차이가 in의 그림을 확실히 보여주거든요.

첫 번째 문장, 'She speaks English.'는 '그녀는 영어를 구사한다.'라는 뜻입니다. speak 뒤에 바로 '언어'를 붙여 쓰면 그 언어를 구사할 줄 안다는 뜻이 됩니다. 그래서 'She speaks English.'라는 말을 들으면 원어민들은 누구나 '그녀가 영어로 의사소통을 할 줄 아는구나.'라고 생각합니다. 그런데 'She speaks in English.'라는 두 번째 문장은 '그녀는 영어로 말한다.'라는 뜻입니다. 지금 '둘이 무슨 차이가 있지?'라고 생각하시는 분들 한번 잘 보세요.

She speaks 그녀는 말을 한다 + in English 영어로

이 표현은 사실 이렇게 두 가지 의미 덩어리가 합쳐진 것인데요. 영어로 말을 하는 그 행위 자체를 나타낼 뿐, 그녀가 'English'를 얼마나 잘 구사하는지는 표현하고 있지 않습니다. 그녀가 'English'라는 언어의 범위 안에서 말을 한다는 것입니다.

따라서 영어를 잘하든 못 하든 일단 영어라는 언어로 무언가 말을 한다면 speaks in English인 것입니다. 우리 모두 'I am hungry.'나 'I study English.' 정도는 영어로 다 할 줄 알잖아요? 그러면 우리들은

We speak in English.

하는 것입니다. 이것은 우리가 영어를 얼마나 잘하는지 크게 중요하지 않고 그저 영어라는 언어로 말을 하는 것만 표현합니다.

조금 이해가 가시죠? 제가 이왕 이렇게 된 것이 부분에 대한 더 자세한 설명도 드릴 겸 아예 '말하다'라는 뜻을 가진 동사들을 한번 자세히 다루어 보도록 하겠습니다.

다음 주어진 단어를 뜻에 맞추어 배열하시오.

1. 나는 도서관에서 공부한다.
   the library / in / I / study

   _____

2. 그 남자는 이 건물 안에 있다.
   is / this building / in / the man

   _____

3. 그는 손에 총을 가지고 있다.
   his hand / in / a gun / has / he

   _____

4. 많은 차들이 거리에 서 있다.
   cars / are / a lot of / there / the street / in

   _____

5. 나는 그 녀석의 얼굴에 주먹을 꽂았다.
   his face / I / in / punched / him

   _____

6. 나는 다리에 총을 맞았다.
   the leg / shot / was / I / in

   _____

7. 너는 하얀 옷이 잘 받아!
   great / you / white / in / look

   _____

8. 그녀는 오늘 기분이 언짢다.
   today / in / is / a bad mood / she

   _____

9. 그는 30년 동안 교육에 몸담아 왔다.
   in / he / has been / for / education / 30 years

   _____

10. 운동 후에는 단백질을 드셔야 합니다.

protein / should / take in / you / your workout / after

_____

11. 우리는 값이 오르기 전에 라면을 사들였다.

ramen / before / rose / the price / bought / we / in

_____

026

지후쌤 강의보기

우리가 '말하다'라는 뜻으로 알고 있는 단어들은 아마

say, tell, speak, talk

정도일 것입니다.

이 각각의 단어를 제가 가장 정확하게 풀이해 보겠습니다.

say: 말로 무언가를 '표현하다'

tell: 정보, 메시지를 '전달하다' (듣는 사람까지 언급하는 경우에 주로 쓰인다.)

speak: 말을 하다

talk: 말을 하다 (동사/명사 모두 사용 가능)

누군가가 '~라고 말했다'라고 할 때는 주로 say를 씁니다. say는 '목소리를 사용하여 말을 하다'라는 뜻까지만 들어있기 때문입니다.

"I was home all day." he said.

"나 하루 종일 집에 있었어."라고 그가 말했다.

말하는 사람과 듣는 사람 모두를 언급하는 경우 보통 say보다 tell을 사용합니다.

say, tell, speak, talk의 차이

He told me that he was home all day.

그가 나에게 하루 종일 집에 있었다고 했어.

tell 이 '명령, 지시'의 뜻으로 쓰이는 경우도 있습니다.

She told me to stay home.

그녀는 나에게 집에 있으라고 했어.

He told me to go there.

그가 나에게 거기 가라고 했어.

tell은 어떠한 '정보, 메시지'를 누군가에게 전달하다는 의미가 강하기 때문에 tell a story[lie, joke]처럼 '이야기, 거짓말, 농담을 하다'는 표현을 만들 수 있지만, 저 tell 자리에 say를 넣는 것은 불가능합니다.

say를 넣으면 이런 말이 되어 버려요.

"say a story (이야기라고 말하다)" = 입을 열어 "이야기!"라고 말을 한다는 뜻
"say a lie (거짓말이라고 말하다)" = 입을 열어 "거짓말!"이라고 말을 한다는 뜻
"say a joke (농담이라고 말하다)" = 입을 열어 "농담!"이라고 말을 한다는 뜻

speak와 talk는 뜻이 매우 비슷하지만 분명 차이가 있습니다.

speak, talk 뒤에 to나 with를 쓰면 '~와 대화하다'라는 뜻을 모두 만들 수 있습니다. 생각해보면 당연하죠. to와 with 모두 뒤에 누군가를 명시해서 말의 방향이 움직이고 오고 가는 그림을 그려주기 때문입니다.

I want to speak to/with your manager.
I want to talk to/with your manager.

이렇게 보면 거의 비슷한 것 같지만 여기서 [to 누구] / [with 누구]를 떼면 차이가 드러납니다.

speak는 한 방향의 뉘앙스가 있고
talk는 쌍방향의 뉘앙스가 있습니다.

'They are speaking.'이라고 하면 그들은 '말'이라는 행위를 하다가 되는데 'They are talking.'이라고 하면 그들은 '대화'를 한다는 의미까지 들어갑니다.

즉 talk는 그 자체로 말을 '나누다'라는 의미를 표현할 수 있죠.

마찬가지로 speak/talk 뒤에 about이 나오면

speak about은 한 사람, 집단이 어떤 주제에 관해 말하다 즉, '강연하다, 연설하다'의 의미를 강하게 갖게 되지만 talk about은 여러 사람이 어떤 주제에 대해서 말하다 즉, '토론하다'의 의미를 강하게 갖게 됩니다.

We **spoke about** global warming.
(이 말 자체로는 우리끼리 얘기했다는 표현 불가)

We **talked about** global warming.
(우리끼리 얘기했다는 표현 가능)

speak와 talk가 이렇게 '여러 사람이 대화의 참가자'인지 아닌지를 구분한다는 사실은 문장 끝에 재귀대명사를 써 보면 확실해집니다.

I spoke to myself.

I talked to myself.

I sometime speak to myself.
= 나를 타자화 시켜서 벽을 두고 얘기하는 것처럼 들림

I sometimes talk to myself.
= 나 스스로 문답을 하는 경우 즉, 우리 말의 '혼잣말하다'에 가까움

spoke to myself라고 할 경우 내가 나 스스로에게 어떤 말을 던지고 끝난 것까지만 표현한다면 talked to myself라고 할 경우 내가 그 대화의 참가자가 되어 대화를 이어나갔다는 의미까지 전달할 수 있습니다. 그래서

'혼잣말을 하다'라는 말과 비슷해지죠.

마지막으로 '언어를 구사하다'라는 말을 할 때는 [speak 언어]라는 말은 하지만 [talk 언어]라는 말은 하지 않습니다.

그러나, 이 언어'로' 말을 한다는 사실만을 말할 때는 [speak in 언어] / [talk in 언어] 이렇게 둘 다 쓸 수 있습니다.

He speaks English.
그는 영어를 할 줄 안다.
즉, 구사한다는 의미이고

He speaks in English.
그는 영어로 말을 한다.
즉, 영어를 잘 구사하든 못하든 영어로 말을 한다는 사실만을 전달합니다.

저는 고등학교 때 제2외국어로 일본어를 배웠는데요. 사실 제 일본어 수준은 정말 유치원 정도입니다. 정말 간단한 인사나 아주 기초적인 문장 정도만 표현할 수 있죠. 그래서 저는 'I speak Japanese.'라고는 할 수 없습니다. 그러면 거짓말이죠. 제가 일본어를 할 줄 안다는 의미가 되어 버리니까요. 솔직히 어떤 언어를 할 줄 안다, 구사한다는 말은 그래도 의사소통이 가능한 수준이잖아요?

그러나 제가 장난으로 이럴 수는 있습니다. 갑자기 '곤니치와'라고 딱 한 마디 해놓고 (뜬금없이)

I spoke in Japanese.
나는 일본어로 말했다.

이건 사실입니다. 일본어로 말을 하긴 했으니까요.

그래서 우리 모두 speak in English가 아닌 speak English 할 수 있도록 열심히 함께 나아갔으면 좋겠습니다. 여러분 모두 파이팅!

다음 주어진 단어를 뜻에 맞추어 배열하시오.

1. "나 하루 종일 집에 있었어."라고 그가 말했다
   said / all day / home / was / I / he

   _____

2. 그가 나에게 하루 종일 집에 있었다고 했어.
   that / he / all day / was / home / me / told / he

   _____

3. 그녀는 나에게 집에 있으라고 했어.
   home / stay / told / to / me / she

   _____

4. 그가 나에게 거기 가라고 했어.
   there / he / go / told / to / me

   _____

5. 그는 영어를 할 줄 안다. (즉, 구사한다.)
   English / speaks / he

   _____

6. 그는 영어로 말을 한다. (영어를 잘 구사하든 못하든 영어로 말을 한다.)
   English / in / speaks / he

   _____

정답 ▶▶

1. "I was home all day." he said.
3. She told me to stay home.
5. He speaks English.

2. He told me that he was home all day.
4. He told me to go there.
6. He speaks in English.

027

지후쌤 강의보기

Out이라는 단어의 기본 그림은 '밖으로 나옴'입니다. out은 이렇게 직역을 해도 직관적으로 와 닿는 단어라서 처음에는 어렵지 않습니다.

She just walked out the door.
그녀는 막 그 문을 통해 나갔다.

I looked out the window.
나는 창문을 통해 밖을 내다보았다.

이렇게 그 뒤에 나오는 대상을 통과해서 어떤 동사가 행해지는 경우 out을 쓰면 딱 좋습니다. through라는 단어도 마찬가지로 '~를 통과하는' 그림이 있지만, 차이점이 있다면 out은 통과해서 '밖으로 나가는' 그림에 더 가깝습니다. 그래서 각각의 문장에서 해석도 '나갔다'와 밖을 '내다보았다'라고 되어있죠.

저는 이번 장에서 이렇게 직관적으로 바로 이해가 되는 표현들 말고 왜 out을 쓰는지 잘 감이 오지 않는 그런 표현들을 많이 다뤄보고 싶은데요. 그러려면 이 out이라는 단어의 그림을 좀 더 창의적으로 볼 수 있어야 합니다.

'밖으로 나옴'이라는 그림은 여러 가지 해석의 여지를 줍니다. 압축되어 있던 것이 원래 크기로 펼쳐지면서 밖으로 나오는 그림, 어딘가 갇혀 있었던 것이 밖으로 빠져나오는 그림, 가려져 있던 것이 드러나는 그림 등등.

out의 정확한 그림은
바로 이것!

find out

figure out

이 두 표현의 공통점은 무엇일까요? 일단, 해석은 '~를 알아내다, 찾아
내다'라고 많이 하죠?

How did you find out all the information?
너는 어떻게 그 정보들을 다 알아냈니?

How did you figure out the answer to that question?
너는 어떻게 그 질문에 대한 답을 알아냈니?

두 표현 모두 원래 보이지 않던 상태에서 무언가를 밖으로 끄집어 내어
'드러나게'하는 그림을 가지고 있습니다. 자세히 보시면 우리말 해석도
알아'내다', 찾아'내다'라는 표현이 들어가죠? '내다'라는 말은 당연히 우
리말에서도 바깥으로 나오는 그림을 가지고 있습니다. 인간의 언어는 서
로 쓰는 단어는 다를지 몰라도 이렇게 보편적인 그림을 공유하는 경우가

많습니다. 여기까지 잘 따라오셨으면 다음의 우리말 표현을 영어로 만들 때 왜 out이 나오는지 조금씩 감이 오실 겁니다.

He reached out to the people in need.
그는 어려운 사람들에게 손을 내뻗었다.

reach라는 동사는 '어디에 도달하다, 미치다'라는 뜻을 가지고 있죠. 여기에 out을 붙이면 완전히 그쪽으로 내뻗는 그림을 완성합니다. 우리말의 '내뻗다'가 '내다 + 뻗다'인 것을 생각해 보면 'reach(뻗다) + out(내다)' 이렇게 같은 그림으로 만들어진 표현입니다.

우리말의 '손을 내뻗었다'가 누군가에게 관심을 갖고 도와주는 뜻인 것과 마찬가지로 reach out to라는 표현은 그 이하에 나오는 존재에게 관심과 성원을 보내는 것을 의미합니다.

"전쟁이 터졌다! 전쟁이 났다!"

우리말로 보통 '터졌다'라고 표현하거나 '났다'라고 표현하는 이 문장 역시

The war broke out!

영어로 옮기면 이렇습니다. 평시에는 보이지 않는 그 무언가가 모든 조건이 맞아떨어지면 펑! 하고 터지는 데 대표적인 것이 바로 전쟁이죠. 이럴 때 '깨져서 밖으로 튀어나오는 그림'을 가진 break out을 씁니다. 꼭 전쟁뿐만 아니라 '터지다, 나다'라는 그림을 가진 표현들 전반에 break out을 쓸 수 있습니다.

I break out if I eat peanuts.
나는 땅콩을 먹으면 두드러기가 난다.

원래 'break out in hives'라는 표현이 '두드러기가 나다'라는 표현인데 아무것도 없던 피부에서 두드러기라는 것이 밖으로 나와서 드러나는 그림을 표현하여 break out이 들어갑니다. 이 문장에서는 '땅콩을 먹으면'이라는 말을 보고 맥락으로 당연히 두드러기에 대한 이야기인지 유추할 수 있기 때문에 'in hives' 부분은 생략이 되어 있습니다.

Fires frequently break out in spring.
봄에는 화재가 자주 발생한다.

우리도 불이 '난다'라고 말합니다. 없던 것이 생겨나죠. 원래는 어떤 물질 속에 잠들어 있던 녀석들이 모든 조건이 맞아서 특정 형태로 모습을 드러내는 것이 바로 이 '나다'이고 이것을 영어권 사람들은 break out이라고 표현합니다.

혹시 carry out이라는 숙어 아시나요? 학교 다닐 때 많이 외우셨던 녀석일 텐데 이 숙어는 '시행하다, 완수하다'라고 많이 번역합니다. 저도 학창 시절에 똑같이 외웠던 기억이 있습니다.

나중에 현지에서 영어를 쓰는데 이 표현은 그냥 쓰긴 쓰는데 참 와 닿지가 않아서 '왜 그런 뜻이 생겼을까?'라고 혼자 고민을 하다가 알아낸 것이 있습니다.

가만히 생각해 보시면 원래 '결과가 없던 상태에서 결과를 내는 경우'에 쓰는 표현이 carry out입니다. 그래서 '시행하다, 완수하다'라는 번역어가 있는 것이고요.

그냥 carry만 쓰면 무언가를 쭉 밀고, 끌고 가는 그림만 있습니다. 그런데 여기에 out을 붙이면 마침내 밖으로 드러나는 그림이 생깁니다.

He was able to carry out the plan.
그는 그 계획을 수행할 수 있었다.

그래서 이런 식으로 무언가를 가시적으로 볼 수 있게 만들 때 필요한 out 이 들어갑니다.

He failed to carry out his duties.
그는 자신의 의무를 이행하지 않았다.

이렇게 부정형으로 말하면 결국 결과를 내는 데 실패하여 아무것도 볼 수 없게 됩니다.

The news turned out to be fake.
그 뉴스는 가짜인 것으로 드러났다.

이렇게 the news의 정체가 원래 보이지 않다가 그 모습을 드러내는 그림에 out을 쓸 수 있습니다. 그 모습을 드러냈는데! 아이고! 정체가 'fake (가짜)'였다는 것이죠.

그래서 out은 무언가를 '분명하게'하는 그림까지 표현할 수 있습니다.

We checked out the new machine this morning.
우리는 오늘 아침에 그 새 기계를 점검했다.

check라는 말까지만 썼을 때는 '점검'이라는 행위를 한 것까지만 표현한 다면 out이 붙는 순간 그래서 결과적으로 그게 어땠는지 다 드러내는 그 림이 생기죠. 그래서 'Check it!'은 '확인하다'라는 뜻까지만 표현하는 반 면 'Check it out!'이라는 말은 '제대로 알아보다'라는 뜻이 생깁니다. 두 표현은 분명이 차이가 있죠?

그러다 보니 결국 out은 무언가를 해결하는 그림까지 표현하게 됩니다. 대표적인 것이 바로 work out입니다.

Things have worked out well.
일들이 잘 해결되었다.

그 일들이 움직이고 움직여 괜찮은 상태가 된 것입니다. 우리도 '일이 풀리다'라는 말을 하는데 엉켜 있던 것들이 풀리면 그것들이 바깥으로 나오면서 정리가 되고 해결이 되는데 영어도 이 그림을 그대로 써서 표현을 만들었습니다.

마지막으로 pick out이라는 표현은 '고르다'라는 뜻으로 쓰는데요.

Just pick out what you like.
마음에 드는 것으로 그냥 골라보세요.

쇼핑하러 가면 자주 듣게 되는 말 중의 하나인데요. 주로 상점에 여러 가지가 진열되어 있는 상황에서 '이 중에 마음에 드는 녀석으로 고르시라'는 의미로 씁니다. 진열대에 있는 여러 가지 중 선택적으로 꺼내는 그림이 그려지죠? 그래서 '고르다'라는 표현으로 pick out을 사용합니다

쉬울 수도 있고 자칫 어려울 수도 있는 out을 다룬다는 저의 계획을 carry out하게 되어 기쁩니다. 이제 저는 다음 장으로 넘어가기 위해 퇴장하도록 하겠습니다.

I'm out!

다음 주어진 단어를 뜻에 맞추어 배열하시오.

1. 그녀는 막 그 문을 통해 나갔다.
   the door / just / walked / she / out

   _____

2. 나는 창문을 통해 밖을 내다보았다.
   the window / out / looked / I

   _____

3. 너는 어떻게 그 정보들을 다 알아냈니?
   you / how / did / all the information / find out

   _____

4. 너는 어떻게 그 질문에 대한 답을 알아냈니?
   did / you / how / the answer / that question / to / figure out

   _____

5. 그는 어려운 사람들에게 손을 내뻗었다.
   in need / reached / to / out / he / the people

   _____

6. 나는 땅콩을 먹으면 두드러기가 난다.
   peanuts / I / eat / break out / if / I

   _____

7. 봄에는 화재가 자주 발생한다.
   frequently / in spring / break out / fires

   _____

8. 그는 그 계획을 수행할 수 있었다.
   the plan / carry out / he / was able to

   _____

9. 그는 자신의 의무를 이행하지 않았다.
   failed to / his duties / carry out / he

   _____

10. 그 뉴스는 가짜인 것으로 드러났다.

fake / turned out / the news / to / be

_____

11. 우리는 오늘 아침에 그 기계를 점검했다.

checked out / we / this morning / the new machine

_____

12. 일들이 잘 해결되었다.

have / things / well / worked out

_____

13. 마음에 드는 것으로 그냥 골라보세요.

like / pick out / you / what / just

_____

정답 ▶▶

1. She just walked out the door.
2. I looked out the window.
3. How did you find out all the information?
4. How did you figure out the answer to that question?
5. He reached out to the people in need.
6. I break out if I eat peanuts.
7. Fires frequently break out in spring.
8. He was able to carry out the plan.
9. He failed to carry out his duties.
10. The news turned out to be fake.
11. We checked out the new machine this morning.
12. Things have worked out well.
13. Just pick out what you like.

028

지후쌤 강의보기

$f$or라는 단어를 딱 한 마디로 표현하자면 '교환'이라고 할 수 있습니다. 이 '교환'이 중심 그림이고 거기서 여러 가지 파생되는 그림들이 있죠.

먼저, '교환'의 그림이 명확한 경우를 보시겠습니다.

I paid 5 bucks for this coffee.
나는 이 커피에 5달러를 냈다.

여기서 5 bucks는 this coffee를 대가로 지불된 금액이죠. 즉, 5달러와 이 커피가 서로 교환된 것입니다. 서로 자리를 바꾸는 그림을 생각하시면 됩니다. 내 손에 있던 5달러는 종업원에게 가고 종업원 손에서 커피가 내 손으로 전달됩니다.

They charge 30 dollars for the service.
그들은 그 서비스에 30달러를 부과한다.

여기서 30 dollars는 the service를 대가로 지불된 금액이죠. 즉, 30달러와 그 서비스가 서로 교환된 것입니다. 그 회사로 30달러가 가고 나는 그 대가로 그 서비스를 이용할 수 있는 권리를 얻었습니다.

이 for의 '교환'의 그림을 아주 잘 나타내는 표현이 있습니다.

in exchange for ~대신의, ~의 교환으로

for의 정확한 그림은
바로 이것!

앞에 나온 설명을 보시고 이 숙어를 보시니 여기에 왜 for가 붙는지 바로
이해가 가시죠? 그래서 주로 '교환하다, 맞바꾸다' 등등의 표현들은 대부
분 for가 붙습니다.

in return for ~의 답례로서, ~와 맞바꾸어

trade for ~로 교환하다

자, 지금부터 보실 예문들은 물질적인 것이 아닌 추상적인 교환이 이루
어지는 경우입니다.

Thank you for your comment.
댓글 감사드립니다.

제가 유튜브 채널을 운영하면서 댓글 달아주시는 분들께 늘 드리는 말씀
인데요. 여기서 구독자분들께서 달아주신 your comment에 대한 답례로
저의 thank를 전달하고 있는 그림이 보이시죠?

I'm always grateful for your support.
여러분의 성원에 늘 감사드립니다.

여기서도 your support에 대한 답례로 저의 grateful 함
을 전달하는 그림입니다.

정리하자면 'A for B라는 것의 그림은 A와 B가 서로 자리바꿈을 하는 그림'이다. 이렇게 이해할 수 있고 그것을 기반으로 다음과 같은 문장들을 만들어 볼 수 있습니다.

Now is the time for change!
지금이 변화를 위한 때입니다!

이런 말은 주로 정치 선전 문구에 자주 쓰이는데요. time for change의 관계는 이렇습니다. 우리가 이 time을 어떻게 쓰느냐(정치적으로는 어떤 선택을 내리느냐)에 따라 change를 대가로 얻게 된다는 것입니다.

A와 B가 자리바꿈을 한다는 그림에서 A와 B의 관계를 자세히 생각해 보니 B는 A를 주고 얻을 수 있는 '대가'인 경우가 많겠군요. 그래서 우리는 무언가를 원하거나 갈구할 때 for를 참 많이 씁니다.

We should fight for freedom!
우리는 자유를 위해 싸워야 한다!

즉 싸움으로서 얻는 대가가 freedom이고

He ran for his life!
그는 살기 위해 뛰었다!

즉 달림으로써 얻는 결과는 생존입니다.

그렇기 때문에 for 이하에 나오는 것을 '특정'하는 그림도 가지고 있습니다.

This movie is perfect for me!
이 영화는 나에게 완벽하다!

즉, 이 영화는 다른 사람이 아닌 바로 나에게 딱 맞는 영화다!라는 뉘앙스를 표현할 수 있고

You are perfect for me!
너는 나에게 완벽해!

이렇게 나라는 사람에게 딱 맞는 완벽한 사람이 바로 너라는 멋진 말을 할 수도 있습니다.

A와 B가 자리바꿈을 하는 그림에서 하나 더 나아가면 둘의 관계에 따라 A와 B 중 한쪽이 반대쪽을 포용하기도 합니다.

Are we for or against this policy?
우리는 이 정책을 찬성하는가 반대하는가?

여기서 for를 선택하여 'We are for this policy.'라고 하면 우리는 the policy를 받아들이는 것입니다. this policy가 자리를 바꾸어 우리의 '마음' 안으로 들어오는 것이죠.

This room is only for study.
이 방은 공부만 하는 곳이다.

이렇게 되면 room이 study만 받아들이게 되는 것입니다. study가 아닌 것은 자리를 바꾸어 넘어오지 못합니다.

I made this for you.
너를 위해 이걸 만들었어.

이 경우 this가 자리를 바꾸어 you에게 갑니다. 그리고 다른 사람이 아닌 바로 '너'를 위해라는 뉘앙스도 가질 수 있고요.

She bought some coffee for us.
그녀는 우리들을 위해 커피를 좀 샀어.

이 경우도 coffee가 자리를 바꾸어 us에게 옵니다. 마찬가지로 다른 사람들이 아닌 바로 '우리들'을 위해라는 뉘앙스도 가질 수 있습니다.

이렇게 'A for B'는 자리를 맞바꾸기도 하고 관계에 따라 한쪽이 자리를 바꾸어 다른 쪽으로 들어오기도 하기 때문에 '비교'의 관계에 있기도 합니다.

우리말의 '견주다'라는 단어 있죠? 사전에는 이렇게 정의되어 있더라고요. '둘 이상의 사물을 질(質)이나 양(量) 따위에서 어떠한 차이가 있는지 알기 위하여 서로 대어 보다.' 이 표현을 할 때 그래서 for를 씁니다.

He looks young for his age.
그는 나이에 비해 젊어 보인다.

그는 his age와 견주어 보았을 때 looks young한 것이죠.

It is a bit warm for winter.
겨울치고는 따뜻하다.

일반적으로 '겨울'에 우리가 예상하는 기온이 있는데 그것과 견주어서는 warm하다는 말을 표현할 수 있습니다.

자, 어떤가요? 사실 저도 영어가 서툴 때는 이 '~에 비해, ~치고는'에 해당하는 표현에 왜 for를 쓰는지 몰랐습니다. 세월이 흘러 제가 가르치는 직업을 갖게 되고 남들에게 설명하려다 보니 그제야 이해가 되더군요.

그래서 다른 사람을 가르친다는 것은 사실 나 스스로 배우는 것이라는 생각이 듭니다. 오히려 내가 더 배우는 게 많지 않나. 그래서 열심히 배우시는 분들께 제가 감사의 말씀을 드려야 한다고 생각합니다.

I want to dedicate my experiences for all of you.
저는 여러분 모두를 위해서 제 경험들을 바치고 싶습니다.

제가 시행착오를 통해서 배운 것들을 여러분께서는 덜 힘들게 배우실 수 있다면 그걸로 행복합니다.

Thank you for your support again!

다음 장으로 갑시다!

다음 주어진 단어를 뜻에 맞추어 배열하시오.

1. 나는 이 커피에 5달러를 냈다.
   5 bucks / this coffee / paid / for / I

   _____

2. 그들은 그 서비스에 30달러를 부과한다.
   the service / 30 dollars / charge / for / they

   _____

3. 댓글 감사드립니다.
   you / for / thank / your comment

   _____

4. 지금이 변화를 위한 때입니다!
   change / for / is / now / the time

   _____

5. 우리는 자유를 위해 싸워야 한다!
   should / we / freedom / for / fight

   _____

6. 그는 살기 위해 뛰었다!
   ran / his life / for / he

   _____

7. 이 영화는 나에게 완벽하다!
   me / perfect / for / is / this movie

   _____

8. 너는 나에게 완벽해!
   me / are / perfect / you / for

   _____

9. 이 방은 공부만 하는 곳이다.
   study / is / only / this room / for

   _____

10. 그녀는 우리들을 위해 커피를 좀 샀어.

bought / us / she / for / some coffee

_____

11. 그는 나이에 비해 젊어 보인다.

his age / young / looks / he / for

_____

12. 겨울치고는 따뜻하다.

for / a bit / is / warm / winter / it

_____

정답 ▶▶

1. I paid 5 bucks for this coffee.
2. They charge 30 dollars for the service.
3. Thank you for your comment.
4. Now is the time for change!
5. We should fight for freedom!
6. He ran for his life!
7. This movie is perfect for me!
8. You are perfect for me!
9. This room is only for study.
10. She bought some coffee for us.
11. He looks young for his age.
12. It is a bit warm for winter.

029

지후쌤 강의보기

생각보다 단어의 '그림'이 잘 그려지지 않는 경우가 있습니다. 대
표적인 것이 of가 아닐까 하는데요 '~의'라고만 해석해서는 해
결되지 않는 of는 대체 어떤 그림을 가지고 있을까요?

'A of B'라는 것이 있다면 A와 B는 분리할 수 없는 관계, 그리고 한쪽이
다른 한쪽을 구성하는 관계라고 생각하시면 좋습니다.

The door of the room is broken.
그 방의 문은 망가졌다.

A button of the keyboard is broken.
그 키보드의 버튼 하나가 망가졌다.

각각의 문장에서 the door와 a button은 뒤에 나온 the room, 그리고
the keyboard에서 분리할 수 없는 일부분입니다. the door가 있어야 the
room이 완성되고 a button은 the keyboard를 구성하는 한 부분입니다.

of의 정확한 그림은
바로 이것!

전체에서 일부를 나타내는 표현으로는 다음과 같은 것들을 자주 보셨을 텐데요.

Some of you should stay here.
여러분 가운데 몇 분은 여기 계셔야 합니다.

The professor wants to see all of us.
교수님께서는 우리 모두를 보고 싶어 하신다.

some of you는 '여러분'이라는 전체에서 'some(몇몇)'이라는 부분을 딱 집은 것이고 some이 you 전체를 구성하는 일부입니다. all of you 같은 경우 'all(모두)'이라는 부분이 'you(전체)'를 구성하는 것은 같지만 부분이 아니라 전체를 나타내고 있습니다.

영영사전에서 of를 찾아보면 첫 카테고리가

'1. possession (소유)'로 시작하는 경우가 많습니다.

The home of the psychology professor
심리학 교수의 집

The son of Sir Ferguson
퍼거슨 경의 아들

the home이 the psychology professor와 분리할 수 없는 관계인 것을 표현하여 그 사람의 '소유'인 것을 나타내고 있고 the son이 Sir Ferguson과 분리할 수 없는 관계인 것을 통해 Sir Ferguson이 아버지라는 것을 나타내고 있습니다. 이런 것들이 바로 '소유'의 개념을 잘 나타냅니다.

이 그림을 더욱 선명하게 나타내주는 표현이

Seoul, the capital of South Korea 대한민국의 수도 서울

입니다. Seoul은 South Korea에 한정된 capital이고 South Korea에 속해있죠.

이렇게 전체를 구성하는 일부 분리할 수 없는 관계라는 그림을 이용하여 다음과 같은 표현들을 만들 수 있습니다.

My kids are playing with a ball of paper.
우리 아이들은 종이로 된 공을 가지고 놀고 있다.

I put a spoon of syrup into the coffee.
나는 커피에 시럽 한 스푼을 넣었다.

a ball of paper는 공 자체가 종이로 된 것이라 종이 없이는 공도 없습니다. 종이는 공을 만들어 낸 재료이자 분리할 수 없는 관계에 있습니다.

a spoon of syrup에서 a spoon이라는 양은 syrup을 어떻게든 한 단위로 만든 것입니다. a spoon에 담긴 것은 전체 syrup의 일부분 입니다.

여기서 '분리할 수 없는 관계'라는 것에 더 초점을 맞추어 보면

You are a man of humor.
너는 유머 감각이 있는 사람이다.

You are a man of science.
너는 과학을 믿는 사람이다.

You are a man of wealth.
너는 돈이 많은 사람이다.

이런 표현들이 왜 나왔는지 아실 수 있을 겁니다. of 뒤에 있는 것이 이 man을 구성하는 하나의 '특징'이 됩니다.

That's very kind of you.
참 친절하시군요.

이런 영어 표현을 보신 적이 있을 것입니다. 그냥 회화표현으로 우리가 외우면서도 '이 뜬금없는 of는 뭐지?' 아마 이런 생각을 하신 적이 있으실 텐데요. 정확하게는

That is very kind of you
그것은 매우 당신의 친절한 부분입니다.

정도로 풀어볼 수 있습니다.

즉, '그런 일, 말 등을 하시다니 당신을 구성하는 '친절한' 성격이 나타나는군요.'라는 원리로 만들어진 표현이라 할 수 있습니다.

여기까지 읽으시면서 지금 '아하!'하고 감을 잡으신 여러분!

That's very smart of you!

다음 주어진 단어를 뜻에 맞추어 배열하시오.

1. 그 방의 문은 망가졌다.
   broken / the room / of / is / the door

   _____

2. 그 키보드의 버튼 하나가 망가졌다.
   the keyboard / is / a button / of / broken

   _____

3. 여러분 가운데 몇 분은 여기 계셔야 합니다.
   should / here / some / you / of / stay

   _____

4. 교수님께서는 우리 모두를 보고 싶어 하신다.
   us / of / all / see / wants to / the professor

   _____

5. 우리 아이들은 종이로 된 공을 가지고 놀고 있다.
   paper / a ball / of / playing / with / are / my kids

   _____

6. 나는 커피에 시럽 한 스푼을 넣었다.
   the coffee / put / syrup / of / a spoon / I / into

   _____

7. 너는 유머 감각이 있는 사람이다.
   humor / a man / are / you / of

   _____

8. 너는 돈이 많은 사람이다.
   are / you / of / wealth / a man

   _____

정답 ▶▶

1. The door of the room is broken.
2. A button of the keyboard is broken.
3. Some of you should stay here.
4. The professor wants to see all of us.
5. My kids are playing with a ball of paper.
6. I put a spoon of syrup into the coffee.
7. You are a man of humor.
8. You are a man of wealth.

030

지후쌤 강의보기

by는 of와 더불어 '딱 이거다!'라는 그림이 잘 잡혀있지 않은 단어 중의 하나입니다. 저도 현장에서 가르칠 때나 콘텐츠를 만들 때 여기에 대한 질문을 많이 받았는데요. 많은 분들이 들으시고 딱 한 번에 이해하신 그림이 있습니다. 바로

'~의 영향권 안에 들어있음'입니다.

'무엇'의 영향권 안에 들어 있다면 그 '무엇'의 힘이 작용할 것이고 또한 그 '무엇'과 물리적, 추상적으로 가까운 위치에 있을 것입니다.

I will send it to you by email.
내가 그걸 너한테 이메일로 보낼 게.

이런 문장에서 내가 그걸 너에게 보내는 '방법'은 email이며 이 email이라는 기술의 힘으로 보내는 행위가 이루어집니다.

그래서 보통 '교통수단'을 나타낼 때 by를 많이 쓰는 것을 보실 수 있습니다.

by의 정확한 그림은
바로 이것!

I go to work by bus. 나는 버스로 출근한다.
I go to work by bike. 나는 자전거로 출근한다.
I go to work by taxi. 나는 택시로 출근한다.

모두 bus, bike, taxi의 힘으로 나의 '이동'이 이루어집니다.

이렇게 보시면 '수동태'에 『by + 주어』가 나오는 것이 너무나 당연하게 느껴지지 않나요? 어떤 일이 벌어졌는데 그것을 벌어지게 만든 힘을 행사한 주체가 나와야 하니까요!

그래서

Hangul was invented by King Se-jong.
한글은 세종대왕님에 의해서 발명되었다.

This book is written by Jihu.
이 책은 지후에 의해서 쓰였다.

이렇게 수동태 표현에 by가 등장하게 됩니다.

제가 모두에 '무엇'의 영향권 안에 들어 있다면 그 '무엇'과 물리적, 추상적으로 가까운 위치에 있을 것이라고 말씀드렸죠?

We sat by the heater.
우리는 난방기 옆에 앉았다.

이런 표현은 실제 by 뒤에 있는 the heater의 영향권 안에 들어가서 the heater가 내는 온기의 범위 안에 들어가 앉았음을 표현합니다. 일반적으로 생각할 수 있는 '주변, 곁' 정도의 거리가 이 by에 가깝습니다.

The lady passed by my house.
그 여자분은 우리 집을 지나갔다.

my house가 보이는 정도의 거리에서 the lady가 지나간 것이죠. 거리상 가깝고 시야에 들어옵니다. my house에서도 the lady가 보이고요. the lady도 my house가 보이죠.

The soldiers marched by the statue.
그 군인들은 그 동상 곁을 지나갔다.

the statue가 보이는 정도의 거리에서 the soldiers가 지나간 것이죠. 거리상 가깝고 시야에 들어옵니다. the statue에서도 the soldiers가 보이고요. the soldiers도 the statue가 보이는 것이죠.

여기까지는 이해가 쉬운 데 다음과 같은 표현들은 대체 뭘까요?

I held her by her arm.
나는 그녀를 팔로 잡았어.

He caught the dog by the tail.
그는 그 개를 꼬리로 잡았다.

일단 이 by 뒤에 나오는 부분을 통해서 hold나 catch라는 동작이 이루어진다는 점에 주목할 필요가 있습니다. 'I go to work by bus.'처럼 bus에 의해서 내가 work에 도착하게 되듯 by 뒤에 나오는 부분으로 '잡는' 행위가 이루어졌기 때문에 by를 썼습니다.

추상적인 것을 표현할 때도 by 고유의 그림은 같습니다.

Play by the rules.
규칙대로 하세요.

여기서도 마찬가지로 the rules를 통해서 play가 이루어지는 그림입니다. the rules의 범위 안에서 play라는 행위가 이루어지고 이를 하는 주체는 the rules를 벗어나면 안 됩니다.

어떤가요? 이렇게 by의 밑바탕이 되는 그림을 알고 나니 조금 막연했던 것들이 선명하게 보이기 시작하지 않나요? 지금 당장은 이런저런 개념들이 한 번에 다 흡수되지 않을지라도

As time goes by
시간이 지남에 따라

여러분 모두 자연스럽게 이 모든 것들에 익숙해지게 되실 겁니다.

다음 주어진 단어를 뜻에 맞추어 배열하시오.

1. 내가 그걸 너한테 이메일로 보낼 게.
   email / I / send / you / to / will / by / it

   _____

2. 나는 버스로 출근한다.
   to / I / bus / by / work / go

   _____

3. 이 책은 지후에 의해서 쓰였다.
   Jihu / this book / written / is / by

   _____

4. 우리는 난방기 옆에 앉았다.
   the heater / by / sat / we

   _____

5. 그 군인들은 그 동상 곁을 지나갔다.
   the statue / marched / the soldiers / by

   _____

6. 그는 그 개를 꼬리로 잡았다.
   the tail / caught / he / the dog / by

   _____

7. 규칙대로 하세요.
   the rules / by / play

   _____

정답 ▶▶

1. I will send it to you by email.
3. This book is written by Jihu.
5. The soldiers marched by the statue.
7. Play by the rules.

2. I go to work by bus.
4. We sat by the heater.
6. He caught the dog by the tail.

031

지후쌤 강의보기

$a$bout 의 중심이 되는 그림은 '～의 주변'입니다. 우리가 회화에서 흔히

I don't know about that.

나는 그것에 대해서 몰라.

라든가

Let's talk about that.

그것에 대해서 이야기 해 보자.

라는 표현 등을 쓰는데요.

'I don't know about that.'에서 about의 역할은 that이라는 것의 주변에 있는 그것과 연관된 것들을 다 아우르는 것입니다.

'Let's talk about that.'에서 about의 역할은 마찬가지로 that이라는 것의 주변에 있는 그것과 연관된 것들을 다 아우르는 것이라서 이 문장은 아주 정확하게는 '그것에 대해서 이것저것 이야기해보자.' 정도의 의미를 담고 있습니다.

영어로 '나의 어떤 면이 좋아?'라는 말은 'What do you like about me?' 정도가 됩니다. 우리말 번역은 '면'이라고 했지만, about이라는 단어의 그림을 통해서 이 문장으로 표현하고자 하는 것은 '나라는 존재를 둘러

326 신기하게 영어뇌가 만들어지는 영문법

about의 정확한 그림은
바로 이것!

싼 나와 관련된 이것저것들' 중에 어떤 것이 좋으냐는 것입니다. 그래서 이 질문에 대답하는 사람은 보통 나의 '성격, 외모, 말투…' 등등 이것저 것 중 무언가를 하나, 둘 정도 이야기하면 됩니다.

예컨대 굉장히 머리가 좋은 사람이라 그 사람을 좋아한다면 'You are smart. (너는 똑똑하잖아.)'라든가 'Your smartness. (너의 똑똑함)'이라 고 대답할 수 있죠. 나라는 사람을 특징짓는 이런저런 요소들에 대한 질 문과 답이 됩니다.

이런 추상적인 그림뿐만 아니라 물리적인 '주변'도 표현할 수 있습니다. 예를 들면,

The documents were scattered about the meeting room.
서류들이 회의실 이곳저곳에 흩어져 있었다.

이런 표현이죠. 여기서 about을 통해 우리가 상상할 수 있는 그림은 바로 회의실로 간주되는 공간의 이곳저곳입니다. 동서남북 어느 쪽이든 상관없습니다.

또 어떤 한 가지 사물을 중심으로 그 주변으로 간주되는 공간을 모두 포함하여

The students gathered about my desk.
학생들이 내 책상 주변으로 모였다.

이렇게 내 책상을 중심으로 동서남북으로 학생들이 모인 그림을 표현하죠.

우리가 흔히 듣고 읽는 영어 문장들 중 about이 빈번하게 등장하는 경우는 '시간' 표현을 할 때가 아닌가 싶습니다. 예컨대 누군가 'What time is it? (몇 시야?)'라고 물었을 때 아주 정확하게 분과 초까지 얘기할 것이 아니라면 'It's about 10. (10시 정도 되었어.)'라는 식으로 대답할 때가 아주 많죠.

10시라는 정확한 시점이 우리 머릿속에 있죠? 그걸 기준으로 어느 정도 분과 초가 크게 벗어나지 않는 경우 그것들을 '아울러서' about으로 표현합니다.

He came home about 2p.m.

그는 오후 2시경에 집에 왔다.

이런 식으로 우리말의 '정도, 경'의 그림을 가진 것이 about입니다. 그러다 보니 꼭 시간뿐만이 아니라 대부분의 수치를 이런 식으로 표현할 수가 있죠.

He is about 177 centimeters tall.

그는 키가 대략 177센티미터 정도야.

He is about 36 years old.

그는 대략 36세쯤 되었어.

이런 식으로 대부분 '수치'에 붙여 그 수치에서 더하기 빼기 몇 정도 즉, 그 '언저리'를 모두 아우를 수 있습니다.

이런 편리한 about을 여기에만 쓰기는 섭섭하죠? 그래서 어떠한 '동작'의 근처를 모두 아우르는 그림을 표현하는 경우를 보여드리겠습니다.

He is about to leave.

여기서 about의 역할은 무엇일까요? 만약 여기서 about을 빼고

He is to leave.

라고 하면 he라는 존재는 is, 즉 어떤 상태로 있는데 to, 즉 ~로 향하는 상태로 현재 있는 것이 됩니다. 그 to 뒤에는 leave가 나오죠? 그래서 he는 leave라는 동작을 다음 순서로 두고 있는 상태입니다. 그래서 '그는 떠날 예정이다.' 또는 '떠나기로 되어 있다.' 정도로 번역할 수 있습니다. (이런 표현 방식을 흔히 'be to용법' 이라고도 합니다.)

그런데 여기에 about이 들어가서 'He is about to leave.'라고 하게 되면 그는 to leave하는 단계에 거의 다가간 상태인 것입니다. 그래서 '~하려는 참이다' 정도로 번역을 하죠. 학창 시절에 be about to라는 말을 '막 ~하려는 참이다'라는 뜻의 숙어로 외우신 기억이 아마 있을 것입니다.

그래서 about은 자연스럽게 '임박'의 그림을 갖게 되죠. 그래서 그 뒤에 나오는 것이 어떠한 '상태'인 경우 그 상태에 임박했다는 표현을 할 수 있습니다.

The ramen is about cooked.
그 라면이 다 되어간다.

Our remodeling is about completed.
우리 리모델링이 거의 끝나간다.

이 그림을 이용해서 특정 동사 뒤에 붙여서 표현을 풍부하게 해주기도 합니다.

The dogs are roaming about.
그 개들이 여기저기 돌아다니고 있다.

The dogs are running about.
그 개들이 이리저리 뛰어 돌아다니고 있다.

뭔가 뚜렷한 목적 없이 다니는 그림이 그려지시나요?

I often walk about with my dog.

라고 하면 나는 종종 반려견과 산책을 한다는 정도의 의미로 쓸 수 있습니다. walk와 about을 붙여서 walkabout이라는 하나의 명사를 만들어 쓰기도 합니다. 이 단어는 영국 영어에서 왕이나 귀족이 백성들과 어울려 다니며 정보를 수집하는 일종의 '민정시찰'이라는 의미로 쓰이기도 합니다. (사람들 주변에 맴돌면서 이리저리 다니는 그림이 그려지시죠?)

또한, 이런 표현으로도 씁니다. 호주 원주민들은 일정 나이가 되면 오지로 나가 몇 달간을 생활하면서 야생의 자연 세계에서 사는 방법을 습득하는 전통이 있는데 이것을 walkabout이라고 합니다. 1971년에 영화로 만들어지기도 했었죠.

흐음… 이렇게 말씀을 드리고 나니 저는 갑자기 이 영화가 땡기(?)네요.
원래 제가 고전을 좀 좋아하거든요. 그럼 저는 잠시 책 쓰는 것을 멈추고
이 영화가 있는 곳을 찾으러

wander about
roam about
walk about

해보겠습니다.

다음 주어진 단어를 뜻에 맞추어 배열하시오.

1. 서류들이 회의실 이곳저곳에 흩어져 있었다.
   were / the meeting room / scattered / the documents / about

   _____

2. 학생들이 내 책상 주변으로 모였다.
   gathered / my desk / about / the students

   _____

3. 그는 오후 2시경에 집에 왔다.
   2p.m. / home / about / he / came

   _____

4. 그는 대략 36세쯤 되었어.
   is / he / 36 years old / about

   _____

5. 그 라면이 다 되어간다.
   about / is / cooked / the ramen

   _____

6. 우리 리모델링이 거의 끝나간다.
   is / our remodeling / completed / about

   _____

7. 그 개들이 이리저리 뛰어 돌아다니고 있다.
   running / are / about / the dogs

   _____

8. 나는 종종 반려견과 산책을 한다.
   often / my dog / with / I / about / walk

   _____

정답 ▶▶

1. The documents were scattered about the meeting room.
2. The students gathered about my desk.
3. He came home about 2 p.m.   4. He is about 36 years old.
5. The ramen is about cooked.   6. Our remodeling is about completed.
7. The dogs are running about.   8. I often walk about with my dog.

032

지후쌤 강의보기

With의 그림을 딱 한 마디로 표현한다면 '관계가 있음'이라고 할 수 있습니다.

with를 영한사전에서 찾으면 가장 쉽게 보시게 되는 번역어가 바로 '함께'이죠. 물론 틀린 것은 아닙니다. 그러나 단순히 그렇게 영어와 우리말을 1대 1로 대응해서 외운다면 with의 쓰임새를 제대로 이해하기 힘듭니다. with라는 전치사를 통해서 생겨나는 수많은 표현들은 '어떤 것과 어떤 것이 관계가 있어' 그 전체 그림이 완성되는 성격을 가지고 있습니다.

그러나 일단 영한사전에 나와 있는 with의 제1번 뜻 '함께'로 쉽게 이해되는 경우들을 먼저 보고 더 깊이 들어가는 식으로 이 장을 진행해 보겠습니다.

Will you stay with me?

사랑을 주제로 한 노래 가사 중 이 문장이 들어간 곡이 꽤 많습니다. '나와 함께해 주겠어?'라고 많이 번역하죠. 여기서 with 이하를 없애 버리고 'Will you stay?'라고만 하면 you가 그저 머무를 뿐입니다. 이 머무름의 성격을 표현할 수 없습니다. 거기서 뒤에 with가 오는 순간 그 뒤에 있는 것과의 관계에 의해서 이 stay의 세부적인 그림이 완성된다고 볼 수 있죠. 여기서는 뒤에 with me를 넣어서 you의 stay가 me로 인해 완성됨을 볼 수 있습니다. 그래서 의역하면 '함께 하다'라는 뜻이 완성이 되죠.

with의 정확한 그림은
바로 이것!

stay라는 단어는 우리가 흔히 여행을 가서 숙박할 때 참 많이 쓰죠. 'How was your stay? (숙박은 어떠셨나요?)'라고 호텔 프런트 데스크에서 하는 말을 들어 보신 분들도 많으실 것이고요.

stay라는 단어는 딱 거기까지입니다. with 이하에 나온 것이 무언가에 따라 그 관계에 의해서 나머지 그림이 완성이 되는데요. 조금 전에는 with 뒤에 me를 붙였는데 이번에는 with 뒤에 한번 '돈'을 붙여 보도록 하죠.

예컨대 엄청 비싼 호텔이 있다고 칩시다. 그리고 여행을 간 우리 일행은 이 호텔에 머물고 싶습니다. 그렇지만 아무리 가방을 뒤져서 현금을 다 모아보고 신용카드 한도를 확인해 봐도 이 호텔에 머물 돈은 안 되는 것 같습니다. 이때 현금을 손에 들고 있는 친구를 쳐다보며

I don't think we can stay at this hotel with that money.
그 돈으로는 이 호텔에 머물 수 없을 것 같아.

이렇게 쐐기를 박습니다.

자, 여기서 with 뒤에 나온 money는 앞에 나온 stay를 하기 위한 일종의 '도구'입니다. 이 도구가 있어야 이 일을 할 수 있는데 이 도구가 없어서 못하는 것이죠. 이런 경우는 앞에 있는 동사가 with 이하의 것을 '도구'로 하여 그림을 완성하는 경우에 속합니다. 이런 with를 단순히 '함께'라고 번역하면 곤란하겠죠.

다들 살면서 한 번씩은 싸워보신 적이 있을 텐데요. 누군가와 '논쟁'을 할 때 우리가 argue라는 동사를 많이 쓰잖아요? 그런데 그 '누군가'를 명시할 때 with를 써서 말을 완성합니다.

I always argue with my wife!
나는 항상 아내와 말다툼을 해!

사실, 원래 argue라는 단어 자체만 놓고 보면 '주장하다'라는 뜻으로도 쓸 수 있습니다.

He argued that it was not fair.
그는 그것이 공정하지 않았다고 주장했다.

즉, argue 하나만 가지고는 '주장'인지 '논쟁'인지 알 수 없습니다. 그 뒤에 with가 나오는 순간 그다음 단어와의 관계에 의해서 '논쟁하다'라는 뜻이 완성되죠.

정리하자면, with 앞에 나온 단어가 부정적인 경우 with 이하와의 관계는 부정적으로 되고 긍정적인 단어인 경우 with 이하와의 관계도 긍정적으로 됩니다. 따라서 with라는 단어 자체는 중립적입니다. 그렇기 때문에 앞 뒤 관계 설정을 해 주어 맥락에 맞게 뜻을 만들어 줄 수 있습니다.

contrast with

conflict with

agree with

satisfied with

우리가 '숙어'로 학창 시절 많이 외웠던 것들인데요. 'contrast(대조하다)'와 'conflict(충돌하다)'가 with와 만나면 with 이하의 단어와 관계를 맺어 결국 그것과 '대조'되고 '충돌'되는 그림이 완성됩니다.

Your argument contrasts with the evidence.

당신의 주장은 그 증거와 대조된다.

Your argument conflicts with the evidence.

당신의 주장은 그 증거와 충돌된다.

'agree(동의하다)'와 'be satisfied(만족하다)'가 with와 만나면 with 이하의 단어와 관계를 맺어 결국 그것에 '동의'하고 '만족'하는 그림이 완성됩니다.

We agree with your idea.
우리는 당신의 생각에 동의한다.

We are satisfied with your idea.
우리는 당신의 생각에 만족한다.

결국 부정적인 뉘앙스는 부정적으로, 긍정적인 뉘앙스는 긍정적으로 관계만 맺어주는 것이 with라고 할 수 있습니다.

혹시 이런 경우는 어떨까요?

His English improves with time.

이 문장에서는 그의 영어가 improve 하는데(좋아지는데) 그것은 time과 관계를 맺고 있습니다. 이런 경우 improve는 긍정적인 방향으로 바뀌는 그림을 가진 단어이므로

His English improves with time.
그의 영어는 시간이 지날수록 좋아진다

정도가 되겠죠.

improve는 time과의 관계를 통해 그 그림을 완성합니다. improve 하는 과정과 time의 흐름은 동시에 존재합니다.

Fashion changes with seasons.

이 경우 패션은 변하는데 그것이 seasons와 관계가 있습니다. change 즉, 변화라는 과정이 seasons와 관계가 있습니다.

Fashion changes with seasons.
패션은 계절에 따라 변한다

정도로 번역할 수 있습니다. with 뒤에 season의 복수형 seasons가 쓰인 이유는 봄, 여름, 가을, 겨울을 모두 표현한 것이죠. 계절의 변화와 패션의 변화는 동시에 존재합니다.

이번에는 조금 슬픈 예문을 보도록 합시다.

I broke up with her.
나는 그녀와 헤어졌다.

이런 경우 'I broke up'만 쓰면 내가 누구와 헤어졌는지 알 수 없습니다. 그러니 당연히 이렇게만 쓰는 경우는 거의 없습니다. with가 오고 broke up을 누구랑 했는지 명시하는 단어가 와야 비로소 이별이 성립하죠. 그런데 '우리가 서로 헤어졌다'라는 표현을 할 때는 with를 쓰지 않아도 됩니다.

We broke up.

이미 앞에 we라고 '우리'가 있는데 또 with를 써서 관계 설정을 할 필요가 없는 것이죠. 'We broke up with…'라고 하면 마치 우리가 둘 다 같은 사람과 사귀었는데 그 사람과 동시에 헤어진 것 같은 막장 드라마가 됩니다. 굳이 쓰려면 'We broke up with each other.'라고 할 수는 있습니다. 우리끼리 서로 헤어졌으니까요.

Her English is not comparable with mine.
그녀의 영어는 나의 영어와 비교할 수 없다.

제가 얼마 전 진짜 영어를 잘하시는 분을 보고 든 생각을 그대로 써봤는데요. compare는 혼자 할 수 없습니다. 비교라는 것은 늘 그 대상이 있습니다. with 이하에 있는 것과 서로 관계 지어 보았을 때 어떠하다고 결론이 나는 것이죠. 그래서 '비교하다'라는 말은 'compare A with B'라는 어법을 갖게 되고 그것의 형용사형인 comparable 역시 with와 함께 쓰는 것으로 굳어졌습니다.

비슷한 줄기로는 compatible이 있습니다. '~와 양립하는'이라는 말인데 보시면 아시겠지만 '양립'한다는 것 자체가 당연히 또 다른 대상을 필요로 합니다. 그래서

This program is not compatible with the computer system.
이 프로그램은 컴퓨터 시스템과 양립하지 않는다.

라는 식의 표현을 할 수 있는데 사실상 '호환되지 않는다'라는 말이죠. 이렇게 어떤 것과 동시에 있거나 그 둘을 엮었을 때 이 단어의 뜻이 완성되는 특징이 있다면 with가 쓰입니다.

정리! with 이하에 있는 것과 그 앞에 있는 주어는 서로 긍정적인/부정적인 관계를 모두 맺을 수 있습니다. 또는 with 이하에 있는 것이 그 앞에 있는 동사가 힘을 발휘하기 위한 '도구'일 수 있습니다.

다음 주어진 단어를 뜻에 맞추어 배열하시오.

1. 그 돈으로는 이 호텔에 머물 수 없을 것 같아.
   don't think / I / can / stay / we / this hotel / with / at / that money

   _____

2. 나는 항상 아내와 말다툼을 해!
   my wife / always / with / I / argue

   _____

3. 그는 그것이 공정하지 않았다고 주장했다.
   fair / was / not / it / that / argued / he

   _____

4. 당신의 주장은 그 증거와 대조된다.
   contrasts / the evidence / with / argument / your

   _____

5. 당신의 주장은 그 증거와 충돌된다.
   the evidence / argument / your / with / conflicts

   _____

6. 우리는 당신의 생각에 동의한다.
   agree / idea / your / we / with

   _____

7. 우리는 당신의 생각에 만족한다.
   satisfied / are / with / we / idea / your

   _____

8. 그의 영어는 시간이 지날수록 좋아진다
   time / improves / with / his English

   _____

9. 패션은 계절에 따라 변한다.
   seasons / changes / fashion / with

   _____

10. 나는 그녀와 헤어졌다.

her / with / broke up / I

_____

11. 그녀의 영어는 나의 영어와 비교할 수 없다.

mine / not / is / her English / comparable / with

_____

12. 이 프로그램은 컴퓨터 시스템과 양립하지 않는다.

with / compatible / the computer system / is / not / this program

_____

033

지후쌤 강의보기

영어 단어 전체를 통틀어서 가장 많이 쓰는 녀석들 top 3를 뽑으라면 거의 항상 들어가는 게 바로 'to'입니다. 그만큼 활용도가 높다는 말인데요. 활용도가 높고 쓰임새가 많기 때문에 먼저 to의 가장 기본적인 그림을 제대로 알아 두시는 것이 중요합니다.

to의 기본 그림은 바로 '~로 향함'입니다. 이 그림을 기억하시면 to가 들어간 표현들의 대부분은 어느 정도 직관적으로 이해하실 수 있습니다.

가장 이해하기 쉬운 예시는 역시 물리적인 그림을 보여주는 표현이죠.

It is 10 kilometers from here to the park.
여기서 공원까지는 10킬로미터 거리다.

여기서는 당연히 here에서 the park로 to, 향할 때 그 거리를 계산하면 10 kilometers라는 말입니다. 거리를 시간으로 바꾸어도 마찬가지죠.

It takes 30 minutes from here to the park.
여기서 공원까지는 30분 거리다.

to의 정확한 그림은
바로 이것!

역시 here에서 the park로 to, 향할 때 그 시간을 계산하면 30 minutes 라는 이야기입니다.

이런 물리적인 to의 그림은 추상적으로도 쓸 수 있습니다.

The conference has been postponed to March 19th.
그 콘퍼런스는 3월 19일로 연기되었습니다.

2월 28일 ━━━━━▶ 3월 19일

만약 원래 콘퍼런스 날짜가 2월 28일이었다면 거기서 3월 19일이라는 시점으로 이동한 그림을 보여주고 있죠. 그래서 일정이 변경될 때 to가 정말 많이 쓰입니다.

I had to move it to tomorrow.
나는 그것을 내일로 미루어야 했다.

it이 면접이든 치과 예약이든 그것을 tomorrow 쪽으로 move 할 수밖에 없었다는 표현입니다. 원래는 오늘이었거나 그 전이었겠죠.

꼭 미루는 것에만 to가 쓰이는 것은 아닙니다. 일정을 앞당길 때도 역시 to를 씁니다. '일정을 앞당기다'라는 대표적인 구어체 표현은 move up 이 있습니다.

up은 기존 위치보다 더 눈에 잘 띄는 쪽으로 향하는 그림을 가지고 있습니다. 그래서

I had to move it up to tomorrow.

이 문장을 '나는 그것을 내일로 미루어야 했다.'라고 해석하시면 곤란합니다. 이것은 '나는 그것을 내일로 앞당겨야 했어.'라는 표현입니다.

it이 면접이든 치과 예약이든 그것을 tomorrow 쪽으로 move up 할 수밖에 없었다는 말은 원래는 더 멀었는데 (내일모레 아니면 다음 주 등) 더 눈에 잘 띄는 쪽으로 이동시켰다. 즉, 앞당겼다는 뜻이 됩니다.

일정과 시간 이야기가 나와서 드리는 말씀인데 한국 분들께서 자주 의아해하시는 영어표현이 있습니다.

지금은 7시 3분 전이다.

'이 말을 영어로 어떻게 하죠?'라고 물으면 대부분 'It's 3minutes before 7.'이라고는 잘하세요. 우리말의 '전'이 'before'이니 1대 1로 치환되어서 당연히 쉽거든요. 그런데

It is 3 to 7.

이라고 하면 빨리 이해를 못 하십니다. 세 시에서 일곱 시까지? 이렇게

오해하시는 분들께서도 계신데 여기서 '3 to 7'의 관계는 7이라는 지점에 도달하기까지 3이 남은 것입니다. 남은 3이 7을 향하는 그림이죠. 아날로그 시계로 보면 7시 3분 전을 가리키고 있는 분침이 7시 쪽으로 가는 장면을 포착한 것에 가깝습니다.

저도 처음 미국에 간 지 얼마 안 되었을 때는 이런 표현이 어려워서 'It's quarter to 10.'이라는 말을 들으면 머릿속으로 한참 분침을 그려보면서 계산했던 기억이 납니다. (이 버퍼링을 참아준 원어민 친구들에게 감사를) quarter는 4분의 1 즉, 60분 기준으로 15분입니다. 그래서 'quarter to 10'은 '10시 15분 전'이라는 뜻이죠.

이런 to의 그림 때문에 'A to B'라는 관계가 있다면 A는 B에 속하는 것을 뜻하기도 합니다. 사람도 그렇잖아요? 내가 누구 쪽을 향한다면 '나는 그 사람을 바라본다'라고 표현하죠? 연인 사이에 '난 네 거야~'라고도 하지 않습니까?

Do you have the key to the supply room?
비품실 열쇠 가지고 있니?

이 문장에서 key는 비록 the supply room과 원래 붙어있는 관계는 아니지만 그것을 열기 위해 존재하며 소속으로 치면 the supply room 소속입니다. (정확히는 the supply room 소속의 어떤 door 소속의 어떤 lock 소속이겠죠.) 이런 관계를 to가 잘 나타냅니다.

The door to the room is broken.
그 방 문이 망가졌네.

이 문장에서도 the door가 the room과 완전히 하나는 아니지만, 그 방으로 들어가기 위해 존재하며 결국 the room 소속이라고 볼 수 있습니다. 이런 관계를 나타낼 때 딱 좋은 게 바로 to입니다.

아, 그런데 잠시만요 이런 '소유, 소속'의 관계하면 가장 먼저 떠오르는 게 사실 of 아닌가요? 제가 이전에 설명해 드린 적도 있는데 of는 분리할 수 없는 부분과 전체의 관계를 나타냅니다.

그래서 the door of the room이라고 하면 the door는 the room에 딱 붙어있는 그림을 나타냅니다. 지금 제가 책을 쓰고 있는 이 방에 문이 하나 있는데 제가 직접 그 문을 보면서 'The door of this room is open.'이라고 말한다면 아주 자연스러운 문장이 됩니다. 물리적으로 문이 방 입구에 잘 달려 있고 활짝 열려 있거든요.

그런데 to는 그보다는 조금 더 무언가의 '존재 목적', '무언가를 위한' 것이라는 그림을 갖습니다. 예를 들어 우리 집에 현관문이 있겠죠? 제가 이 방에서 그 현관문을 얘기한다면 the door to our house라고 할 것 같습니다.

단순히 물리적으로 본 것이 아니라 그게 우리 집으로 들어오는 '입구'라는 것을 나타내거든요. 집으로 들어오기 위한 '목적'으로 존재하는 게 바로 the door가 되는 것이죠.

이렇게 화자가 보는 관점, 그리고 그것의 물리적인 그리고 추상적인 거리의 차이에 따라 이처럼 of와 to를 달리 쓸 수도 있습니다. 물론 이것은 아주 미묘한 차이기 때문에 원어민들도 굳이 설명하기는 조금 어려워하는 부분입니다.

아주 좋은 예시가 있다면 the entrance 즉, '입구'라는 단어 뒤에는 거의 to가 붙는다는 것이 되겠네요. 입구라는 것은 그 물리적인 위치보다 어디로 '들어가는 것이 목적'인 그런 문을 의미하죠?

그래서 뒤에 to가 잘 붙습니다.

the entrance to the house
그 집으로 들어가는 입구

the entrance to the building
그 건물로 들어가는 입구

거의 이렇게 to를 쓰는 편입니다.

to의 그림을 이해할 수 있는 좋은 예를 하나 더 추가하자면 '~의 보조'라는 직함을 표현할 때 assistant to라고 한다는 것입니다. '지점장 보조'라고 하면 일반적으로 assistant to regional manager라는 하는데요. regional manager, 즉 지점장과 원래 하나는 아니지만, 그 사람을 보조하기 위해서 존재하기 때문에 마치 the key to the supply room이나 the entrance to the building처럼 assistant는 regional manager를 향해 있는 것이 기본 그림입니다. to가 들어가면 딱이죠.

여기서 잠시 제가 어떤 구독자님의 댓글에서 본 예시가 있는데요. 이것이 to와 of의 심리적 거리감을 나타내는 데 아주 효과적인 것 같습니다. 다음 두 표현을 보시죠.

a mother of two
a father to a murdered son

사실 두 번째가 너무 슬픈 예시라 다룰까 말까 망설였는데요. 이게 실제가 아니라 영화 대사라 그냥 넣기로 결정했습니다.

a mother of two는 두 아이의 엄마를 의미합니다. 이렇게 보통 자녀의 숫자를 of 이하에 넣어서 몇 아이의 엄마/아빠 이런 식으로 표현을 합니다. 당연히 그 자녀들에게 속해 있는 엄마/아빠이니까 of가 쓰이는 것이 직관적으로 이해가 가시죠?

그런데 두 번째에서는 왜 to를 썼을까요? 가만히 보시면 a murdered son, 즉 살해당한 아들입니다. 즉, 이 son은 더 이상 세상에 없기 때문입니다. 더 이상 of로 표현할 수 없는 상태입니다. 이 전치사 하나 차이로 가슴이 먹먹해지죠. 그러나 어쨌든 a father는 원래 그 아들에게 속한 사람입니다.

이 대사는 사실 영화 글래디에이터에서 막시무스 장군이 로마 황제에게 자신의 정체를 당당하게 드러내며 복수를 다짐하는 장면에서 나왔습니다. 원문은

My name is Maximus Decimus Meridius. …
Father to a murdered son, husband to a murdered wife,
and I will have my vengeance
in this life or the next.

내 이름은 막시무스 데시무스 메리디우스.
살해당한 한 아들의 아버지이자 살해당한 한 아내의 남편이고
이번 생이 아니면 다음 생에서라도 복수할 것이다.

이제 세상에 없는 자신의 아들과 아내를 언급하며 나는 그들에게 a father와 a husband로 한때 존재했음을 표현하고 있습니다. 정말 슬프면서 비장한 대사입니다.

다음 주어진 단어를 뜻에 맞추어 배열하시오.

1. 여기서 공원까지는 10킬로미터 거리다.
   10 kilometers / the park / here / to / is / it / from

   _____

2. 여기서 공원까지는 30분 거리다.
   from / the park / takes / it / here / to / 30 minutes

   _____

3. 그 콘퍼런스는 3월 19일로 연기되었습니다.
   March 19th / the conference / postponed / been / to / has

   _____

4. 나는 그것을 내일로 미루어야 했어.
   to / had / I / move / tomorrow / it / to

   _____

5. 비품실 열쇠 가지고 있니?
   to / the key / you / have / do / the supply room

   _____

6. 그 건물로 들어가는 입구
   to / the entrance / the building

   _____

정답 ▶▶

1. It is 10 kilometers from here to the park.
2. It takes 30 minutes from here to the park.
3. The conference has been postponed to March 19th.
4. I had to move it to tomorrow.
5. Do you have the key to the supply room?
6. The entrance to the building

034

지후쌤 강의보기

이번 장에서는 to와 with에 대해서 그간 제가 댓글로 받았던 질문들에 대한 답을 드리려고 합니다. 원래 단어라는 것은 늘 그 단어와 어울리는 짝이 있는데 (예를 들면 invest + in이나 apply + for 등) 특이하게 to와 with를 둘 다 달고 다니는 단어들이 있습니다. 대표적인 것이 바로 compare와 familiar입니다.

가장 많이 쓰는 문형은 [be compared to / be compared with], 그리고 [be familiar to / be familiar with]입니다. 저도 학창 시절 '숙어'로 외웠던 기억이 있네요.

이렇게 각각 to와 with가 오는 경우 어떤 뜻 차이가 있을까요? 이를 알기 위해서는 먼저 각각의 전치사가 가지고 있는 그림을 잘 봐야 합니다.

to는 '~로 향함'의 그림을 가지고 있습니다. compare가 '어떤 것과 어떤 것을 비교하다'라는 기본 뜻을 가지고 있는 것을 생각해보시면 『compare A to B』는 A를 B 쪽으로 보내어 딱 대보는 것에 가깝습니다.

마치 이런 경우 있죠? 정말 닮은 아버지와 아들을 보고 '야, 너 저기 아빠 옆에 가서 서 봐라.'라고 하는 겁니다. 그리고 진짜 아들이 아빠 옆에 가서 딱 서 보니까 닮은 게 확 부각되어서 막 웃음이 터지는 그런 장면을 상상해 보세요.

to와 with가
우리를 괴롭게 할 때

이렇게 A를 B에다가 맞추어 본다는 것은 A와 B가 비슷함을 부각시키는 표현에 가깝습니다. 그러다 보니 다음과 같은 표현이 등장하게 됩니다.

Life can be compared to a journey.
삶은 여행에 비유할 수 있다.

이런 경우 life라는 것을 journey에 갖다 대보니 유사한 면이 많았던 것입니다. 그래서 "삶은 여행에 비유할 수 있다" 정도로 번역이 됩니다.

한편, 『compare A with B』는 A와 B를 나란히 놓고 두 개를 유심히 관찰하는 그림을 상상하시면 됩니다. 마치 틀린 그림 찾기와 같습니다.

Let's compare the new book with the previous ones.
새 책을 지난 책들과 비교해보자.

이번 책을 지난번 책들과 나란히 놓고 이제부터 가만~히 보기 시작하는 것입니다. 그러면 어떤 점이 달라졌는지 어떤 면에서 새로운 책이 의미가 있는지 등이 보이겠죠? 그래서 주로 '다른 점'을 나타낼 때 with를 쓰는 편입니다.

물론 이 구분이 절대적이지는 않습니다. 그냥 '~와 비교하여'라는 뜻으로 쓰는 compared to/with는 미국영어인지 영국영어인지에 따라 더 선호하는 전치사가 갈리기도 합니다. 미국영어에서는 compared to가 더 일반적인 반면 영국영어에서는 compared with가 더 일반적입니다.

Compared to the previous year, exports increased sharply.

– 미국 영어
전년도에 비해 수출이 큰 폭으로 증가했다.

Compared with the previous year, exports increased sharply.

– 영국 영어
전년도에 비해 수출이 큰 폭으로 증가했다.

한번 정리를 해보자면,

> '비슷한 점'을 부각하기 위해 비교할 때, 그리고 그 비슷한 점에 착안하여 비유할 때는 to를 주로 쓰고 '다른 점'을 부각하기 위해 나란히 놓고 비교하는 경우 with를 쓴다. (물론 이 구분이 절대적이지는 않다)
> 그냥 '~와 비교하여'라는 연결어처럼 쓸 때는 미국영어는 compared to, 영국영어는 compared with를 선호하는 편이다.

이렇게 말씀드릴 수 있을 것 같습니다.

이와 달리 familiar라는 단어는 그 뒤에 각각 to와 with가 쓰일 때 둘 사이의 구분이 매우 확실한 편입니다. to는 '~로 향함'의 그림이 있지만 with는 그런 그림이 없죠? 한번 예시를 통해서 이해해 보겠습니다.

예를 들어 나에게 누군가가 어떤 새로운 개념을 설명해 줍니다. 그런데 나는 그 개념이 익숙하지 않습니다. 이런 경우 보통

I am not familiar with the concept.

나는 그 개념에 익숙하지 않다.

라고 말합니다. I는 그대로 있고 나를 기준으로 그 concept가 familiar 즉, 익숙한 상태로 with 하는지 아닌지 판단해 보았을 때 아니라는 표현입니다. '그 개념'이라는 것은 어떤 사람의 말이나 책을 통해서 나에게 전달될 수 있습니다. 그러나 그 개념 쪽으로 내가 움직이지는 않습니다. 그래서 to를 쓰지 않고 with를 사용합니다.

반대로 주어가 I가 아니라 'the concept(그 개념)'로 바뀌어서 그것이 나에게 익숙한 상태로 다가오는지 아닌지를 표현한다면? 네, 맞습니다 바로 to를 씁니다. 그래서

The concept is not familiar to me.

그 개념은 나에게 익숙하지 않다.

이런 표현을 쓰는 것이죠.

그래서 저는 예전에 이걸 이렇게 익혔던 기억이 납니다. 사람은 늘 자신을 중심으로 생각하기 때문에 어떤 사람이 어디에 익숙하면 그 사람이 그것과 익숙한 상태로 함께 해야 한다.

그래서 나는/우리는/그는/그녀는/그들은 『familiar with + '무엇'』이다.

I am familiar with 무엇

You are familiar with 무엇

He is familiar with 무엇

She is familiar with 무엇

We are familiar with 무엇

They are familiar with 무엇

그런데 그것을 중심으로 보자면 사람들에게 그것을 보내서 즉, 들려주거나 보여주었을 때 familiar한지 아닌지 판단해야 한다. 그래서 '~로 향하는' 그림의 to를 써서

무엇 is familiar to me

무엇 is familiar to you

무엇 is familiar to him

무엇 is familiar to her

무엇 is familiar to us

무엇 is familiar to them

이렇게 보니 참 저 표현들을 처음 익힐 때 고생을 많이 했던 티가 나네요. 이걸 이해하려고 이렇게 머리를 굴려 보다니! 그때는 참 답답했지만 그때 머리를 굴려서 지금 이렇게 팁을 하나 드릴 수 있게 되었으니 나쁜 투자는 아니었다고 생각합니다.

I hope all of you are familiar

with these two types of expressions!

다음 주어진 단어를 뜻에 맞추어 배열하시오.

1. 삶은 여행에 비유할 수 있다.
    a journey / be / compared / life / to / can

    _____

2. 새 책을 지난 책들과 비교해보자.
    compare / with / the previous ones / the new book / let's

    _____

3. 나는 그 개념에 익숙하지 않다.
    the concept / am / not / I / familiar / with

    _____

4. 그 개념은 나에게 익숙하지 않다.
    me / familiar / to / is / the concept / not

    _____

정답 ▶▶

1. Life can be compared to a journey.
2. Let's compare the new book with the previous ones.
3. I am not familiar with the concept.
4. The concept is not familiar to me.

035

지후쌤 강의보기

우리가 '~로 부터'라고 막연하게 알고 있는 from에 대해서 제대로 그림을 진~하게 그려보겠습니다. A from B라는 관계가 있다면 B가 A의 '출발점'이라고 볼 수 있습니다.

원어민들이 많이 사용하는 영어 표현들을 살펴보면 이 그림이 잘 묻어 있는데요. 예를 들면,

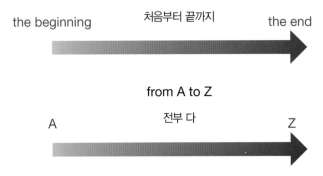

from the beginning to the end

the beginning · 처음부터 끝까지 · the end

from A to Z

A · 전부 다 · Z

어떤 출발점에서 to 이하에 붙는 끝점까지를 직선적으로 표현하고 있습니다.

일상 대화에서 from을 어떻게 사용하는지 한번 보실까요?

He came back from Busan.
그는 부산에서 돌아왔다.
(그가 여기 돌아오기 위해서 출발한 곳이 Busan이죠?)

from의 정확한 그림은
바로 이것!

I just got back from work.
나는 막 일에서 돌아왔다.
(내가 여기 돌아오기 위해서 출발한 곳이 일터죠?)

뭐 이런 정도야! 다들 쉽게 이해하시고 사용하실 수 있으리라 생각합니다.

이 그림을 확장하면 다음과 같은 표현이 가능합니다.

The view from this hotel is beautiful.
이 호텔에서 보는 경치는 아름답다.

우리의 시선이 시작하는 곳은 this hotel이죠. 이 출발점에서 앞으로 시야
가 확장되어 나가면서 나타나는 것이 바로 the view입니다.

A light fixture is hanging from the ceiling.
조명이 천장에 매달려 있다.

여기에 from을 쓴 이유는 조명이라는 것을 천장에 줄로 연결을 해 놓았을 것이고 그에 따라 천장이 출발점이 되어 아래로 a light fixture가 내려와 있는 그림이죠.

지금까지 본 것은 모두 물리적인 그림입니다. 예문을 통해 보셨겠지만 한 가지 공통점이 있다면 from을 쓰면 from 뒤에 있는 것과 from 앞에 있는 것이 서로 떨어진다는 것이죠.

이 '떨어짐'을 이용하여 만드는 표현들이 바로 다음과 같습니다.

This helmet protects you from injury.
이 헬멧은 부상으로부터 당신을 보호해 준다.

you는 이제 injury와 떨어져 거리가 생깁니다. 그러면 둘 사이에 접점이 없게 되죠.

We kept it secret from her.
우리는 그것을 그녀로부터 비밀로 했다.

이제 it은 her와 떨어져 접점이 없습니다. 그러니 그녀가 알 수 없고 우리가 숨긴 것이죠.

중간 정리를 하자면, A from B의 관계에서 from 뒤에 나오는 B가 from 앞에 나온 A의 '출발점'이 되기도 하고 그런 특성 때문에 A와 B가 서로 떨어지게 됩니다.

이 중, '출발점'이라는 그림이 나타낼 수 있는 일련의 것들 예를 들면, '원인, 출처, 바탕' 등을 from을 통해 표현하는 경우가 많습니다.

그래서 다음과 같은 표현이 가능합니다.

These days, office workers suffer a lot from stress.
요즘은 직장인들이 스트레스로 많이 고생한다.

여기서 office workers가 suffer 하는 출발점이 바로 stress입니다. 즉, '원인'이 되겠죠.

From his behavior, people might think he is crazy.
그의 행동을 보면, 사람들은 그를 미쳤다고 생각할지 모르겠습니다.

사람들이 그가 미쳤다고 생각하는 '근거/바탕'이 his behavior입니다.

From what I heard, he is not guilty.
내가 들은 것으로 보면, 그는 죄가 있지는 않아.

그가 not guilty하다는 판단의 근거는 바로 what I heard(내가 들은 것)이 되는 것이죠.

이런 그림을 이용해서 다음과 같이 '원료, 재료'가 무엇인지 나타내기도 합니다.

Paper is made from wood.
종이는 나무로 만들어졌다.

즉 '종이'의 출처는 wood, 한 마디로 '원재료'를 의미합니다.

Cheese is made from milk.
치즈는 우유로 만들어졌다.

즉, '치즈'의 출처는 milk, 한 마디로 '원재료'를 의미합니다.

A from B라고 하면 A와 B가 떨어져서 거리가 생긴다고 했죠? 즉 B가 많은 가공을 거쳐서 A가 되는 경우 from을 쓰고 원재료가 가공된 완성품에 그대로 드러나거나 본질의 변화가 없을 경우는 분리할 수 없는 부분을 나타내는 of를 씁니다.

우리가 '~로 만들어지다'라고 알고 있는 두 숙어 be made from과 be made of는 바로 이런 차이가 있습니다.

Paper is made from wood.
종이는 나무로 만들어졌다.
(종이에 나무가 보이지는 않기 때문에 from)

This book is made of paper.
이 책은 종이로 만들어졌다.
(책을 보면 종이가 보이기 때문에 of)

다음 주어진 단어를 뜻에 맞추어 배열하시오.

1. 그는 부산에서 돌아왔다.
Busan / from / came back / he

_____

2. 나는 막 일에서 돌아왔다.
work / got back / just / I / from

_____

3. 이 호텔에서 보는 경치는 아름답다.
is / the view / beautiful / this hotel / from

_____

4. 조명이 천장에 매달려 있다.
the ceiling / from / a light fixture / hanging / is

_____

5. 이 헬멧은 부상으로부터 당신을 보호해 준다.
injury / this helmet / you / protects / from

_____

6. 우리는 그것을 그녀로부터 비밀로 했다.
her / kept / from / secret / we / it

_____

7. 요즘은 직장인들이 스트레스로 많이 고생한다.
stress / these days / suffer / office workers / from / a lot

_____

8. 그의 행동을 보면, 사람들은 그를 미쳤다고 생각할지 모르겠습니다.
behavior / his / from / might / people / think / crazy / he / is

_____

9. 내가 들은 것으로 보면, 그는 죄가 있지는 않아.
heard / what / from / I / not / is / he / guilty

_____

10. 종이는 나무로 만들어졌다.
    made / paper / wood / is / from

_____

11. 치즈는 우유로 만들어졌다.
    is / cheese / made / milk / from

_____

12. 이 책은 종이로 만들어졌다.
    is / paper / of / this book / made

_____

정답 ▶▶
1. He came back from Busan.
2. I just got back from work.
3. The view from this hotel is beautiful.
4. A light fixture is hanging from the ceiling.
5. This helmet protects you from injury.
6. We kept it secret from her.
7. These days, office workers suffer a lot from stress.
8. From his behavior, people might think he is crazy.
9. From what I heard, he is not guilty.
10. Paper is made from wood.
11. Cheese is made from milk.
12. This book is made of paper.

036

지후쌤 강의보기

at이라는 단어의 그림을 한마디로 표현하자면 '점'이라고 할 수 있습니다. 그냥 '점'이라기 보다는 뾰족한 것으로 정확하게 콕 찍은 점! 어떤 좌표상에 나와 있는 정확한 점이라고 보는 것이 가장 정확할 것 같습니다.

이런 그림을 이용해서 at을 사용하는 대표적인 경우는 바로 정확한 시간, 속도, 정도 등을 표현할 때입니다.

I will meet you at three at the bank.
나는 세 시에 너를 그 은행에서 만날 것이다.

여기서 at three는 0시부터 23시까지 모든 시간이 표시된 시간표의 숫자 3 부분에 콕! 점을 찍은 것을 상상하시면 됩니다. 그리고 내가 너를 만날 지점은 지도에서 the bank라고 표시되어 있는 바로 그 '점' 입니다.

네비게이션 등을 보시면 하늘에서 본 그림으로 각 건물의 위치가 '점'으로 표시되는 경우가 있죠? 실제로 『at + 장소』를 말하는 화자는 그런 그림을 머릿속에 그리면서 말을 한다고 보시면 됩니다. in the bank는 the bank라는 '공간' 내부를 머릿속에 그리는 것이라면 at the bank는 the bank라는 것이 있는 지'점'을 그리는 것이기 때문에 꼭 은행 안에서 만날 필요는 없습니다. 은행 밖이어도 괜찮고 그 은행이 있는 위치상의 점에서만 만나면 됩니다.

at의 정확한 그림은
바로 이것!

자, 이제 내가 너를 만나러 운전을 하고 그 은행으로 가는 길이라고 생각해 봅시다. 도로 표지판을 보니 이 길의 제한 속도가 60km입니다. 그리고 현재 차의 속도를 계기판으로 보니 55km에 눈금이 맞추어 있습니다. 이 경우

I'm driving at 55kms an hour.
나는 시속 55km로 운전하는 중이다.

이렇게 속도를 정확한 수치상의 '점'으로 찍어서 표현할 수 있습니다.

그런데 은행까지 가는 길에 잠시 카페에 들러 커피를 한 잔 산다고 칩시다. 카페 안에 들어갔더니 가격표가 쭉 나와 있습니다. 아메리카노를 3천 5백원에 파는군요! 자, 그러면

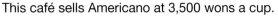

This café sells Americano at 3,500 wons a cup.
이 카페는 아메리카노를 컵당 3,500원에 판다.

라고 말할 수 있습니다. '가격'이라는 것도 전체 표에 싼 것부터 비싼 것까지 하나하나 점으로 표현할 수 있습니다. 그중 3,500에 점이 쿡 찍혀 있고 '아메리카노'라고 쓰여 있다면? 바로 이렇게 『sell+무엇 at+얼마』라고 표현할 수 있습니다.

지갑에 돈이 있는지 확인하려고 들여다보는데 마침 이 카페

에서 쓸 수 있는 할인 쿠폰이 하나 있던 것을 발견했습니다! 이 쿠폰이 얼마나 할인되는지는 잘 모르겠지만 일단 상기된 표정으로 직원에게 말을 건넵니다.

How much discount can I get? 10% or 20%?
얼마나 할인받을 수 있죠? 10% 아니면 20%?

그러자 직원이 쿠폰을 살펴보더니 약간 시큰둥한 표정으로 이렇게 말하는군요.

You can get 3% discount at most.
손님께서는 기껏해야 3% 할인을 받으실 수 있습니다.

아이고! 무슨 할인 쿠폰이 기껏해야 3%인가요?!

어쨌든 이 직원은 머릿속으로 '할인의 범위'를 그린 다음 눈금을 이리 저리 맞추던 중 '최대치'에 눈금을 설정합니다. 그리고 최대치에 즉 at most에 맞춰봐도 3%가 상한선인 것인 것을 알게 된 것입니다.

조금 실망했지만 이 쿠폰이 오늘까지 사용 가능하다는 것을 생각해 보면 하루만 늦게 왔더라면 할인을 전혀 받지 못 할 뻔했네요.

최악의 경우 제가 받을 수도 있었던 할인은 0%였습니다.

At worst, I would've gotten 0% discount.
최악의 경우, 나는 0% 할인을 받았을 것이다.

내가 받을 수 있는 할인의 범위를 머릿속으로 그리고 최악에 눈금을 맞추어 보니 at worst의 경우 0%인 것을 알게 됩니다.

이제 저는 3% 할인된 가격으로 커피를 사서 나왔습니다. 그리고 또 at 55kms로 열심히 운전해서 드디어 at the bank에 도착합니다. 친구를 만나서 오늘의 이야기를 전해줍니다.

개네가 아메리카노를 한 컵에 3,500원에 팔더라고
They're selling Americano at 3,500 wons a cup.

직원이 내 할인 쿠폰을 보더니,
The worker looked at my discount coupon,

기껏해야 3% 할인이 된다는 거야.
and said I could get only 3% discount at most.

최악의 경우는 할인을 아예 못 받을 수도 있었을 테니까.
At worst, I would've gotten no discount at all.

그냥 샀지. 그래서 총 3,200원을 냈어.
I just bought it so… I paid 3,200 wons in total.

친구가 이 말을 듣고 잠시 당황하더니 곰곰이 무언가 생각합니다. 그리고 이렇게 말하는군요.

3% 할인이면 3,395원인데?
3% discount makes it 3,395 wons.

아니! 이럴 수가…! 이제 보니 그 직원이 숫자에 약하군요! 나도 약하다는 게 함정이긴 한데!… 그러다 보니 어처구니없이 많이 할인을 받아버렸네요!

I'm not good at numbers hahaha you're right!
나는 숫자에 약한데 하하하 네 말이 맞네!

인간이 능력을 발휘할 수 있는 각종 일들을 어떤 판 위에 점들로 표시해 놓고 나를 그 위에 올려봅니다. 그리고 나를 이리저리 움직여보니 numbers, 즉 숫자에는 내가 at, 딱 맞지 않습니다. 저는 not good하죠. at numbers, 숫자에요.

그래서 'I'm not good at numbers.'라는 표현을 썼습니다.

아! 그런데 그건 그 직원도 마찬가지입니다.

The guy is not good at numbers either!
걔도 숫자에 약하구나!

때로는 사람이 이런 예상치 못한 일에 surprised at! 놀랄 때가 있습니다. 그리고 안 좋은 일이 좋은 일이 되기도 하고 좋은 일이 안 좋은 일이 되기도 하죠.

그래서 우리는 굳이 매사에 angry at하고 mad at할 필요는 없다고 생각합니다. 인간은 원래 예상이라는 것에 약한 존재입니다.

Humans are not good at predictions.
인간은 예상에 약하다.

여러분 모두가 영어에 good at하시는 그날까지 저는 keep at it! 하겠습니다!

다음 주어진 단어를 뜻에 맞추어 배열하시오.

1. 나는 세 시에 너를 그 은행에서 만날 것이다.
   meet / will / you / I / three / at / the bank / at

   _____

2. 나는 시속 55km로 운전하는 중이다.
   driving / at / am / I / 55kms an hour

   _____

3. 이 카페는 아메리카노를 컵당 3,500원에 판다.
   sells / Americano / at / this café / a cup / 3,500 wons

   _____

4. 당신은 기껏해야 3% 할인을 받으실 수 있습니다.
   get / you / can / 3% discount / at most

   _____

5. 나는 숫자에 약하다.
   numbers / I / good / am / at / not

   _____

6. 인간은 예상에 약하다.
   are / predictions / good / not / humans / at

   _____

정답 ▶▶

1. I will meet you at three at the bank.
2. I am driving at 55kms an hour.
3. This café sells Americano at 3,500 wons a cup.
4. You can get 3% discount at most.
5. I am not good at numbers.
6. Humans are not good at predictions.

037

지후쌤 강의보기

Over라는 단어의 그림을 한마디로 표현하자면 '완전히 덮음'입니다. 무언가를 덮는다는 것이 어떤 그림인지는 다 그려지시죠? 우리가 매일 잘 때 덮는 이불을 생각해 보시면 '덮는'다는 것이 어떤 그림인지 딱 머릿속에 나오잖아요? 그런 그림을 바로 over라는 단어가 가장 잘 표현합니다.

실제로 '이불이 내 몸을 덮고 있다.'라는 말을 영어로 하면 'A blanket is over me.'입니다. 이 over라는 것은 단순히 어느 '면'에 '접촉'한 것을 표현하는 on보다 더 접촉 범위가 넓으며 '완전히 덮고 있는' 그림을 표현합니다.

언제나 그렇듯 물리적인 묘사가 이해하기 가장 쉽기 때문에 먼저 몇 가지 예시를 들어보면

I love the sky over this place.
나는 이곳을 덮고 있는 하늘이 좋다.

over의 정확한 그림은
바로 이것!

이 경우 the sky라는 것은 this place 위에 단순히 '닿아 있다'기 보다는 this place 전체를 '덮고' 있습니다. 그 경계는 우리 눈에 보이는 지평선들 이라고 할 수 있겠죠. 이러한 그림이 바로 over입니다.

A chopper is hovering over the military base.
헬기 하나가 그 군 기지 위를 맴돌고 있다.

hover라는 동사는 가만히 있는 것도 그렇다고 한쪽에서 반대쪽으로 지나 가는 것도 아니라 동서남북으로 맴도는 그림을 가지고 있는데 이렇게 되 면 a chopper가 머물렀던 일종의 '점'들이 결과적으로 the military base 전체 면 이곳저곳에 모두 찍히게 되겠죠? 이런 광범위한 접촉의 그림을 표현할 때도 over라는 단어를 쓰는 것이 적절합니다.

종교에서 흔히 '돌보아 주시다, 지켜 주시다'라는 말을 쓰잖아요? 이런 표현을 영어로 하면 over가 나오는 경우가 많은데요. 신이나 천사 등의 존재가 나를 '지켜 주신다'라는 말을 할 때 God, Angels 등이 watching over me하고 있다고 표현하는 경우가 많습니다.

그냥 쳐다보는 것이 아니라 나라는 존재를 온전히 덮어서 나를 살펴주 고 보듬어 준다는 뉘앙스를 갖습니다. 그냥 watching me라는 표현으로 는 이런 뉘앙스를 줄 수 없습니다. 이때 over를 사용하여 그림을 완성해 주는 것이죠.

이제 추상적인 그림으로 한번 넘어가 볼까요?

Okay, I'll think over the idea.

자, 이런 말은 우리말로 굳이 번역을 한다면 어떤 뜻이 될까요? 제가 생각하기에 가장 괜찮은 번역은 '좋아, 그 아이디어 한번 검토해 볼게.' 정도가 아닐까 합니다.

사실 단어만 보면 딱히 '검토하다'라는 말이 들어있지는 않죠? 그러나 이 말은 the idea의 A부터 Z까지 전반적으로 다 생각해보겠다는 뜻입니다. 즉, 그 아이디어의 실현 가능성, 타당성 등등 모든 요소를 쭉 '따져본다'는 말에 가깝습니다. 그래서 이렇게 추상적인 단어들 뒤에 over가 붙으면 그 뒤에 나오는 것의 전반을 다 다루는 그림을 갖게 됩니다.

We talked over the crisis.
우리는 그 위기 전반에 관해 이야기를 나누었다.

어떤 큰 위기가 있을 때 그것을 talk over 한다는 말은 그것에 대해 이것저것 무작위로 말을 하는 것이 아니라 A부터 Z까지 전반을 다 논의한다는 말에 가깝습니다. 원인, 대응책, 앞으로의 예상까지

We argued over the crisis.
우리는 그 위기의 전반에 대해 논쟁했다.

우리말에 '하나부터 열까지'라는 표현이 있죠? 딱 그런 그림입니다. 그 위기의 전반에 대해서 치열하게 토론을 벌인 것입니다. 이것의 원인이 무엇인가, 대응책은 있는가, 앞으로 어떻게 될 것 같은가.

이런 over의 그림을 확장하면 over 뒤에 나오는 것을 완전히 덮어 그보다는 더 길거나 크거나 한 그림을 표현할 수도 있습니다. 원래 '덮는다'는 것은 덮어지는 대상보다 면적이 넓어야 가능하잖아요?

It takes over an hour to get there.

거기에 가는 데는 한 시간이 넘게 걸린다.

an hour를 완전히 덮은 정도가 걸린다면 한 시간보다는 긴 시간이 걸릴 것입니다.

The price of the equipment is over the budget.

그 장비의 가격은 예산을 초과한다.

the price는 the budget을 완전히 덮습니다. 그 결과 the price를 the budget이 감당하지 못하는 상태가 됩니다.

이 그림을 조금씩 더 응용하면 다음과 같은 표현들을 만들어 낼 수 있습니다.

Let's discuss the issue over some coffee.

그 문제를 커피를 마시면서 논의해 보자.

논의한다는 것은 서로 말을 주고받는 것입니다. 두 사람 앞에 커피가 있고 그 위로 말이 서로 오가는 그림을 생각해 보시면 왜 over가 들어가는지 알 수 있습니다. 또한 이 논의라는 것은 커피라는 것을 마시는 행위와 동시에 이루어지며 그 커피 마시는 시간을 완전히 덮습니다. 이것이 over라는 단어가 이런 표현에 쓰이게 된 원리라고 보는 것이 정론입니다.

또한 완전히 덮는다는 것은 한쪽에서 다른 쪽으로 완전히 넘어가는 것을 뜻하는데 이것을 물리적으로 본다면 '~너머'라는 그림이 됩니다.

somewhere over the rainbow
그 무지개 너머 어딘가

그리고 이 '~를 넘는' 그림을 응용하면 어떤 과정이 완료되는 것을 표현할 수 있습니다.

The crisis is over.
그 위기가 끝났다.

위기라는 것의 시작점이 있으면 그것의 끝나는 점이 있을 것입니다. 시작점에서 끝점으로 위기의 전체 진행 과정이 완전히 넘어갔음을 뜻합니다.

이렇게 완전히 시작에서 끝으로 넘어가는 것을 '한 바퀴 굴러가는' 그림으로 확장해 보시면 왜 '반복'이라는 표현에 over가 쓰이는지 아실 수 있습니다.

He told us the same story over and over again.
그는 우리에게 똑같은 이야기를 계속했다.

이야기라는 것이 한번 시작하면 끝이라는 것이 있는데 이렇게 이야기가 시작해서 끝나는 것을 한번 굴러가는 그림으로 보면 이게 계속 굴러간다는 것은 '끝나지 않고 반복된다'는 그림을 보여줍니다. 이것이 바로 over and over라는 표현의 원리입니다.

자, 어떤가요? 여기까지 들으셨으면 이제 over가 거의 over되었을 것입니다. 여러분께서는 이 장을 over and over 보시고 이에 대해서 talk over 하시고 think over 하시기를 바랍니다.

그럼 이 모든 것은 결국 game over 될 것입니다.

다음 주어진 단어를 뜻에 맞추어 배열하시오.

1. 나는 이곳을 덮고 있는 하늘이 좋다.
    this place / love / over / the sky / I

    _____

2. 헬기 하나가 그 군 기지 위를 맴돌고 있다.
    hovering / a chopper / is / the military base / over

    _____

3. 그 아이디어 한번 검토해 볼게.
    the idea / think / over / I / will

    _____

4. 우리는 그 위기 전반에 관해 이야기를 나누었다.
    the crisis / over / talked / we

    _____

5. 우리는 그 위기의 전반에 대해 논쟁했다.
    argued / we / the crisis / over

    _____

6. 거기에 가는 데는 한 시간이 넘게 걸린다.
    there / takes / it / an hour / over / get / to

    _____

7. 그 장비의 가격은 예산을 초과한다.
    the equipment / over / is / the price / of / the budget

    _____

8. 그 문제를 커피를 마시면서 논의해보자.
    the issue / discuss / some coffee / let's / over

    _____

9. 그 무지개 너머 어딘가
    the rainbow / somewhere / over

    _____

10. 그 위기가 끝났다.
is / over / the crisis

_____

11. 그는 우리에게 똑같은 이야기를 계속했다.
the same story / us / he / over and over again / told

_____

정답 ▶▶

1. I love the sky over this place.
2. A chopper is hovering over the military base.
3. I will think over the idea.
4. We talked over the crisis.
5. We argued over the crisis.
6. It takes over an hour to get there.
7. The price of the equipment is over the budget.
8. Let's discuss the issue over some coffee.
9. somewhere over the rainbow
10. The crisis is over.
11. He told us the same story over and over again.

038

지후쌤 강의보기

여러분들 중 대다수가 up이라는 단어를 '위'라는 우리말 단어로 1대1 대응하여 알고 계실 겁니다. 음… 틀린 말은 아닌데요. 이렇게만 생각해서는 바로 이해하기 어려운 표현들이 영어에 참 많은 것이 문제죠!

그래서 여기서는 '위'라는 그림 자체가 정확히 무엇을 나타낼 수 있는지 다시 한번 풀어 보겠습니다.

자, 우리가 컵에 물이나 커피 등을 따르다 보면 이게 계속 담겨서 결국에는 컵이 꽉 차게 되죠? 다른 말로 '완전히' 차게 됩니다. 그래서 up은 먼저 이 '완전히'의 그림을 가지고 있고요.

액체를 죽~ 따르다 보면 컵의 마지막 입 부분과 이 액체 사이의 간격이 점점 좁아져서 결국 액체의 높이가 컵의 높이를 '따라잡는' 그림이 만들어지죠. 그래서 up은 또한 '따라잡는' 그림도 가지고 있습니다.

이것이 원어민들이 up이라는 단어들 보고 들었을 때 떠올리는 대표적인 그림입니다.

제가 예전에 미국에서 자취할 때 제 룸메이트가 요리를 정말 잘 했습니다. 저는 사실 어렸을 때부터 먹는 걸 참 잘했는데요. 그러니 저희는 환상의 룸메이트였죠. 이 녀석은 요리를 잘했고, 또 좋아했고 저는

먹는 것을 잘했고, 또 매우 좋아했습니다. 그래서 항상 얘가 요리를 하면 저와 함께 먹었고요. 얘가 다른 친구들과 먹다가 음식이 남아도 제가 먹곤 했습니다. (이 정도면 거의 잔반 처리 아닌가요?)

참고로, 음식이 남은 것을 영어로는 주로 leftover라고 합니다. 당시 저는 매일 아침 운동을 했는데 제가 운동을 하고 들어오면 이 녀석이 자주 'There are some leftovers in the fridge. (냉장고 안에 남은 음식들이 좀 있어.)'라고 저에게 말하곤 했습니다.

아마… 놔두면 상하니까 저한테 끼니도 때울 겸 처리를 해달라는 말이었겠죠. 한 번은 파인애플 케이크가 있었는데 (그 맛을 잊지 못합니다.) 먹다 남은 것 치고는 양이 상당히 많았습니다. 그래서 제가 이렇게 물어봤죠.

Should I leave some for you?
너 먹을 거 남겨야 하니?

그러자 이 녀석이 저를 보며 단호하게 말하더군요.

Eat it up!

자, 지금 여기서 up이 들어간 이유는 무엇일까요? 아까 제가 컵에 액체를 따르는 예시를 들면서 up은 '완전히'라는 그림을 갖는다고 했죠?

그냥 'eat it!'이라고 하면 '그걸 먹어라!'는 뜻까지만 표현한다면 'eat it up!'이라고 하는 순간 '그것을 완전히 먹어라!' 즉, '먹어 치워라!'라는 우리말 뜻에 가까워집니다.

Eat it up!
그거 먹어 치워! 다 먹어!

그래서 저는 성실히 항상 'Eat up all the dishes he made.' 했습니다.

이 녀석을 회상하다 보니 여러 가지 추억이 떠오르네요. 얘가 오토바이가 하나 있었는데 가끔 어디 나가면 제가 뒤에 종종 타고 다녔습니다. 아직 제가 주변 지리를 잘 몰라서 이 친구가 여기저기 구경을 시켜주곤 했죠.

그러다가 가끔 주유소에 가면 이 녀석이 이렇게 얘기하는 것을 들을 수 있었습니다.

Fill her up!

저는 처음에 이 말을 듣고 '얘가 외로워서 미쳤나?'라는 생각을 먼저 했습니다. 아니?… 자기 오토바이를 her라고 하다니…

그런데 나중에 보니 원어민들이 자신의 차 등을 애인에 비유해서 he나 she로 표현하는 경우가 정말 허다한 겁니다. 참 신기했어요. 이 친구는 남자였기 때문에 "그녀를 완전히 채워주세요."로 말을 한 것이죠. 즉, 우리말로 흔히 하는 '가득이요'가 이 표현이라고 보시면 됩니다.

제가 갑자기 이놈 이야기를 하는 이유는 사실 얼마 전에 페이스북으로 우연히 연락이 닿았기 때문입니다. 한동안 연락이 끊어졌었는데 우연히 이 녀석 계정이 turn up 하더군요.

아, 이 표현은 뭘까요?

turn은 도는 그림이 있죠? 그런데 돌아서 up, 위로 드러난다면 보이지 않던 것이 시야에 들어오게 됩니다. 즉, 제 눈앞에 나타난 것이죠.

한참을 메신저로 대화하다가 다음에 꼭 만나서 못한 얘기마저 하자는 의미로 제가

I'll catch up with you later bro!

이라고 했습니다.

여기서 제가 쓴 catch up with는 물론 상황에 따라 여러 가지 뜻이 있지만 옥스퍼드 사전에 제3번 뜻으로 이렇게 나와 있습니다

*to meet somebody you have not seen for a while
and hear their news*
한동안 못 만났던 누군가를 만나서 이야기를 듣는 것

catch up with에서 up은 그동안 너와 내가 만나지 못해서 하지 못했던 이야기를 마저 하는… 즉, 처음에 제가 컵에 액체를 따르는 예시를 통해 말씀드렸던 '따라잡는' 그림을 나타냅니다. 한 마디로 '나중에 만나서 못했던 이야기마저 하자!'라는 뜻 정도로 이야기한 것이 바로 'I'll catch you up later bro!'가 되겠죠.

그동안 너와 나는 서로 소식을 몰랐으니 그 세월을 따라잡아 다 채워야 현재까지 빈틈이 없어집니다. 이런 원리에 의해서 '잡다'라는 뜻을 가진 동사 catch와 '～와의 관계'를 나타내는 전치사 with 사이에 up이 들어가서 하나의 숙어가 만들어졌습니다.

조금 전 말씀 드린 이 '따라잡는' 그림을 이용하여 만들어진 표현에는 follow up on이라는 것이 있습니다.

주로 비즈니스에서 이메일 등을 쓸 때 'I'm following up on my previous email.' 이렇게 말을 시작하는 경우가 많습니다. 이 follow up on을 영한 사전에서 찾아보면 '후속 조치를 취하다'라고 되어 있습니다. 외람된 말씀이오나 무슨 군대나 의료계에서 쓰는 말 같지 않습니까? 그만큼 우리말 번역이 힘든 표현이라는 것이죠.

follow up on은 on 이하에 나오는 것을 따라가서 붙는 그림을 나타냅니다. up이라는 단어의 그림을 좀 더 확장해 볼게요. follow up이 딱 무엇을 따라가는 그림이라고 말씀드렸죠? 그런데 '가까워지면' 그것은 더 '크

게' 보입니다.

누군가가 저 멀리서 여러분을 쫓아오면 그 사람이 점점 더 크게 보이겠죠? 이런 연유로 '다가오다, 다가가다, 쫓아오다, 쫓아가다, 따라오다, 따라가다' 등등의 표현에 up이 정말 자주 쓰이는 것을 보실 수 있습니다.

come up 다가오다

catch up 따라잡다

follow up 따라가다, 추적하다

이 중 마지막 follow up 뒤에 on만 붙인 것이 follow up on인데 한 마디로 표현하자면 '방금 한 것에 ~를 덧붙이다' 정도 됩니다.

I'm following up on my previous email.
지난번 제 이메일에 덧붙여 말씀드리려 합니다.

비즈니스 이메일에서 이렇게 문장을 많이 시작하는 이유는 하나의 사안을 두고 워낙 이메일이 여러 개 왔다 갔다 하니 한 번에 모든 내용을 전달하는 경우가 거의 없기 때문입니다.

즉, 지금 쓰는 이 이메일은 지난번 드렸던 이메일에 덧붙여 추가로 말씀드리려 하는 내용이 들어있다는 것을 표현하기 위해 이 표현이 자주 쓰이게 되었죠. 그래서 비즈니스 이메일 쓰기 책 등을 보면 항상 follow up on이라는 표현이 빠지지 않고 나옵니다.

참 유용한데 지금까지 모르셨거나 아셨더라도 대체 왜 저 말이 저런 상황에서 쓰일까 하셨던 분들에게 도움이 되기를 바랍니다.

자, 어떤가요? 제가 이 up을 정리하기 위해서 사실 며칠 동안 stay up 하고 있는 경우가 많았었는데 마침내 이렇게 finish up 하게 되어서 기쁩니다. 물론 이 한 번의 설명으로 up이 들어간 모든 표현을 다 이해할 수는 없겠죠. 그러나 여러분께서 영어 표현들을 pick up 하시는 과정에서 제가 드린 이 설명이 도움이 된다면 언제나 새로운 아이디어를 come up with 하기 위해 늘 fired up 한 상태로 최대한 많은 자료를 look up 하겠습니다! 이렇게 하다 보면 언젠가는 end up understanding better 하게 되겠죠. 그러니까 여러분께서는…

Never give up!

감사합니다!

다음 주어진 단어를 뜻에 맞추어 배열하시오.

1. 그걸 먹어 치워라!
   up / it / eat

   _____

2. 나중에 만나서 못했던 이야기마저 하자!
   will / catch / you / later / up / I

   _____

3. 그의 계정이 나타났다.
   up / his account / turned

   _____

4. 지난번 제 이메일에 덧붙여 말씀드리려 합니다.
   following up on / am / I / previous email / my

   _____

정답 ▶▶

1. Eat it up!

2. I will catch you up later.

3. His account turned up.

4. I am following up on my previous email.

039

지후쌤 강의보기

여러분, 혹시 이런 말씀 자주 하시지 않나요? '나 완전 다운되었어.', '너 왜 분위기 다운시키니?', '왜들 그리 다운되어있어?' 등등 말이죠.

이걸 보면 우리가 외래어 중에 원래 뜻을 가장 정확하게 쓰는 게 아마 down이 아닐까 하는 생각이 듭니다.

down은 '아래로 내려오는' 그림을 가지고 있습니다.

They walked down the stairs.
그들은 계단을 걸어 내려왔다.

He drove down the hill.
그는 운전해서 언덕을 내려왔다.

이런 표현들은 실제 물리적 높낮이를 상상할 수 있기 때문에 이해하는데 전혀 어려움이 없는데요.

down의 정확한 그림은 바로 이것!

There is a vending machine down the hallway.
복도 저 아래 끝에 자판기가 하나 있어요.

A pretty woman is walking down the street.
예쁜 여자분이 길을 따라 걸어 내려가고 있다.

이런 경우는 높낮이라기보다는 현재의 위치에서 좀 멀리 떨어진 어떤 곳까지 화자의 시선이 죽~ 뻗어나가는 것을 하나의 선으로 보는 것에 가깝습니다. 이 선이 죽~ 그어지는 것을 '시작점'에서 '끝점'으로 내려가는 것으로 보아 down을 썼다고 보시면 됩니다.

이 down의 '아래로 내려옴'이라는 그림을 추상적으로 이용한 표현들은

The CEO stepped down.
그 회장은 사임했다.

The enemies backed down.
적들이 굴복했다.

등등이 있습니다. 첫 번째 문장에서는 말 그대로 '자리에서 내려오다'라는 그림을 그대로 쓴 것이고요. 두 번째의 경우 뒤로 물러나고 몸을 낮추는 것 둘 다 상대에게 '굴복하는' 그림을 가지고 있죠? 그래서 back down을 '패배를 인정하다, 굴복하다' 등의 뜻으로 씁니다.

어떤 물체가 아래로 내려 앉는 것은 '사라짐'을 표현할 수 있습니다. 이 전에 다루었던 up과 정반대의 그림이죠. 그래서

I built up this house myself.
내가 직접 이 집을 지었다.

라고 up을 넣으면 무엇을 만들어 '나타냄'을 표현하지만

I burned down the house.
나는 그 집을 불태웠다.

이렇게 태워서 재가 되어 바닥에 내려앉게 만드는 것은 결국 '없애다'를 표현할 수 있습니다.

down에 대한 표현 중 예전 냉전 시대에 미국의 로널드 레이건 대통령이 했던 유명한 말이 하나 있는데요.

Mr. Gorbachev! Tear down this wall!
고르바초프 서기장, 이 벽을 허무시오!

우리에게 베를린 연설로 잘 알려진 이 역사적 발언에서도 마찬가지로 부수어 아래로 잔해물을 떨어뜨리다 즉, '허물다'라는 표현으로 tear 'down' 이렇게 down의 그림을 활용하고 있습니다.

이외에도 우리말에 '누르다' 라는 표현이 '참다' 또는 '막다'라는 뜻으로 쓰이는 것과 같이

crack down

bring down

put down

등등은 어떤 것을 '억누르는' 그림을 그릴 수 있습니다.

crack down은 '때리다, 부수다'의 뜻을 가진 crack에 down을 붙여서 찍어 누르는 그림을 표현합니다. 주로 이 뒤에 on까지 붙여서 아예 어디에 딱 대고 쿵쿵 찍어 누르는 그림을 그려서 crack down on을 하나의 표현으로 쓰죠. 우리말로는 '…에 단호한 조치를 취하다; …을 엄히 단속하다, 탄압하다'라고 주로 번역합니다.

The government says it will crack down on fake news.
정부는 가짜 뉴스를 강력히 단속하겠다고 말한다.

bring down은 어떤 것을 가져다가 아래로 내던지는 그림을 가지고 있습니다. 그래서 무언가를 '떨어뜨리다'라는 정도의 뜻을 갖는 표현인데요.

The scandal may bring down his reputation.
그 스캔들은 그의 명예를 실추시킬 수도 있다.

The business is trying to bring down the price.
그 업체는 가격을 낮추려고 노력하고 있다.

이런 식으로 좋은 뜻이든 안 좋은 뜻이든 무엇을 떨어뜨린다는 뜻으로 쓸 수 있습니다.

put down도 마찬가지입니다. 조금 전 쓴 crack down과 bring down을 어느 정도 대체할 수 있습니다.

The army put down the rebellion.

군대가 반란을 진압했다.

The police are trying to put down violent crimes.

경찰은 폭력 범죄를 진압하려 노력하고 있다.

Why do you always put me down?

당신 왜 항상 나를 바보로 만들어?

이런 표현들 역시 down이 가지고 있는 누르고 억제하고 깔보는 그림이 모두 들어가 있죠?

사실 지금까지 보신 표현들은 모두 down의 기본 그림에 부합합니다. 아마 여러분께서 가장 이해하기 힘드신 지점은 바로 여기일 것입니다.

be up for

be down for

이 두 가지 표현이 모두 '~를 하고 싶어 하다'라는 뉘앙스로 쓰이는 것이죠.

Are you up for this?

너 이거 할 거니?

Are you down for this?

너 이거 할 거니?

이 두 표현을 보시면 아니 어떻게 정반대인 이 두 가지가 비슷한 뜻을 갖지? 이렇게 생각하실 수 있습니다. 저도 예전에 똑같은 의문을 가졌어요. 그러나 사실 이 둘은 다르지 않습니다.

무언가를 한다는 것은 내가 그쪽으로 마음이 움직여야 합니다. 그러면 상·중·하 이렇게 높이가 세 가지 있다고 치면 나는 평소에는

'중'에 있겠죠? 그런데 내 마음이 움직인다는 것은 가운데가 아닌 어느 한쪽으로 붙어야 합니다. 그것이 up이 되었든 down이 되었든 내 마음은 한쪽으로 쏠린 것입니다. 그래서 이 두 가지가 다 그 뒤에 나오는 것에 내가 마음이 있다는 뜻으로 쓰이게 되었습니다.

I'm up for this!
나 이거 할 거야!

I'm down for this!
나 이거 할 거야!

어떤가요? 그동안 참 이거 왜 이래? 하셨던 부분들이 조금이라도 해소되었나요? 그랬다면 저는 제 몫을 다 했다고 생각합니다. 앞으로도 여러분께서 어려워하시는 것들을 책임지고 최대한 쉽게 풀어내도록 하겠습니다.

I will never let you down!

다음 주어진 단어를 뜻에 맞추어 배열하시오.

1. 그들은 계단을 걸어 내려왔다.
   the stairs / down / they / walked

   _____

2. 그는 운전해서 언덕을 내려왔다.
   down / he / drove / the hill

   _____

3. 그 회장은 사임했다.
   down / the CEO / stepped

   _____

4. 적들이 굴복했다.
   down / the enemies / backed

   _____

5. 나는 그 집을 불태웠다.
   the house / down / I / burned

   _____

6. 정부는 가짜 뉴스를 강력히 단속하겠다고 말한다.
   fake news / the government / crack down on / will / it / says

   _____

7. 그 스캔들은 그의 명예를 실추시킬 수도 있다.
   bring down / may / his reputation / the scandal

   _____

8. 그 업체는 가격을 낮추려고 노력하고 있다.
   bring down / is / trying to / the price / the business

   _____

9. 군대가 반란을 진압했다.
   the rebellion / put down / the army

   _____

10. 경찰은 폭력 범죄를 진압하려 노력하고 있다.

    violent crimes / are / put down / the police / trying to

    _____

11. 나 이거 할 거야!

    this / I / down / for / am

    _____

정답 ▶▶

1. They walked down the stairs.
2. He drove down the hill.
3. The CEO stepped down.
4. The enemies backed down.
5. I burned down the house.
6. The government says it will crack down on fake news.
7. The scandal may bring down his reputation.
8. The business is trying to bring down the price.
9. The army put down the rebellion.
10. The police are trying to put down violent crimes.
11. I am down for this!

Epilogue

즐거운 여행 되셨나요? 여기까지 오시면서 걷기 편하신 평지도 있었을 것이고 조금 숨이 차는 언덕도 그리고 험지도 있었을 것입니다. 이렇게 포기하지 않고 끝까지 와 주신 것에 감사드립니다. 이것으로 이번 여행을 마칩니다.

이 책을 읽고 나신 여러분께서는 이제 그 어떤 영어 강의를 들으셔도 생소하지는 않으실 겁니다. 지금까지 공부를 열심히 하고 싶어 하셔도 쏟아져 나오는 각종 용어들에 압도당하여 포기하는 일이 많으셨던 분들께서는 이 책이 예방주사가 되어 강한 면역력을 갖게 되셨을 겁니다.

이제부터는 영어 공부를 하시다가 가끔 이 책을 들추어 주셨으면 합니다. 표현은 늘 새로 배우고 단어는 외워도 외워도 끝이 없지만, 영어의 '원리'는 변하지 않습니다. 한결같이 여러분을 돕기 위해 기다리고 있는 가이드라고 생각하시고 이 책을 눈에 잘 띄는 곳에 놓아 주십시오.

기회가 된다면 여러분들을 꼭 다시 한번 만나 뵙고 싶습니다. 이번 첫 여행은 지도를 들고 여러분께 길을 안내 했다면 다음번에는 영어의 바다에 함께 뛰어들어 직접 수영하시는 것을 옆에서 도와드릴 수 있었으면 좋겠습니다.

저는 평생 이 일을 하고 있을 테니 필요하실 때 불러만 주세요. 이 책을 읽어주셔서 정말 감사합니다.

신기하게 영어 뇌가 만들어지는 영문법
저자 주지후

Reference

옥스퍼드 사전

케임브리지 사전

콜린스 코빌드 어법사전

Oxford English Dictionary

www.etymonline.com

www.etymologyonline.com

한학성 (2016). *영어 그 안과 밖.* 서울: 채륜.

Grorge Lakoff (2003). *Metaphors We Live by.* Illinois, IL: University of Chicago Press

이기동 (2012). *영어 전치사 연구.* 서울: 교문사

이기동 (2013). *영어동사의 인지문법.* 서울: 신아사

권혁승 (2010). *영어사 이해.* 서울: 한국문화사

김혜리 (2011). *고대영어.* 서울: 한국문화사

김혜리 (2013). *중세영어.* 서울: 한국문화사

조두상 (2007). *영어의 역사를 알면 영어가 보인다.* 서울: 신아사

신동준 (2018). *교양인의 영문법.* 서울: 미다스북스

박영재 (2015). *영문법 콤플렉스 벗어나기.* 서울: 와이넛

박영재 (2017). *영문법 다시 읽기.* 서울: 와이넛북스

Donka Minkova,Robert Stockwell (2018). *영어의 어휘 역사와 구조.* 김명숙, 문안나(번역). 서울: 한국문화사

이기동 (2015). *인지 문법에서 본 영어 동사 사전.* 서울: 한국문화사

최인철 (2010). *실용 영문법 백과사전.* 서울: 사람in

조승연 (2016). *플루언트: 영어 유창성의 비밀.* 서울: 와이즈베리

배진용 *쏙쏙 기초청취* Retrieved from www.liworld.co.kr

김정호 (2016). *문법의 신 (GRAMMAR DICTIONARY).* 서울: 챔프스터디

George Orwell (2001). *동물농장.* 도정일(번역). 서울: 민음사

Henry James (2009). *Daisy Miller.* 서울: 펭귄클래식코리아

김혜리 (2015). *영어의 역사.* 서울: 한국문화사

하상호 (2020). *생각문법.* 서울: 봄찬

박영재 (2015). *영문법 콤플렉스 벗어나기.* 서울: 와이넛

Donka Minkova, Robert Stockwell (2018). *영어의 어휘 역사와 구조.* 김명숙, 문안나(번역). 서울: 한국문화사